ライブラリ 読んでわかる心理学 5

読んでわかる
教育心理学

多鹿秀継・上淵　寿・堀田千絵・津田恭充　共著

サイエンス社

監修のことば

　本ライブラリは，心理学を初めて学ぼうとする方に，自学自習によって心理学がわかるテキストを提供することを目指しています。

　心の科学である心理学は，幅広いテーマの内容を多彩な研究方法を使って解明することで，日進月歩をきわめています。その結果，心理学に興味をもち始め，自学自習に取り組もうとする方にとって，心理学の各テーマを一通り学習しようと挑戦しても，その内容を理解することは難しいものとなってきました。

　このような現状のもと，「ライブラリ 読んでわかる心理学」は，多岐にわたる心理学のテーマに対応して用意された各巻を，それぞれ主体的に自学自習することによって，その内容を効果的に理解できるように編まれました。関心をもった巻から自習することで，心理学の基礎概念の意味やことがらの理解を深めることができます。また，興味をもって学習できるように，章の概要をはじめにまとめ，読みやすい日本語で記述するよう心がけました。さらに，学習成果を深められるように，章末には参照できる文献を紹介し，学習した内容を確認するための復習問題を掲載しています。

　大学や短大の授業で心理学を学ぶ学生のみなさん，自宅でテキストを用いて心理学を学ぶ通信教育部の学生のみなさん，さらに公認心理師，認定心理士，臨床心理士，心理学検定といったさまざまな資格・試験をめざすみなさんが，本ライブラリを自学自習の教材として積極的に役立てられることを願っています。

監修者　多鹿秀継

まえがき

　本書は、「ライブラリ 読んでわかる心理学」の一巻であり、幼稚園、小学校、中学校、ならびに高等学校の教員免許を取得するために必要な教育の基礎的理解に関する科目の中で、「幼児、児童及び生徒の心身の発達及び学習の過程」の内容に対応した「教育心理学」のテキストとして編まれました。

　教育心理学は、心理学の応用の学問といわれています。その理由は、教育心理学が心理学の研究で得られた成果を、教育に応用することからきています。そのため、かつての教育心理学の内容に含まれていたたとえば学習では、動物の学習で得られた学習成果の紹介とともに、それを学校の学習に応用したプログラム学習などを記述することが一般的でした。

　しかし、現在では、教育心理学は心理学の応用の学問と単純にはとらえられていません。たとえば学習を記述する場合でも、プログラム学習を記述するだけで満足するのではなく、子どもたちの実際の学びに直結している効果的な学習方法も記述されるようになりました。つまり、心理学の応用の学問としての教育心理学のとらえ方は後退し、教育にかかわるさまざまな心理学的事実や法則を教育の場で直接的に明らかにし、教育のいとなみを適切に推進しかつ意味のある知見を提供する学問として、教育心理学がとらえられるようになったのです。

　本書は、教育心理学のこのようなとらえ方の変化にもとづいて、時々の時代背景によって変化してきた教育心理学のテーマと、変化せずに今日まで連綿と教えられてきた教育心理学のテーマをふるいにかけ、必要最小限の教育心理学の内容を取り上げました。あわせて、自己調整学習やポジティブ心理学にみられる個人の自立と社会でのあり方とを結びつけるような、これからの発達と学習のテーマも加えてまとめています。本書を、教育心理学の自学自習に資するテキストとして、おおいに活用していただくことを望みます。

　最後に、多大の編集の労をお取りいただいたサイエンス社編集部の清水匡太氏に、お礼を申し上げる次第です。

著 者 一 同

目　次

まえがき ……………………………………………………………………… i

第 1 章　教育心理学を理解する　1

1.1　教育心理学とは何か ……………………………………………… 1

1.2　教育心理学の研究方法 …………………………………………… 3

1.3　本書の構成 ………………………………………………………… 5

　　　参 考 図 書 ………………………………………………………… 7

　　　復 習 問 題 ………………………………………………………… 7

第 2 章　発達の考え方を理解する　9

2.1　発達とは何か ……………………………………………………… 9

2.2　発達の時期と段階 ………………………………………………… 12

2.3　発達をとらえる …………………………………………………… 24

2.4　発達をふまえた教育のあり方 …………………………………… 26

　　　参 考 図 書 ………………………………………………………… 29

　　　復 習 問 題 ………………………………………………………… 29

第 3 章　学習の考え方を理解する　31

3.1　学習とは何か ……………………………………………………… 31

3.2　学習成立の具体例 ………………………………………………… 33

3.3　学校学習への学習理論の適用 …………………………………… 41

3.4　学習の諸相 ………………………………………………………… 47

　　　参 考 図 書 ………………………………………………………… 52

　　　復 習 問 題 ………………………………………………………… 52

第4章　言語の発達と教育を理解する　53

4.1	言語の働き	53
4.2	言語の発達	55
4.3	書き言葉の発達	60
4.4	言語発達を踏まえた教育のあり方	62
	参 考 図 書	64
	復 習 問 題	64

第5章　知性の発達と教育を理解する　65

5.1	知覚と注意の発達	65
5.2	記憶の発達	68
5.3	思考の発達	76
	参 考 図 書	86
	復 習 問 題	86

第6章　パーソナリティと適応を理解する　87

6.1	パーソナリティの定義と測定	87
6.2	パーソナリティの発達的変化と遺伝的影響	100
6.3	パーソナリティと適応・不適応	105
	参 考 図 書	109
	復 習 問 題	109

第7章　知識の獲得と活用を理解する　111

7.1	知識の獲得と活用	111
7.2	知識の獲得過程	112
7.3	長期記憶における知識の貯蔵	116
7.4	知識の獲得と活用を支えるメタ認知	122
7.5	学 習 方 略	125

目　次　　　v

参 考 図 書 ……………………………………………… 131

復 習 問 題 ……………………………………………… 131

第8章　認知の個人差と教育を理解する　133

8.1　知能の個人差を理解する ……………………………… 133

8.2　認知スタイル ………………………………………… 140

8.3　個性を活かす授業——適性処遇交互作用（ATI） ……… 142

8.4　授 業 形 態 …………………………………………… 147

参 考 図 書 ……………………………………………… 153

復 習 問 題 ……………………………………………… 153

第9章　学習の動機づけを理解する　155

9.1　動機づけとは何か …………………………………… 155

9.2　教育心理学での動機づけの考え方 …………………… 158

9.3　学習の動機づけを高めるには ………………………… 174

参 考 図 書 ……………………………………………… 178

復 習 問 題 ……………………………………………… 178

第10章　自己調整学習を理解する　179

10.1　自己調整（自己制御）とは何か …………………… 179

10.2　自己調整学習の主な要素 …………………………… 181

10.3　自己調整学習のモデル ……………………………… 184

10.4　自己調整学習の具体的な研究とその問題点 ………… 189

10.5　感情・情動 …………………………………………… 194

10.6　今後の課題 …………………………………………… 197

参 考 図 書 ……………………………………………… 201

復 習 問 題 ……………………………………………… 201

第11章　発達と学習の障害を理解する　203

11.1	障害を理解する際の基本的な考え方	203
11.2	発達障害とは何か	205
11.3	障害の理解と教育のあり方	211
	参 考 図 書	215
	復 習 問 題	215

第12章　測定と評価を理解する　217

12.1	測定と評価	217
12.2	評　　価	217
12.3	評価の種類	218
12.4	教 育 目 標	225
12.5	測定の信頼性と妥当性	225
12.6	評価材料の収集法	229
12.7	評価に影響を及ぼす要因	231
12.8	最近の評価の発展	234
	参 考 図 書	241
	復 習 問 題	241

復習問題解答例	243
引 用 文 献	247
人 名 索 引	261
事 項 索 引	263
著 者 紹 介	268

第1章
教育心理学を理解する

教育心理学は，教育の場において営まれているさまざまな活動を，心理学で使用される多様な研究方法で得られた成果を適用することによって，教育を支援する学問です。本章では教育心理学の概要とその研究方法について理解しましょう。

1.1 教育心理学とは何か

教育心理学とは何でしょうか。言葉だけから判断すると，教育心理学とは教育の営みに関する心理学ととらえることができます。心理学については，心の科学に関する学問ととらえることができるでしょう。では，教育の営みに関する心理学とは，どのような心理学でしょうか。日本教育心理学会が編集した『教育心理学ハンドブック』（2003）では，「『教育』という事象を理論的・実証的に明らかにし，その改善に資するための学問」（p.1）と説明されています。また，最近の心理学事（辞）典から教育心理学の定義を紐解いてみると，たとえば平凡社から刊行されている『最新心理学事典』（藤永（監修），2013）では，『教育心理学ハンドブック』と同じように「教育という事象を理論的・実証的に明らかにし，その改善に資することをめざす」（p.109）と説明されています。また，アメリカ心理学会（APA）から出版されている『APA心理学大辞典』（ファンデンボス（監修），2013）では，「心理学の原理および理論の学習方法への応用を取り扱う，心理学の一分野。教育心理学は，教育システムの中で生起しうる，幅広い心理学的問題についても取り組む。」（p.190）となっています。

このような説明を前提にして，本書では，教育心理学を「教育の場において営まれているさまざまな活動（問題も含みます）を，心理学で使用される多様

2　　　　　　　第1章　教育心理学を理解する

な研究方法を用いて得られた成果を適用することによって，教育を支援する学問」ととらえておきましょう。

　それは，教育の場における教授・学習などの活動に心理学の原理や理論を適用し，それらの問題の改善をめざす学問，と言い換えることができます。では，それは具体的にはどのようなことを意味しているのでしょうか。教室での授業風景を思い浮かべてみましょう。教育の場における教授・学習などの問題とは，たとえば先生の教えている授業内容が児童生徒にはわからないとか，先生の授業での指導法（教授の方法ですね）に工夫が必要な状況などをあげることができます。教育心理学は，このような教室場面で具体的に営まれている教師と児童生徒のやりとりを，関連分野である学習心理学や発達心理学で得られた知見（心理学のさまざまな原理や理論がまとめられています）を適用することによって，児童生徒であれば学習内容の理解を深めることに，教師であれば指導方法の改善に，それぞれ寄与することをめざした学問といえます。

　教育の場における教授・学習などの問題解決を図るためにも，教育心理学は問題解決に結びつく資料（データ）を科学的に収集しなければなりません。ですので，教育心理学は実証科学の一部門といってよいでしょう。書物などの文献を批判的に解釈する文献学的方法によって教育の諸問題を明らかにするよりも，いくつかの研究方法を使ってデータを収集し，問題解決につなげるのです。

　ところで，本書は，幼稚園，小・中・高校といった各校種の教員免許状を取得するための教職の基礎科目の一つである「幼児・児童及び生徒の心身の発達と学習の過程に関する科目」（以下，「発達と学習の過程に関する科目」と省略）のテキストとして利用されることを意図しています。そのため，本書では，発達と学習の過程に関係する心理学の成果を中心に，教育心理学の内容を構成しました。具体的には，学習心理学ならびに発達心理学の研究成果に基づいて得られた基本的な原理や理論に結びつく成果を，教育の場における諸問題に適用して諸問題の改善に寄与し，学習・発達の原理・理論と教育における事象との往還（行ったり来たり）を理解できるように努めました。

　もちろん，教育心理学が扱う主だったテーマが学校教育にあるといっても，教育におけるさまざまな事象は，学校教育に限定されるものではありません。

家庭教育や生涯教育をはじめとした他の教育の場においても，それぞれの教育に特有の問題に直面します。そのような場合でも，教育心理学は，関連する学習心理学や発達心理学の原理や理論を適用し，それらの諸問題の改善をめざします。

1.2　教育心理学の研究方法

　教育心理学を理解するためにも，教育心理学がどのような研究方法を使って，本書の各章で説明されているようなさまざまなトピックのデータを集め，分析しているのかを知ることが必要です。教育心理学も心理学の一分野ですから，教育心理学で収集されるデータは，心理学で使用されているデータの収集方法（観察による方法，相関による方法，および実験による方法）によっています。ここでは，具体例を含めてそれらの研究方法を取り上げ，簡単に説明しておきましょう。

1.2.1　観察による方法

　幼稚園児や保育園児の自由遊びの観察や，小学校での授業の観察にみられるように，さまざまな出来事を焦点をしぼって観察し，その様子を丁寧に記述することが観察による方法です。自然な状態で子どもの行動を観察することから，自然観察ともよばれます。

1.2.2　相関による方法

　2つあるいはそれ以上の変数間の関係をみる手法が相関による方法です。変数とは，研究で明らかにしたいもので，変化するものを意味しています。たとえば，身長と体重の関係，あるいは国語の成績と数学の成績の関係がどのようなものかをみたいとき，身長，体重，国語，あるいは数学が，それぞれ変数とよばれます。変数の間に因果関係はみられませんので，2つの変数のうち，どちらが原因でどちらが結果であるかは特定できません。質問紙調査（いわゆるアンケート調査）などでよく利用される方法です。

1.2.3　実験による方法

　変数間の関係をみる相関による方法と異なり，変数の因果関係を明らかにしようとする方法です。たとえば，中学校の先生が英語の指導法を開発し，その効果をみるような研究を考えましょう。先生が開発した英語の指導法をA指導法とします。A指導法という変数は操作された変数であり，独立変数とよばれます。A指導法で授業をし，たとえば英語の読解テストを実施して得点を得たとします。読解テストの得点は測定された変数であり，従属変数とよばれます。実験による方法とは，原因（独立変数であるA指導法）と結果（従属変数である読解テストの得点）の因果関係を明らかにするものです。実験による方法でA指導法による効果がみられたかどうかは，通常，他の独立変数（たとえば，いつもの授業で受けているB指導法）による従属変数（A指導法によるテストと同じ読解テストの得点）の結果と比較しなければなりません。この場合，A指導法による得点とB指導法による得点を比較してA指導法のほうが得点が高かったとき，A指導法に効果があると認められることになります。

1.2.4　縦断的方法と横断的方法

　教育心理学では，上記の3つの研究方法をそれぞれ個別に使用してデータを得ることもあれば，研究の目的にあわせて研究方法を組み合わせて使用することもあります。ここでは，発達心理学の研究でしばしば使用される縦断的方法と横断的方法を説明しましょう。縦断的方法と横断的方法はおもに実験による方法を用いて，各年齢間の発達的変化や発達のメカニズムを明らかにするものです。縦断的方法は，比較的長期にわたって，ある個人や同一集団を追跡してデータを収集する方法です。たとえば，7歳の児童30名の記憶能力を測定し，その児童らが9歳や11歳になったときにも測定し，記憶能力の変化を比較するものです。他方，横断的方法は，それぞれの異なる年齢集団のデータを一度に収集する方法です。たとえば，7歳，9歳，11歳の児童各30名に記憶能力を測定する実験を一斉に行ってデータを収集し，3つの年齢間の違いを比較します。

1.3 本書の構成

　先にも述べたとおり，本書は教職の基礎科目である「発達と学習の過程」に関する科目で利用されることを意図したテキストです。そのため，本書の主だった章は，発達心理学と学習心理学の研究成果で構成されています。具体的には，第3章を除いた第2章から第6章が発達心理学に関係する章であり，第3章ならびに第7章から第10章が学習心理学に関係する章からなります。また，第11章は発達と学習を含めた内容で構成され，第12章は教育心理学の内容に欠かせない測定と評価を扱っています。

コラム 1.1　教職科目としての教育心理学を理解する

　教育を支援する教育心理学は，心理学のどのような研究分野によって支えられているのでしょうか。まず，現在の**教職科目**としての教育心理学に含めなければならない「発達心理学」と「学習心理学」があります。この2つの研究分野の他には，学級集団の人間関係の理解と支援に関係する「社会心理学」，児童生徒や先生の適応行動の理解と支援に関係する「臨床心理学」，障害児の理解と支援に関係する「障害児心理学」，各種の心理テストの開発，測定と評価，あるいは教育統計の理解や支援に関係する「教育評価」や「心理統計学」，さらには脳と教育にかかわる「神経心理学」などがあります。

　このように，さまざまな心理学の研究分野が教育心理学の研究成果を支えているため，教育職員免許法上の制約を受けない教育心理学の書籍は，上記の教育心理学を構成する主だった内容をすべて取り入れて作成することができます。その場合，教育心理学のテキストのページ数は，大部のものになります。アメリカで出版されている教育心理学のテキストでは，わが国のような教職免許の制約がないため，上記の内容すべてを網羅して記述され，500ページを超えるものも見受けられます。たとえば，2010年に出版されたモレノ（Moreno, R.）の *Educational psychology*（教育心理学）は，「教室での多様性を理解する」（アメリカ的ですね）などの章も含めて，600ページを超えています（著者であるモレノさんは，残念ながらこの著書の執筆後に亡くなりました）。

　心理学の研究分野がかかわる1990年代以前の教職科目としては，「教育心理学」，「児童心理学」（小学校教諭免許のための科目），「青年心理学」（中・高校教諭免許のための科目）がよく知られていました。しかしながら，教育職員免許法の改正によって心理学の名称がつく科目名が消え去りました。その結果，先に示した長い科目名となり，多くの大学ではそれを「教育心理学」と称しています。

参 考 図 書

日本教育心理学会（編）（2003）．教育心理学ハンドブック　有斐閣

多鹿秀継（2010）．教育心理学　第2版──より充実した学びのために──　サイエンス社

大村彰道（編著）（2000）．教育心理学研究の技法　福村出版

大山　正・岩脇三良・宮埜壽夫（2005）．心理学研究法──データ収集・分析から論文作成まで──　サイエンス社

サール，A.　宮本聡介・渡邊真由美（訳）（2005）．心理学研究法入門　新曜社

高野陽太郎・岡　隆（編）（2017）．心理学研究法　補訂版──心を見つめる科学のまなざし──　有斐閣

復 習 問 題

1. 教育心理学とはどのような学問でしょうか。その特徴を述べてください。

2. 縦断的方法と横断的方法について説明し，それぞれの長所と短所を述べてください。

第2章

発達の考え方を理解する

　子どもの発達を理解することは，教育活動を行う上でもっとも基本的な事項だといえます。たとえば，文章を読み進めるうちにわからない文字や単語を見つけた際，小学2年生は近くにいる教師に尋ねるかもしれませんが，中学1年生は辞書をひき，その単語を読み返すことによって文脈がよく理解できることを知っています。教師は，小学2年生には解答を教えながらも辞書の存在を知らせ，調べる手段があること，中学1年生には読み返しが見落とし情報への気づきをも促す重要な働きがあることも伝えていく必要があるでしょう。こういった経験が豊富な子どもは，当然学習を主体的に進めることができるはずです。このように，子どもの発達を踏まえると日々の教育のあり方がみえてきます。この章では，教育を考える上で必須となる発達の基本的な考え方についてみていきたいと思います。

2.1　発達とは何か

2.1.1　発達の概念

　発達とは，「受精から死に至るまでの一生涯を通じた時間経過に伴って生じる心身，行動の量的，質的変化の過程」（日本発達心理学会，2013）といえます。図2.1をみてください。量的な発達とは，マツの木が成長するにつれて大きくなるような概念を指し，人の発達でいえば，身長や体重のように，年齢に伴って連続的に徐々に変化するものです。他方，質的な発達とは，チョウが幼虫からさなぎを経て成虫になるように，ある時期から次の時期にかけて，年齢に伴って質的に大きく変化する概念を指します。しかし，子どもの認知発達，精神発達は，量的（連続的），質的（非連続的）な変化どちらか一方のみで説明できるものではありません。また，その変化の過程は，適応状態に向かうも

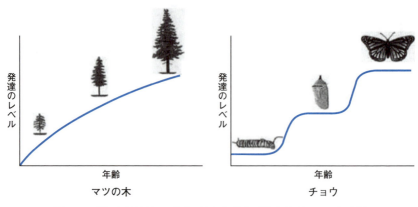

図 2.1 量的（連続的）な発達（左）と質的（非連続的）な発達（右）
(Siegler et al., 2014)

のであり，個人にとってさまざまな仕方やスピードで生じるという点が特徴的です。

2.1.2 発達の規定因——遺伝と環境

　発達は，時間（年齢）に影響を受けますが，時間経過のみで発達を説明できるわけではありません。当然，体や脳といった生物学的な変化である成熟（コラム 2.1 参照），家庭や学校等でどのような経験をしてきたかといった，社会生活での学習に影響を受けることは容易に想像できます。いいかえれば，発達は**遺伝的要因**（生まれつき）と**環境的要因**（育ち）の影響を受けるわけです。

　これを集約すると図 2.2 のようになります。つまり，遺伝的（生物学的）要因あるいは環境的要因いずれかが発達を規定するという考え方から，遺伝と環境の両要因の相互作用として発達をとらえる考え方，さらには，遺伝と歴史的・社会的環境（文化）を受けて個人の活動が規定されるとみなす考え方，というように発展してきました。たとえば，多くの子どもは生後 11 カ月頃には独りで立つことができるようになります。これは遺伝的な要因に影響を受けている証拠ですが，立つことによって玩具が手に入るようなしかけ棚があれば，その子どもは玩具を手に入れようと棚に何度も行こうとし，立つことがより動機づけられる環境が用意されることになります。そういった状況におかれた子ど

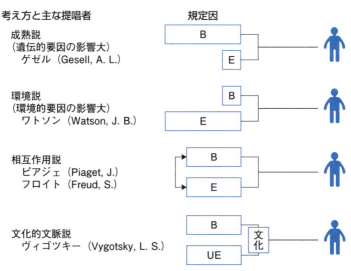

図 2.2 発達の規定因と主な提唱者（4 つの考え方）
(Cole & Cole, 1993 と多鹿, 2010 を参考に作成)

ものほうがそうでない子どもよりも，独りで立つ時期も早く，立つ頻度も高く，立ち方もスムーズになります。このように，生後数年間は，遺伝的な要因の影響を大きく受けながらも，家庭や保育・幼稚園での社会文化的な要因と複雑に絡み合った環境による経験が発達を促すわけです。ですから，教育者はそういった発達の後押しをする役割をもっているわけです。

その後，年齢を重ねるうちに，環境的要因が遺伝要因よりも大きな影響を与えるようになります。とくに小学校段階以降では，学校場面での人的，物理的環境が，子どもの認知発達，精神発達，人格形成に多大な影響をもたらします。ブロンフェンブレンナー（Bronfenbrenner, U., 1996）は，子どもを取り巻くあらゆる条件（親，教師，学校や親の人間関係，文化，国家等）を環境と考え，それらが時間経過に伴って，子どもにさまざまな影響を与えることを強調しました。

ところで，遺伝と環境の要因を考える上で，他にも重要な知見があります。それは，ある時期に学習したことは生涯忘れないとされる発達の臨界期につい

てです。たとえば，孵化直後 13〜16 時間のカモのヒナ鳥は，自分のまわりを動く対象物（多くは親鳥）であれば何にでも接近し，追従します。しかし，孵化してから 30 時間が経つとそのような習性は生じません。比較行動学者のローレンツ（Lorenz, K. Z.）は，このような現象を刻印づけ（imprinting；インプリンティング）とよびました。これをヒトの発達に当てはめると，言語やアタッチメント（愛着）の形成について，発達の初期段階の生後 2 年から 3 年が臨界期に該当するという主張があります。しかし実際にこの時期を逃すとコミュニケーションがまったくできなくなるとか，人と関係を築くことができなくなるといった報告もありません。そのため，人の臨界期については，柔軟性と回復力を有しながらも，生後初期の段階で学習が生じやすい時期がある，というくらいの理解が適切でしょう。そのため，臨界期という用語のもつ，その後一切できないというニュアンスを避け，発達の敏感期ともよばれます。

2.2　発達の時期と段階

　ここからは 2.1 をふまえ，実際に人がどのように発達していくのか，発達の時期と段階について述べていきましょう。

　発達心理学では，人の発達過程を発達の時期として，受精から出生までの約280 日間を胎生期，出生後 1 カ月を新生児期，新生児期以降約 1 年を乳児期，乳児期以降小学校入学までを幼児期，小学校段階を児童期，児童期から成人期への移行期を青年期（思春期を含みます），それ以降，成人期（壮年期，中年期を含みます），老年期と区分します。

　ハヴィガースト（Havighurst, R. J., 1995）は，これらの時期にはそれぞれ5 つの発達課題があることを指摘しています。それは，①性に適した特性，②親からの情緒的独立，③良心と価値の形成，④仲間関係の発達，⑤知的技能の発達，です。たとえば，児童期であれば，日常の遊びに必要な身体的技能の学習，遊び友達を作ってうまく付き合うことの学習，読み書き計算といった基礎的学力の習得，良心・道徳性・価値観の適応等，また青年期では，対人関係のスキルの習得，自分の身体的変化の受容，両親からの情緒的独立の達成，職業

2.2 発達の時期と段階

表 2.1　フロイト，エリクソン，ピアジェの発達段階

	歳	フロイト 精神分析	エリクソン 心理社会的危機	ピアジェ 認知・思考
誕生	0	口唇期	基本的信頼―不信	感覚運動期
乳児期	1	肛門期	自律性―恥・疑惑	
	2			
幼児期	3	エディプス期	自主性―罪悪感	前操作期
	4			
	5			
	6			
児童期	7	潜伏期	勤勉性―劣等感	具体的操作期
	8			
	9			
	10			
	11			
	12			
（思春期）	13	性器期		形式的操作期
青年期	15		アイデンティティ確立 ―アイデンティティ拡散	
	20		親密性―孤立	
	25			
成人期	35			
			生殖性―停滞	
中年期	50			
	60			
老年期	70		統合性―絶望	
	80			

選択とそれへの準備，社会人としての自覚と責任等をあげています。

　表 2.1 には，発達の段階を提唱しているフロイト，エリクソン，ピアジェの理論をまとめています。次に，それらの発達段階の理論について述べていきます。

2.2.1　フロイトの発達理論

　精神分析学の代表者であるフロイト（Freud, S.）は，性的エネルギーであ

るリビドーを軸に発達段階を考えました。つまり，発達の時期によってリビドーが満足を得る身体器官が異なると考え，その違いについて成人までの5つの発達段階を設定して説明しました（**表**2.1）。最初の身体器官は口唇部で，口にものを入れることによって満足を得ます（口唇期）。第2に，リビドーは肛門部に注がれます（肛門期）。幼児期に入ると，男女の差異に敏感になり，異性の親に愛着を感じる一方，同性の親には葛藤を抱き，そういった葛藤を解決する過程で性役割が獲得されると考えました（エディプス期）。さらに，児童期に入るとリビドーは表面に現れずに潜伏し，平穏な時期になると考えられました（潜伏期）。最後は性器期で，この頃から異性に目覚めると考えられました。

2.2.2　エリクソンの発達理論

　フロイトは成人期までの発達段階を設定したわけですが，エリクソン（Erikson, E. H.）は，誕生から死に至るまでの人の一生を**ライフサイクル**としてとらえ，8つの段階に分けて考えました。どの発達段階においても，周囲の人との関係において経験する心理社会的危機があり，この危機を乗り越えることで次の段階に移行できると考えました。たとえば，児童期の段階であれば，知識や技術の習得をめざし，努力を要する課題をじっくりとこなすことが求められるようになります。つまり，勤勉性を獲得することが発達課題となります。では，勤勉性を獲得するためにはどのような経験が必要でしょうか。子どもは課題をこなす過程で友達と自分とを比較し，がんばってもなかなかできない，といったような経験をします。どうして自分だけができないのかと悩み，あきらめることも経験します。つまりこれが劣等感となるわけです。劣等感は自分の力を精一杯発揮するための源になります。積極的に課題に取り組むことで得られる達成感を繰返し経験していくことで，劣等感を乗り越え勤勉性を獲得し，次の段階へと移行することができるわけです。

　その後の青年期には，幼児期，児童期に経験してきた多様な自己像とそれに対する気づきを基に，アイデンティティを形成することが発達課題となります。**アイデンティティ**は同一性ともよばれ，青年期には自分が何者であるかという

ことを，それまでと異なる社会的な視点からとらえ直すことが求められます（アイデンティティ確立）。他者との関わりを通じ，孤立感や無力感，価値観の相違といった葛藤をも経験しながら，自己の将来（多くは職業選択）を通して，自分自身の発見に至ることが目指されます。それがうまくいかないと，アイデンティティ拡散の状態に陥ると考えられています。

2.2.3 ピアジェの発達理論

1. 発達の機能的連続

　ピアジェ（Piaget, J.）は，図 2.1 で示した発達の量（連続性）と質（非連続性）の観点から，発達をとらえることの重要性を指摘しています。発達の連続性について，ピアジェは，生後すぐの乳児から大人まで，同化，調節，均衡化という生物学的機能に基づいて認識（知識）の発達が進むと考えました（発達の機能的連続）。同化とは，外界の環境を自分の中に取り込む働きであり，調節とは自分を環境に合わせて変える働きをさします。これらが相補的に，つまり同化と調節のバランスをとって相互的に働くことを均衡化とよびました。たとえば，生後 9 カ月の乳児が積み木をつかむ際，それまでのつかみ方でつかみ（同化），それに失敗すれば，形や大きさに応じてつかみ方を変え（調節），バランスを取りながら（均衡化），やがてスムーズに対象をつかむ行為ができるようになっていくわけです。また，授業中，教師の話の内容をすでにもっている知識へ取り込み，理解する働きは同化といえ，それまでもっている既有知識では理解できない場合には，児童は既有知識をその対象や事象に合わせるといった試み（調節）をするでしょう。その最たる例が模倣であり，自己を環境に合わせて行動を行う調節が優位に働いていることを意味します。

2. 発達の構造的非連続

　上で説明したように，乳児から大人まで機能的な連続性をもちながら，人は環境に適応していきます。一方，ピアジェは環境のとらえ方が，人の発達過程で異なっていることをあわせて指摘しています。環境のとらえ方とは，人がもっている知識の枠組みあるいは知識の構造です。つまり，発達の過程で，人は質的に異なる知識の構造を構成するといえます。ピアジェはこのような質的に

異なる知識の構造（シェマ）を，発達の構造的非連続と考えました。具体的には，発達の構造的非連続は発達段階として理解されます。

　たとえば，母親の手伝いをしていた子どもが偶然皿を10枚割ってしまった場合「A」と，食べてはいけないお菓子を棚から取ろうとして皿を1枚割ってしまった場合「B」とでは，どちらが悪いでしょうか。5歳の幼児では，割った数の多い「A」を悪いと判断しますが，8歳以降では徐々に「B」が悪いと判断するようになります。つまり，割った皿の数は「A」のほうが多いですが，行動の背景にある意図（原因）を考えると，「B」のほうが悪いわけです。このような道徳観の発達は，幼児期と児童期後半では質的に異なるものであり，因果関係のとらえ方（知識獲得の構造）が異なるものと考えることができます。

　ピアジェは，ある発達段階から次の段階へと移行するペースは個人で違いがありますが，発達段階の順序は変わらないとし，表2.1 にあるような4つの発達段階を想定しました。

(1) 感覚運動期——出生から2歳頃まで

　この時期では，言語や数，イメージといったようなシンボルを用いる認知的な活動はほとんどみられず，物の物理的特性に基づいて反応が生じる点が特徴的です。この感覚運動期は，さらに6つに区分されます。その概要は以下のとおりです。生後1カ月の吸う，見る，つかむといった①生得的反射の段階を経て指しゃぶりや布をたたくといった②1次的循環反応の段階（1〜3，4カ月）がみられます。3〜8カ月頃における，③2次的循環反応の段階では，たとえば見たものをつかむといった目と手の協応，④2次的反応協調の段階（8〜12カ月）に入り8カ月を過ぎると，玩具が布で隠されてしまっても玩具を手に入れるという目的のために布を取り除く，といった手段をとる問題解決の第一歩ともいえる行動が可能になります（布で隠されて目に見えない玩具がそこに存在し続けるという理解が可能になっていることを，対象の永続性が獲得されたといいます）。⑤3次的循環反応の段階（12〜18カ月）に入ると車の上の人形を取るために，車についている紐をひっぱるといった，目的を達成するための間接的な手段もとることができるようになってきます。⑥知的な組合せによって手段を発見する段階（18〜24カ月）以降は，その行為を意図的に繰返し確

2.2 発達の時期と段階 17

かめることによって行為の調節を図る能力が備わるようになります。活動をおこす前に状況について考えるようになるのです。

(2) 前操作期——2歳から7歳頃

この段階は，さらに2歳から4歳までの**前概念的思考段階**と4歳から7歳までの**直観的思考段階**の2つに分けられます。前概念的思考段階に入った2歳過ぎの幼児は，単に刺激の色や形といった物理的特徴ばかりでなく，その刺激のもつ意味に基づいて反応するようにもなります。それは，目の前にない事柄を心の中で浮かべる表象が出現するようになるからです。遊び場面では，人形を子どものように扱って遊んだり，2つの洗濯バサミをつなげてチョウに見立てたりします。このように，物を用いて別の事物を表すといった象徴活動が始まります。

直観的思考段階に至る4歳過ぎになると，さらに複雑な表象や精巧な概念を作り出せるようになります。しかしその理解については，自分の見るところのものに基づいているようです。たとえば，この時期の子どもに果物，衣類，家具，人物などの複数の絵カードを分類させると，リンゴと長ぐつは「赤」だから同じという具合に，色や形といった知覚的性質に基づいて分類を行います。他にも，そのものの本質ではなく見た目に影響されます。たとえば，**図2.3**にあるような土だんごで遊んでいると，上段と下段は同数の6つですが，この時期の子どもは下段を見て「増えた」と答えます。一定の数量というものは，容器の形や大きさの変化によって影響されないということの理解を，ピアジェは**保存**とよびました。この時期の子どもは，見た目に影響を受け，保存の概念をもたない状態と説明できます。

他にも，**図2.4**にあるように，A～Dの各地点に人形を置き，そこから山がどのように見えるのか尋ねる**3つ山問題**においても，この時期の子どもは，どの地点に置いても自分から見えているように答えます。このような思考の特徴を**自己中心性**とよびます。これは保存課題に正しく解答できない（通過できないといいます）特徴と並び，この時期の典型的な特徴として知られています。他にも，「太陽がずっと追いかけてくる」というように，無生物も意思や感情をもっているように考える**アニミズム**の特徴も示します。

図 2.3　数の保存課題

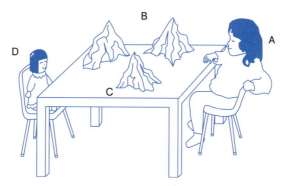

図 2.4　3つ山問題（Siegler et al., 2014 より著者が一部変更して引用）

　前操作期の操作とは，頭の中で内的な処理が正しくできることをさします。この時期は，操作を活用できる以前の段階にあるため，**前操作期**とよぶわけです。

(3) 具体的操作期——7歳から12歳頃

　小学校入学後，いわゆる児童期の段階に入ると，前操作期のように知覚の目立つ側面に惑わされることなく，概念的思考が徐々に可能となってきます。**具体的操作期**の特徴を簡潔にまとめれば，見たり聞いたり経験したことやものについて考えるとき，手で触れ，具体物を用いて行う論理的思考が可能となる時期，といえるでしょう。言語だけによる論理的で抽象的な思考は，次の形式的操作期まで待たなくてはなりません。あわせて，前操作期では理解できなかった数の保存は6，7歳，量の保存は8歳，重さの保存は10歳と，段階的にではありますが理解が可能となり始めます（図 2.5）。つまり，「数量，重さは，見た目が変わっても，それにつけたしたり取り去ったりしない限りそのもの自体は変わらない」という理解が可能になるわけです。

2.2　発達の時期と段階

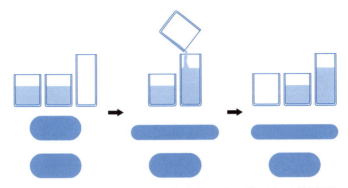

図 2.5　量（ビーカーの水の量；上）と重さ（ねんど；下）の保存課題

　小学校段階に当たる具体的操作期においても，前操作期と同様，2段階に分けて考えるほうがより実際的です。それは，9歳前の小学校低学年に当たる第1段階と中学年以降の2段階です。たとえば，「セーターとズボンはどこが似ているか」を尋ねられた場合，第1段階の子どもたちは，「いつも着ている」「着たら暖かい」というように用途や機能的な視点で答える割合が高まります。第2段階に入る9歳から10歳においては，「衣服」という，より抽象的なとらえ方が可能になってきます。つまり意味概念によって物事を理解できるようになります。さらに，9，10歳以降になると，より高度な概念上の分類がはっきりとできるようになってきます。

　図2.6は，左側の枠内の右下に，どのような図形が入るのかを，右側の6つの選択肢から選ぶ課題です。答えは4ですが，塗りつぶした青（色）と正方形（形）の2つあるいはそれ以上の次元をとらえ，対象全体に対する観点が理解できていなければ答えられない課題です。9，10歳以降になると，このような課題ができるようになります。さらに，図2.4の3つ山問題についても，自分の視点だけでなく，少なからず他者の視点に立って物事を考えることができるようになっていきます。ただし，7歳から9歳にあたる具体的操作期の初期では，人形の位置で見え方が違うということには気づきますが，実際にどのように見えるのかはわかりません。9歳から10歳以降の後期において，それぞれの地点で実際に視点を変えた見方を表すことができるようになります。

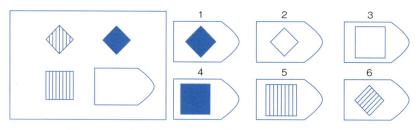

図 2.6　レイブン色彩マトリックス検査の一部 (Raven, 1956)

（4）形式的操作期——12歳以降〜15歳まで

　この段階に入ると，目に見えない事象について，自分の視点だけでなく，他者の視点に立って理解することができるようになります。具体的な事物に対して働きかけることをしなくても，言語や記号といった抽象的な水準で思考することができるようになります（**形式的操作期**）。そのため，具体的操作期では理解できなかった保存課題や3つ山問題，図2.6のような複数の観点から解答を導き出すような課題が理解できるようになってきます。また，SF小説のような，実際には起こり得ない，仮想世界を描いた話を理解できるようにもなってきます。

2.2.4　ピアジェの理論以降の考え

　以上のように，子どもの認知，思考について重要な考えを打ち立てたピアジェの理論は，さまざまな分野で広く活用されています。しかし，ピアジェの理論が提唱されて以降，いくつかの批判がなされました。たとえば，子どもの日常生活を反映した課題を提示したり，教示の仕方を変更したり同じ課題でも繰返し行うことによって，前操作期の段階にある子どもでも，保存課題を子どもたちなりのやり方で理解できるようになることがわかっています。また，学校教育を受けていないある民族の子どもは，11歳を過ぎても量の保存課題の理解が同年齢の他の民族の子どもと比べて低いこともわかっています。このように，ピアジェが子どもの認知的なコンピテンス（能力）を過小評価していた点や，社会文化的な観点を欠いていた点も指摘されはじめ，情報処理アプローチや社会文化的アプローチから発達をとらえることが重視されるようになりまし

た。

1. 情報処理の観点から発達をとらえる

情報処理アプローチは，文字通り，コンピュータの容量やプログラムの実行に関する考え方を発達のとらえ方に援用したものです。簡単にいえば，記憶容量や思考過程の速度の向上，有効な方略や知識の活用が，年齢と経験の影響を受けながら連続的にあるいは非連続的に発達していくとする考え方です（第5章を参照）。

シーグラー（Siegler, R. S., 1996）は，低年齢の子どもであっても，課題を繰返し解こうとするうち，学習の方略（学習の仕方）をいろいろと使用することを確認しています。たとえば，小学1年生が足し算「3＋5＝？」を解く際，図2.7にあるように，子どもは繰返し足し算を行ううちに，以下に示す5つの方略のうちのいくつかを使用します。方略1は，最初の数「3」について左手の指を1つずつ数えながら立て，次に新たに足す数「5」について右手の指を1つずつ数えながら立てます。最後に，もう一度両手に立てた指を合わせて数えます。方略2は方略1と同じですが，言葉に出して数えることはしません。方略3は，記憶の中から検索結果を思い出して言います。方略4は，2つの数のうち大きいほうを選択し，その数を起点とし，残りの数の分だけ数え上げて

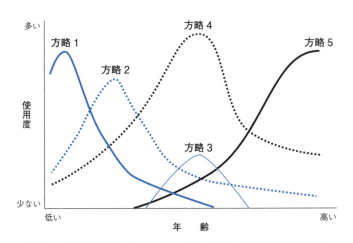

図2.7 **重畳波モデル**（Siegler, 1996と藤田, 2009を参考に作成）

いきます。方略 5 は，頭の中で示された 2 つの数に働きかけ，足し合わせる処理をします。もっとも頻繁に出現し有効に働く方略が優勢となり，その他は消失していくという方略使用の発達を遂げながら，方略の知識を獲得して実際に利用できるようになっていくといえます（**重畳波モデル**）。

　このように複数の方略使用の発達が重畳的（ちょうじょうてき）に進んでいくのは，足し算の方法を学ぶ過程で，子どもたちが有効な方略についてあれこれと考えるからです。たとえば，方略 4 のように，2 つのうち大きいほうの数（「5」）を起点にするのはなぜでしょうか。小さい数（「3」）を起点にすると，その後，数え上げる数が増えてしまいます。こういった効率性や合理的な判断を支える概念として，メタ認知があります。メタ認知は第 7 章で詳しく説明されていますので，ここではごく簡潔にふれておきます。メタ認知とは，自分についての内省的な思考のことです。たとえば，「自分は練習すればうまくなる」「計算は桁が増えるとミスも増える」といった知識をもっている児童には，自由に練習できる時間を与えることによって，課題を解きながらミスを減らすための方略をあれこれとためすことでしょう。このように，児童期後半には，メタ認知を活用して，さまざまな方略を成績向上と結びつけて，うまく使いこなす熟達利用が可能となってきます。

2. 社会文化的観点から発達をとらえる

　ヴィゴツキー（Vygotsky, L. S.；1987）は，子どもを社会的学習者ととらえ，社会，歴史，文化という個の生活に影響を与えるシステムが基盤となり，思考や認知が形成されると考えました（**社会文化的アプローチ**）。ヴィゴツキーがとくに注目したのは，言語と思考の量的関係の発達で，彼は 3 つの発達過程を考えています。たとえば，模型飛行機を教師と一緒につくっている子どもを例にあげましょう。第 1 に，4 歳に満たない子どもは，組み立てる過程で教師の助言をそのまま受け入れていく様子がみられます。思考は教師に統制されているといってもいいかもしれません。第 2 に，話し言葉が完成する 4 歳から 6 歳ごろになると，飛行機をつくる過程で頻繁に声を出し，独り言が顕著に出始めます。これは**外言**とよばれます。当然，その外言は意味が通らないものも含まれますし，教師に向けられた言葉もあればそうでない場合もあり，必ずしも行

2.2 発達の時期と段階

23

動と一致していないこともあります。次に移行するまでの間に，子どもは頻繁にささやき，唇の動きを伴わせながら行動を行うようになっていきます。これは飛行機をつくる過程を支える重要な姿です。第3の児童期以降には，黙ったまま活動を行うようになり，頭の中ではあれこれと自分の行動を調節したり思考したりする手段として，言語が活用されます。これは**内言**とよばれます。

ピアジェ（1954）も，幼児には独語や周りに向けた発話ではない集団的独語といわれる**自己中心的言語**がみられると指摘しています。これらは幼児の社会性の未熟さを反映したものだとしたピアジェに対して，ヴィゴツキー（1962）は，これは第2の外言から第3の内言が発生する際の過渡期にみられる言語形態で，幼児の言語が思考として活用され始めているのだと考えました。9歳から10歳以降には，内言が子どもの思考活動の道具として機能するようになります。つまり，模型を教師と一緒につくる場面においては，説明書の黙読が可能になる，考えてから話をする，組み立てる，といったように明確に反映されてきます。

ヴィゴツキー（2003）は，上記の発達の過程を基本にして，さらに発達水準を2つに分ける考えも提唱しています。2つの発達水準のうちの一つは現在の発達水準で，これは子どもが問題を独力で解いた結果から判断される発達水準です。もう一つは，大人や能力の高い友達と協同して問題を解いた結果から判断される可能的発達水準です。現在の発達水準と可能的発達水準とのずれは**発達の最近接領域**とよばれています。つまり，まだ独力でできるほど成熟していない萌芽状態で，明日には現在の発達水準のものになる可能性がある領域があるとヴィゴツキーは考えたわけです。つまり，子どもに課題を与えるときには簡単すぎても難しすぎても効果はなく，発達の最近接領域に働きかけることが重要なのです。さらに，この領域には，子どもと大人の関係や援助の与え方によって，広くなったり狭くなったりする力動的な特徴があるとされています。

2.3 発達をとらえる

さて，実際にどのような心理学の方法を用いると，子どもの発達の状態を知ることができるのでしょうか。心理学の主要な研究方法として，面接，検査，観察，実験，調査，事例研究があります。発達の段階や子どもの状態，あるいは研究目的に応じて，研究方法を選択します。言葉によるコミュニケーションが困難な場合には観察法や実験法を用います。子どもが読み書きが可能な段階に入れば調査にも答えられるでしょう。それらのデータについて，横断的方法において各年齢間の違いを明らかにしたり，特定の集団を経年的に追い続ける縦断的方法を活用したりすることで子どもの発達の状態をとらえることができます。ここでは，第1章で扱われている方法以外について紹介していきます。

2.3.1 面接法

面接法は，対象者に質問をし，特徴を把握するという点から，子どもが何を考えているのか，もっとも直接的にかついち早く知ることができる方法です。面接法は，構造化面接，半構造化面接，非構造化面接の3種類に分けられます。ここでいう構造化とは，面接の対象となる子どもへの質問の順番や言い回しの厳格さ，調査者の関与や応答の柔軟性といった面接を構成するための枠組みを意味しています。また，1対1の個別の面接だけでなく，話しやすさ等を重視するのであれば，互いに経験を話し合い質問するといったグループ面接もあります。構造化面接は，すべての質問の内容と順序が決まっています。非構造化面接では，面接者は話の流れをコントロールせずに流れていくため，面接者が高度な技術をもっていないと深い回答が得られないということもあります。それに比べて半構造化面接は，構造化面接と非構造化面接の利点を取り入れたものです。決められた質問に沿って面接を進め，対象となる子どもの状況や回答に応じて面接者が反応を示し，質問の内容表現，順序を臨機応変に変えることも可能です。ですので，より多くの面接で用いられる方法といえるでしょう（日本発達心理学会，2013）。

2.3.2 観察法

　面接法は，自己開示を避ける傾向にある場合や，言葉によってコミュニケーションを図ることが困難な乳幼児や障害のある子どもの発達の状態を知る上では，有効な方法とはいえません。そういった限界は観察法で補うことができるかもしれません。観察法には，主に自然的観察，関与的（参与的）観察，構造的観察があります。関与的観察が対象である子どもに関与しながら観察するのに比べ，自然的観察は，日々の生活の中で生じる子どもや子どもを取り巻く人々の行動を記録にとる方法です。他方，構造的観察は，自然的観察とは異なり，日常生活の場面ではなく，事前に準備された状況で同一の課題を行う様子を記録にとります。観察法は，一度に限り観察された行動である可能性をどのように評価すればよいのか，なぜそういった行動をとったのか明らかにできない問題もあり，この点は第1章で述べられている実験による方法で，因果関係を特定する研究によって確認する必要がありそうです（日本発達心理学会，2013）。

2.3.3 調査法

　調査法のうち，ここでは，代表的な質問紙法について説明します。質問紙法では質問に自由に回答したり，複数の文章の中から1つもしくは複数の文章を選択させたりする手法が用いられます。よく用いられる方法としてはリッカート法があります。たとえば，小学6年生の教科学習や授業に関する態度を測る複数の質問項目（「授業の最後に，学習内容を振り返る活動をよく行っていたと思いますか？」や「英語の勉強は大切だと思いますか？」）に対して，通常4段階程度（当てはまらない，どちらかといえば当てはまらない，どちらかといえば当てはまる，当てはまる）の選択肢が用意され，その中から自分に合うと思う1つを選択する方法です。選択された回答を数値化して合計することによって，全体的な態度を測定します。学校現場で行われるアンケート調査のほとんどは，この方法を用いています。実施が簡便で調査参加者の負担も小さく，一度に得られる情報も多いのですが，測定される内容が推測されやすく，対象者の正直な回答が得られない可能性もあります。また回答者が書き言葉を理解する能力をもつことが前提となります。近年では，インターネットを活用した

26　　　　　　　　　第2章　発達の考え方を理解する

調査も一般的になっています（日本発達心理学会，2013）。

2.3.4　事例研究

　事例研究は調査法とは異なり，多数例を扱うのではなく，1つあるいは比較的少数の個人や家族，学校や施設といった集団を取り上げます。そこでは，子どもを取り巻くさまざまな現象にかかわる複数の要因を切り離さずに総合化し，時間経過の中で，複数の要因が相互にどのように影響し合うか，その主張を裏づける証拠を提示しながら解釈します。研究者が自分自身のクラスの子どもたちを対象に事例研究を行うのであれば，子どもたちとの関係性が結果の記述に影響を及ぼすバイアスについても，自覚しながら検討することが必要です。

　教室場面で子どもが主体的に学んでいる学習内容の理解過程を検討するためには，談話分析という手法が有効だといわれています。これは，教室場面で教師と子どもたちの間で繰り広げられる言語，非言語を介したデータを言い換えたりせずに，そのまま文字化します。言語データの時系列，話者，内容，参加者の視線や身振りを，会話分析で用いる特殊な記号（たとえば，極端な音の上がりは「↑」と示します）を用いて，データに書き込んでいきます。分析の基本は，何度も繰り返してデータを読むことです。もし教師の質問に対して話題を変えて質問に応じるような場面があれば，子どもが教師の質問内容を理解しなかったか，意図的に抵抗を示した可能性が考えられます。このように，時系列から内容の変化がなぜ生じたかを探ることができ，その後の改善点や変化にかかわる要因の検証にも役立てることができます（日本発達心理学会，2013）。

2.4　発達をふまえた教育のあり方

　発達の基本的な考え方をもとに，各発達の時期と段階の特徴について事例をあげながら述べてきました。子どもの発達は，親や先生といった大人，あるいは友達などの人的資源，さらには生活の場である物的社会環境との相互関係を経ながら，適応に向かう過程で変化していきます。これらは状況によって変化する面を持ち合わせています。子どもからすれば，教育に携わる支援者は，そ

2.4 発達をふまえた教育のあり方 27

の変化の過程に影響を与える外界としての環境です。周りの大人は自らの言葉かけやかかわりが子どもにどのように影響を及ぼすかを考えなくてはなりません。また，子どもの発達の状態について，さまざまな研究方法を駆使して確認することも必要です。たとえば，小学校低学年の児童は，ピアジェの発達段階でいえば具体的操作期にあたり，具体的な体験活動を通して理解する段階にあります。机上学習での書き言葉のみによる指導では，培えない理解力があることも踏まえなければなりません。また，シーグラーが明らかにしたように，解決の過程で児童なりにさまざまな学習の方略を活用する姿にも出会うでしょう。学習方略や解法の有効性に気づき，自分なりに活用するメタ認知能力も芽生えますが，階段を登るように次の段階に容易に移行するわけではありません。教師からすれば，解決過程で回り道にみえる児童の姿に，意味を見出せないこともあるかもしれません。ヴィゴツキーが考えるように，児童の自立のために，ほんの少しの助言や支援を行うこと（足場かけとよばれています）によって，独力で解決に至る瞬間に出会うこともあるでしょう。眼前の子どもの発達に見合う一歩先の支援を提供することが，子どもの学びを保障することにつながる教育だといえます。

コラム 2.1　脳 の 発 達

　子どもの脳の基本的な構造は3歳前後で完成することが知られています。この時期に海馬の成熟によって記憶の保持も可能となるため，一般的にそれ以前のことを思い出せないことも納得できます。7歳までには，脳幹網様体の軸索はすべてミエリンで覆われるので，注意の持続時間も長くなります。また，児童期を通して，空間や感覚，聴覚や言語の領域と関連した頭頂葉と側頭葉が成熟し，読書や友人を作る能力等の，知的で社会的な面が発達していきます。

　図2.8は，シナプスの密度がどのように変化するかを示しています。視覚野は2歳前，前頭前野は4歳頃をピークに，密度が低下していきます。とくに，前頭前野は青年期に不必要な神経経路がさらに刈り込まれることによって，密度が減少します。前頭前野のように高等な働きをする領域は，より遅れて成熟することもわかります。青年期では，行動の計画や推論等を司る前頭前野は発達途上のため，感情に関わる情報を処理する際に，判断力が欠如したり衝動を制御できない点がみられることも示唆されています。もちろん，これらの脳の成熟は，可塑性といわれるように，経験の影響を受けて柔軟に変化・形成されていくことも知られています。

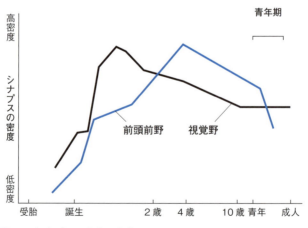

図 2.8　シナプスの密度の変化（Huttenlocher & Dabholkar, 1997）

参考図書

日本発達心理学会（編）（2013）．発達心理学事典　丸善出版

ローレンツ，K.　日高敏隆（訳）（2006）．ソロモンの指環——動物行動学入門——
　　早川書房

田島信元・岩立志津夫・長崎　勤（編）（2016）．新・発達心理学ハンドブック　福
　　村出版

多鹿秀継・南　憲治（編著）（2010）．児童心理学の最先端——子どもの育ちを科学
　　する——　あいり出版

無藤　隆・岡本祐子・大坪治彦（編）（2009）．よくわかる発達心理学　第2版　ミ
　　ネルヴァ書房

中澤　潤・大野木裕明・南　博文（編著）（1997）．心理学マニュアル　観察法　北
　　大路書房

大山　正（監修）山口真美・金沢　創（編著）（2011）．心理学研究法4　発達　誠
　　信書房

やまだようこ他（編）（2013）．質的心理学ハンドブック　新曜社

中島義明・繁桝算男・箱田裕司（編）（2005）．新・心理学の基礎知識　有斐閣

多鹿秀継（2010）．教育心理学　第2版——より充実した学びのために——　サイ
　　エンス社

多鹿秀継・竹内謙彰（編著）（2007）．発達・学習の心理学　学文社

　なお，フロイト，エリクソン，ピアジェの著書・解説書は多数あります。上記だけ
でなく，いろいろな書籍にあたってみましょう。

復習問題

1. 発達の概念について説明してください。
2. 小学校段階にあたる児童期の特徴についてまとめてください。

第 **3** 章

学習の考え方を理解する

学習についての考え方には，大きく分けて，学習は刺激と反応の連合によるとする行動主義心理学（連合説）と，スキーマ（知識のまとまり）の形成によるとする認知心理学（認知説）の考え方があります。行動主義心理学に基づく古典的な学習理論にはプログラム学習と完全習得学習があり，認知心理学に基づく古典的な学習理論には発見学習と有意味受容学習があります。効果的な学習方法としては分散学習が知られています。また，学習の転移は学習成果の活用といえます。本章ではそれらについて説明していきます。

3.1　学習とは何か

私たちは，毎日の生活において，さまざまなことを学んでいます。皆さんが通学部の学生なら授業に出席して，通信部の学生なら自学自習することで，学んでいることでしょう。心理学では，学習という言葉を使って，このような学びの仕組みと働きを明らかにしています。教育心理学からイメージする学習といえば，当然勉強をイメージします。しかし，心理学で扱う学習の概念は，学校の勉強に限らず，もっと幅広いものとしてとらえています。

心理学でとらえる学習の概念は，行動主義心理学と認知心理学の 2 つの理論的な考え方によって，とらえ方が異なっています（バウアーとヒルガード，1988）。

行動主義心理学の考え方は，一般に連合説とよばれています。連合説の歴史は古く，そのみなもとをアリストテレス（Aristotelēs）にまでさかのぼることができます。連合説による学習のとらえ方は，その後，心は生まれたときには「白紙状態の石板（タブラ・ラサ。ラテン語です）」という表現で知られるイギリスのロック（Locke, J.）に代表される経験論（連合論）哲学と深い関連を

もち，学習は経験によって行動が変わること，ととらえています。

　連合説の考え方によると，学習とは刺激と反応の連合（通常，「刺激─反応の連合」と書きます）の形成によって成立するといいます。たとえば，ベルの音（刺激）によってイヌがだ液を分泌した（反応）場合，ベルの音（刺激）とだ液分泌（反応）の連合が形成されたことにより学習が成立したといえます。また，児童が何度も九九をそらんじて，4×5という問題（刺激）に対して20という答えを正しく解答した（反応）とき，学習が成立したといえます。行動主義心理学では，問題は刺激であり，答えは反応です。刺激─反応の連合の習慣化が，正しい行動を獲得するためにはもっとも重要なものと考えるのです。

　他方，認知心理学は，ドイツのカント（Kant, I.）などの理性主義哲学を背景にしています。理性が知識のみなもとであると考えるので，イギリスの経験論の考えとは異なります。認知心理学の考え方は，古くは認知説とよばれています。認知説の考え方では，学習内容の意味理解が進み，心的構造（スキーマともよばれています）が形成されることによって学習が成立したととらえます。学習とは，課題に直面した場合に，学習者のもっているスキーマを利用して課題を吟味し，課題の求めに適切に応じることです。課題が問題を解くことであれば，正しく問題を解くことができるようにスキーマを使います。心的構造やスキーマといった言葉は難しそうですが，私たちのよく知っている知識のまとまりと考えてよいでしょう。野球の知識が豊富な子どもは，野球のスキーマを使って，試合の状況を理解しようと努めます。認知心理学では，自分のもっているスキーマを用いて課題の意味を理解し，問題を適切に解くことができたときに，学習が成立したととらえます。あるいは，課題に関連するスキーマをもっていない場合には，課題の理解や問題解決に使えるスキーマを作ることが，学習といえるでしょう。観察可能な事象のみを科学的な研究対象と考える行動主義心理学の考え方に対して，認知心理学はスキーマの構成という直接には観察されない心の働きや仕組みを研究対象としています。

　その後の学習理論の動向としては，認知心理学にみられるスキーマを重視する考え方にもとづいた研究が増加しています。たとえば，発達心理学で知られるスイスのピアジェ（Piaget, J.），あるいは認知心理学の研究でも知られるア

メリカのブルーナー（Bruner, J. S.）やオーズベル（Ausubel, D. P.）といった研究者は，教育観や発達観に相違があるにしても，それぞれに学習者のスキーマが知識の獲得に重要な役割を果たしていることを認めています。

3.2 学習成立の具体例

　前節で，学習の成立を説明する考え方として，行動主義心理学と認知心理学の2つの理論を取り上げました。行動主義心理学の理論は，以前は連合説とよばれており，認知心理学の理論は認知説とよばれていました。以下では，1950年代頃までに明らかになった学習成立の研究成果について説明します。そのため，学習成立についての2つの理論を，ここでは連合説と認知説とよんでおきましょう。連合説は動物（イヌやネズミ）の条件づけの研究によって，学習成立を説明します。条件づけの研究とは，経験の結果として獲得される新たな行動についての研究を意味しています。また，認知説も主に動物（チンパンジーやネズミ）を使用し，動物の認知行動の変化をみることによって学習成立を説明します。

3.2.1 連合説による学習成立

　連合説によって説明される学習成立は，条件づけとして知られています。条件づけは，経験の結果として獲得される新しい行動を意味しています。新しい行動の獲得に関して，2つのタイプの条件づけがあります。1つは古典的条件づけとよばれる，ロシアのパブロフ（Pavlov, I. P.）によってはじめられた条件づけで，条件反射としても知られています。他の条件づけはオペラント条件づけあるいは道具的条件づけとよばれているものです。オペラント条件づけはアメリカのスキナー（Skinner, B. F.）が開発した条件づけで，道具的条件づけは，アメリカのソーンダイク（Thorndike, E. L.）のものがよく知られています。

1. 古典的条件づけ

　パブロフの条件反射として知られている古典的条件づけは，学習者が生得的

に獲得している刺激—反応の関係を利用し，別の刺激と生得的に獲得している反応との連合を形成することで，学習が成立したと考えます（パブロフ, 1975）。学習者が生得的に獲得している刺激—反応の関係とは，たとえば光の刺激に対する瞳孔(どうこう)の反応（明るい光に対して瞳孔が収縮），あるいは食べ物を口にふくむことによって生じるだ液分泌反応などです。条件づけの研究では，光や食べ物を無条件刺激（UCSと略します）とよび，それぞれのUCSに対する瞳孔やだ液分泌の反応を無条件反応（UCRと略します）とよんでいます。UCSやUCRといった表記には戸惑うかもしれませんが，慣れるようにしてください。

パブロフの古典的条件づけは，イヌを実験の被験体に用い，以下の①から③の手続きで実施されます。①生まれつき備わっているUCS—UCRの結びつき（連合）と無関係な刺激，たとえば音を用いて，音とエサ（UCSです）を対提(つい)示します。対提示といっても音とエサを同時に提示するよりも，むしろ音を聞かせてからエサを与える手続きが一般的です。空腹のイヌはエサを食べますが，あわせてだ液も出てきます（だ液分泌反応がUCRです。もちろんだ液が観察できるように，実験上の工夫がなされています）。②この対提示の手続きを繰り返します。その結果，③音を聞かせるだけで，イヌはだ液を流すようになります（図3.1に実験の風景）。

この③の結果が得られたときに，学習が成立したと考えます。つまり，生ま

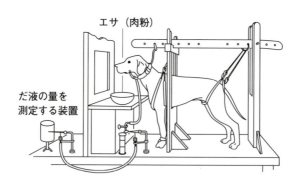

図3.1　**古典的条件づけの実験風景**（Klein, 2015）
ベルあるいはメトロノームの音が鳴り，エサ（肉粉）が与えられると，イヌのだ液の量が測定されます。だ液の量を測定する装置が図の左端に示されています。実験中，なるべく動かないようにイヌは固定されています。

れつき備わっている①の UCS—UCR の連合から，③の UCR とは無関係な刺激である音（この刺激を条件刺激とよび，CS と略します）と UCR（このときのだ液分泌反応を，条件刺激に対する反応ですから条件反応とよび，CR と略します）が新たに結びついたことにより，学習が成立したと考えるのです。古典的条件づけは，このように，CS—CR（UCR のよび方が変わっただけです）の連合が新しく生じたことを学習成立ととらえます。

パブロフは，CR が継続して起こるのは，CS が UCS と一緒に提示される場合に限られることを見出しています。この対提示の手続きが**強化**です。古典的条件づけにおける条件反応は，CS と UCS の対提示の手続きである強化を繰り返すことによって，徐々に引き起こされるのです。ところが，条件づけが成立してから，つまり学習が成立してから UCS を与えずに CS のみを引き続いて提示すると，CR は徐々に生じなくなり，最後にはまったく出現しなくなります。この手続きが**消去**です。消去は CR そのものが消滅したことを意味するものではなく，大脳で形成された CR の回路が，一時的にブロックされた現象です。そのため，休憩後に再び音（CS）のみを聞かせると，イヌはだ液を流します。これを**自発的回復**とよびます（図 3.2）。

古典的条件づけは，梅干しと聞いただけでだ液が出てきたり，母親の足音を

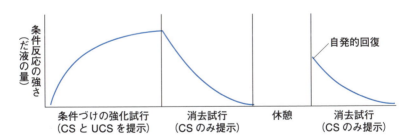

図 3.2 古典的条件づけの実験過程 (Klein, 2015)
横軸（X 軸）は実験の流れ（経過）で，縦軸（Y 軸）は条件反応の強さ（だ液の量）を示しています。音（CS）とエサ（UCS）を繰返し提示すると（強化），だ液の量（UCR）が徐々に増えていきます。そして，だ液の量がもっとも多くなったところで，音（CS）だけ聞かせる実験を続けます（消去）。その結果，だ液の量（CR）が徐々に減っていきます。実験をやめて休憩を入れ，その後，ふたたび音（CS）だけを提示する実験を繰り返したとき（消去），実験の最初は多少回復してだ液が分泌されます（CR）が（自発的回復），徐々に減ってくることがわかります。

聞いただけで喜びの声を発する乳児の行動等に認めることができます。

2. オペラント条件づけ

　先にも述べたように，アメリカのスキナーはオペラント条件づけの実験方法を確立しました。また，ソーンダイクの道具的条件づけも，このオペラント条件づけに含めることができます。**オペラント条件づけ**ないし**道具的条件づけ**は，古典的条件づけとまったく異なる条件づけです。スキナーのオペラント条件づけは，動物が本来もっている能動的で活動的な行動・行為を**強化**したものです。オペラント条件づけでは，動物は自らの行動の結果によって行動が強化されるという原理を基礎にしています（バウアーとヒルガード，1988）。

　スキナーは，オペラント条件づけがどのようにして成立するかを明らかにするために，スキナー箱とよばれる単純かつ自動化された装置を考案して実験しました（図3.3はオペラント条件づけの実験風景）。スキナーの実験では，UCSはエサであり，UCRは食べるという行為です。空腹のネズミがスキナー箱に入れられます。ネズミはエサを得るために，スキナー箱の中を動き回ります。あるとき，体の一部がスキナー箱にあるてこに触れることによっててこが動き，エサが出てきました。もちろん，ネズミはエサを食べます（UCS─

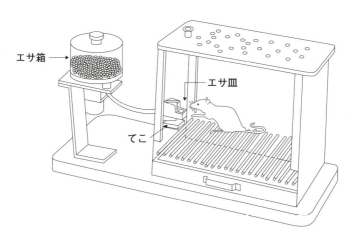

図3.3　オペラント条件づけの実験風景（Klein, 2015）
オペラント条件づけのために工夫された実験箱（スキナー箱）に入れられたネズミが，箱の中のてこを押すと，エサ箱からエサがエサ皿に運ばれ（強化），ネズミはそれを食べます。

3.2 学習成立の具体例

UCRの生まれつきの連合）。このような経験を繰り返すことで，ネズミはスキナー箱に入れられると，自らてこ（これがCSとなります）を押し（これがCRとなります），てこを押すことでエサ（UCS）を手に入れ食べる（UCR）ことができるようになります。このように，ネズミが自らてこを押すという行為ができたとき（CS—CRの連合），学習が成立したといえます。

　オペラント条件づけの実験の流れをまとめますと，（CS—CR）—（UCS—UCR）となります。前半の（CS—CR）がてこを押す行為です。後半の（UCS—UCR）が出てきたエサを食べる行為です。前半と後半の関係を随伴性とよんでいます。オペラント条件づけでは，前半のある刺激のもとである反応をすると，後半のどのような結果が起こるのかをしっかりと関係づけることが学習であることが分かります。ある意味で随伴性の獲得が学習といえます。

　また，CRの回数やCR後の時間をさまざまに操作することで，オペラント条件づけの成立に影響を与えることができます。CRが出現した回数や時間によって，いつUCSを提示するかという取り決めを強化のスケジュールといいます。一般的には，CRの出現を毎回強化する連続強化よりも，あるスケジュールに沿って部分的にCRを強化する部分強化のほうが，オペラント条件づけによる行動の消去抵抗が強いとされています。

　このような強化の手続きを利用することにより，オペラント条件づけによってもっと複雑な行動を動物に獲得させることが可能になります。条件反応は何もてこ押し反応のような単純な反応に限定されるものではありません。シェーピング（行動形成と訳されています）とよばれる手続き，すなわちすでに存在している単純な反応を組み合わせて，より複雑な反応を獲得させる手続きを工夫し，動物により複雑な反応を学習させることは可能です。シェーピングの手続きは，動物に芸を仕込むときだけでなく，望ましい行動を形成させたり，あるいは学校の授業場面で利用されるプログラム学習や行動変容（たとえば，嫌いな食べ物が食べられるようになる）の取組みに応用されています。

　オペラント条件づけと類似した意味で使用される条件づけに，道具的条件づけがあります。道具的条件づけとは，動物がエサを得るために迷路を学習する訓練を通して，最終的にエサを得ることを学習するものです。ソーンダイクの

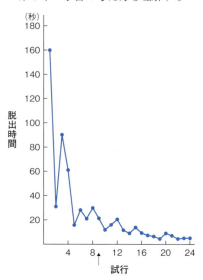

図 3.4　ソーンダイクによる試行錯誤学習の実験結果（Klein, 2015）
実験用の問題箱に入れられたネコが，問題箱から脱出する時間（秒）を 24 試行にわたって記録した結果です。このネコは，最初は問題箱から脱出するのに時間がかかっていますが，9 試行目からは，スムーズに脱出できるようになっていることがわかります。

試行錯誤による学習の考え方が，道具的条件づけをうまく説明しています。図 3.4 は，道具的条件づけの学習成立過程を示したものです。迷路ではなく問題箱に入れられたネコは，当初の試行で，箱の外にあるエサを得るために，鍵のかかった問題箱から脱出するのに時間がかかっています。試行錯誤を繰り返すことで，成功となる脱出反応が徐々に生じるようになり，図の矢印のある 9 試行目からは学習成立といえます。すなわち，その後の試行では，鍵のかかった箱からすぐに脱出できるようになっています。

3.2.2　認知説による学習の成立

　認知説では，学習内容の意味理解が進み，心的構造（スキーマともよばれています）が形成されることによって学習が成立したととらえます。しかし，チンパンジーやネズミを使った実験では言葉を使用できませんから，課題の理解や解決のスキーマが構成できたかどうかわかりません。あくまでも，動物の行

3.2 学習成立の具体例　　39

動を観察することでスキーマが形成されたと類推するのです。そのような前提
から研究を行った研究者として，ドイツからアメリカに移住したケーラー
（Köhler, W.）とアメリカのトールマン（Tolman, E. C.）がいます。ここでは，
ケーラーによる見通し学習と，トールマンによるサイン学習の2つの学習成立
の研究を説明しましょう。

1. 見通し学習

　ケーラーは，チンパンジーが2本の棒を組み合わせたりあるいは箱を2段に
重ねることで，手の届かないところに置かれたバナナを取る場面を観察し，チ
ンパンジーが問題場面を解決できることを見通し学習ととらえました（ケーラ
ー，1962）。見通し学習が成立するためには，チンパンジーは自分のおかれて
いる問題状況を把握し，問題状況を構成している要素（手が届かない，何かな
いか，手元に棒が2本あるなど）を再構成すること（2本の棒を組み合わせる
と届くなど）が必要です。問題状況を構成している要素の再構成は，まさに問
題解決に向けたスキーマの構成といえます。見通し学習では，問題状況を構成
しているいくつかの要素を再構成することが学習の成立といえます。なお，見
通し学習は洞察学習とも訳されています。

2. サイン学習

　トールマンは，刺激―反応の連合強化によって学習が成立するのではなく，
「何をどうすればどうなるか」という手段―目標の関係や課題を認知すること
によって学習が成立するととらえました（サイン学習）。学習はでたらめに行
われるのではなく，目標を達成するまで一貫して目標に向かって進められると
いうのです。そして，刺激が目標に導く手がかりとして役立つサインとなり，
サインを学習しているととらえます。

　トールマンの一つの研究（バウアーとヒルガード，1988）ではネズミを3群
に分け，1つの群のネズミには迷路のゴールにエサを置いて与え（定期的報酬
あり群），他の2群のネズミにはゴールに到着してもエサを与えないようにし
ました（エサ報酬なし群と11日目までエサ報酬なし群）。定期的報酬あり群の
ネズミは，ゴールでエサを食べるまでに行き止まりの迷路に入る回数（エラー
数）が，試行を重ねるにつれて減りました。一方，エサ報酬なし群と11日目

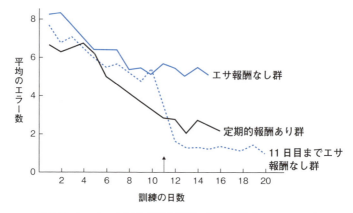

図 3.5　トールマンによる潜在学習の実験結果 (Klein, 2015)
複雑な迷路を学習するネズミの潜在学習を示す実験結果です（実験は，トールマンとホンチックによります）。迷路のゴールに置かれたエサを食べることのできる定期的報酬あり群と，ゴールにエサのない2つのエサ報酬なし群のネズミが，ゴールに到達するまでに行き止まりの迷路に入った回数（エラー数）を測定すると，当然ゴールでエサを食べることのできる定期的報酬あり群のネズミのエラー数が少ないことがわかります。しかし，訓練の11日目に，エサ報酬なし群のネズミにゴールにエサを用意すると（10日目までエサ報酬なし群となります），12日目からはゴールまでのエラー数が一挙に少なくなっていることがわかります。

までエサ報酬なし群のネズミは，試行を繰り返すことで実験には慣れるでしょうが，ゴールまでのエラー数は基本的に大きな変化はありませんでした。訓練の途中で，10日目までエサ報酬なし群のネズミに11日目からゴールにエサを置いて与えたとき，その群のネズミは，12日目以降の試行で，訓練の最初からエサを与えられていた定期的報酬あり群のネズミに比べて，急速に迷路でのエラー数が減少しました（図3.5）。図3.5は，ゴールまでのエラー（誤り）数を示しています。つまり，迷路の学習ですから，ゴールにつながる迷路とは異なる行き止まりの迷路にネズミが入れば，エラーとされるのです。図から，11日目以降はエラー数で急激な減少がみられ，ほんのわずかなエラーでゴールに向かって進んでいる様子が理解できます。

　このように，たとえ報酬のエサが与えられていなくとも，ネズミはでたらめに迷路を学習していたのではなく，ゴールまでの道をしっかりと把握していたといえます（**潜在学習**とよばれています）。その結果，エサが与えられると，

エサのあるゴールに行くにはどの道を通ればよいかをしっかりと学習していたので，エラー数が急速に減少したといえるでしょう。そのような意味で，ネズミの頭には認知地図が出来上がっていたといえます。

3.3 学校学習への学習理論の適用

　前節では，連合説（行動主義心理学）と認知説（認知心理学）という2つの古典的な理論に従って，動物の実験を通して学習の成立過程を具体的にみてきました。ここでは，上記の行動主義心理学と認知心理学の2つの学習理論を，学校の学習に適用した典型例を説明しましょう。行動主義心理学の学校学習への適用例として，スキナーのプログラム学習とブルーム（Bloom, B. S.）の完全習得学習を取り上げます。また，認知心理学の学校学習への適用例として，ブルーナー（Bruner, J. S.）の発見学習とオーズベル（Ausubel, D. P.）の有意味受容学習を取り上げます。学校学習へのそれぞれの適用例のよび方はさまざまですが，おもなる背景の理論は，行動主義心理学と認知心理学と考えてよいでしょう。

　これらの学習は1960年代から1970年代にかけてよく取り上げられた学校学習の適用例です。しかしながら，今日では，このような名称で活動していることは少なくなっています。

3.3.1 プログラム学習

　プログラム学習はオペラント条件づけを提唱したスキナーによって開発された学習であり，ティーチング・マシンの普及とともに学校に広まっていきました（Skinner, 1968）。プログラムは授業のもととなる教材であり，プログラム学習は，動物の行動を強化することによって，より高次の行動を獲得させるシェーピング（行動形成）の技法を基礎にして開発されたものです。シェーピングとは，目的とする行動を獲得させるために段階的に行動を区分けし，生じやすい行動から順に形成していく技法です。

　このシェーピングの技法を学校学習に適用したプログラム学習は，一般的に

次のような基本的な原理で構成されています。すなわち,

1. **スモール・ステップの原理**……目標とする行動に確実に到達できるように,一つひとつのステップの間隔を小さくとって課題を小分けすること。

2. **積極的反応の原理**……与えられた課題に,子どもが自ら自発的・積極的に反応すること。

3. **即時確認の原理**……子どもが反応したとき,「結果の知識」(KR) とよばれる反応の正誤をすぐに与え,かつ子どもはそれを確認できること。

　スキナーによって開発されたプログラム学習は,一組の教材の端から端までを1ステップずつ順に進んでいくプログラムのタイプの学習です。このプログラムは,一般に直線型プログラムとよばれています。たとえば,漢字の書き順を学習したり四則計算を練習する場合に,直線型プログラムは利用されます。他方,正答を含むいくつかの選択肢が用意され,子どもが誤答した場合に,次に進むステップが異なるようなプログラムのタイプもあります。これは分岐型プログラムとよばれています(具体例は,Crowder & Martin, 1961)。コンピュータを利用した最近のプログラムは,分岐型プログラムが一般的です。プログラム学習を積極的に利用することにより,どのような子どもでも与えられた問題を解くことができるようになります。

3.3.2　完全習得学習

　完全習得学習はブルームによって提唱された学習であり,どのような子どもでも十分に時間をかけて学習すれば,学習内容が理解できるといいます(ブルーム, 1980)。

　完全習得学習は,「学習に十分時間をかければ,誰もが理解できる」という学校学習モデルを基礎にして展開されました。学校学習モデルでは,ある教科を学習する子どもたちの適性は,その教科に合った子どもから合わない子どもまで正規分布しているといいます。正規分布とは,簡単にいえば,平均値をはさんで左右対称の曲線で示される子どもの分布です。平均値あたりの子どもの人数がもっとも多く,X軸の左端(合わない子ども)あるいは右端(合う子ども)にいくほど子どもの人数が少なくなる曲線を示しています。当然,その教

3.3 学校学習への学習理論の適用

科に合う子どもはその教科を自発的に学習する（時間をかける）でしょうし，合わない子どもはその教科の学習をなるべく避けるでしょう。そのような子どもに，質・量ともに同じ授業をすると，その教科を学習し終えた時点で測定した学力も，学習前の正規分布と同じ分布を示すだけです。それゆえ，子どもの学力に違いが生じるのは，子どもの知的能力といった特性ではなく，学習内容をしっかりと理解するために子どもがその教科の学習にかけた時間の違いによるといえるでしょう。この考え方は次のように表現できます。

$$学習の程度 = f\left(\frac{実際に学習に費やした時間}{学習に要する時間}\right)$$

ブルームは，以上のような学校学習モデルを発展させ，図3.6のような学校学習に影響を与える3つの変数をまとめました。すなわち，ブルームによると，学習者の2つの特性と授業の質の違いが学習成果（子どもの授業内容の理解）を決定するといいます。学習者の特性は学習内容をあらかじめどの程度理解しているかの認知的前提能力と，その教科を学習しようとする動機づけに関係する情意的前提特性です。授業の質はさまざまあり，授業が子どもの必要にふさわしい内容になっているかどうかに関係します。当然のことですが，子どもに

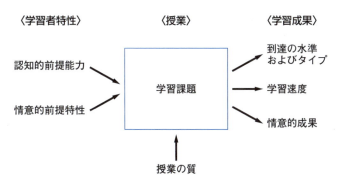

図3.6 ブルームの学校学習モデルの変数（ブルーム，1980）
ブルームは学校学習に影響を与える3つの変数を考えました。1つは学習者の特性（学習者の個人差）です。2つ目は授業（学習指導）です。3つ目は，学習者の特性と授業のかかわりによって成果として生み出される学習成果です。ブルームは学習時間を十分にとることに加え，学習者の個人差にあった適切な学習指導を実施することで，最大限の学習成果を生み出せると考えました。

合った授業が質の高い授業といえます。このような2つの変数をうまく組み合わせて子どもに合った授業を展開すると，3つ目の変数である学習成果に反映され，それぞれ高いレベルの成果を期待することができます。たとえば，情意的成果では，時間はかかるかもしれませんが，高い興味や関心をもった意欲的な子どもの育成が可能です。完全習得学習の考えでは，子どもの個人差を考慮して十分に注意深く体系的に授業を行い，学習する時間を十分に与えて子どもを援助すれば，どの子どもも授業内容を理解できるのです。

3.3.3 発見学習

ブルーナー（Bruner, 1964）は，教師が学習内容を直接教え込む授業よりも，学習すべき法則や原理を学習者自らが自発的に発見する発見学習を重視しました。ブルーナーによれば，授業を構成する理論とは，子どもが知識をどのように獲得するかに関する知見を提案したり，得られた結果を測定・評価するための技法を提供するような，処方的なものであるといいます。授業理論は，単に達成すべき授業の目標を設定し，どうすればその目標を達成できるかを記述するだけでなく，教育の処方せんの役割をもつことが大切です。

ところで，発見というのは，以前に気づかなかった諸概念の関係性や類似性を子ども自身が見出すことであり，子どもにとって新しい概念の構造や意味を発見することです。たとえば「重さ」という概念を理解する場合を考えてみましょう。指導する先生は，当然「重さ」という概念の特性をさまざまに理解しています。しかし小学校低学年の子どもにとってはどうでしょうか。体重計を保健室から借りてきて，体重を測るとき，「片足で立って測る」「しゃがんでふんばって測る」「両足をそろえて普通に測る」のどのような測り方の場合も，すべて体重は変わりません。そうです，これは第2章で紹介したピアジェの保存の概念です。ものの一部をとったりつけたりしない限り，ものの形が変わっても重さは一緒です。しかし，子どもはそのようにはとらえていません。クラスの半数近くの子どもは，「しゃがんでふんばって測る」場合が一番重くなると考えています。重さは力をこめると重くなるととらえているようです。発見学習は，このような子どものもつ認知のずれを利用し，知識の本質を発見的な

手続き（どのような結果が得られるかについて仮説を立て，それに基づいて子ども同士でディスカッションをし，仮説を検証することで概念の本質を導き出す手続き）によって獲得することであるといえます。

　発見学習を実施することによって，賞・罰による外発的な動機づけよりも，知的好奇心や興味・関心による内発的動機づけが強化されること，知識の本質を発見する仕方を学習すること，さらには記憶の保持を高めること，などの学習効果を期待することができます。わが国の理科の授業でしばしば用いられる仮説実験授業は，発見学習の考え方にうまく対応した授業方法です。

3.3.4　有意味受容学習

　オーズベル（Ausubel, 1968）によって提唱された有意味受容学習は，小学校高学年から高校で実施される授業で有効な学習として知られています。

　有意味受容学習は，その名前の通り，有意味学習と受容学習によって構成されています。まず，学習する材料の性質によって，学習を有意味学習と暗記学習に区分します。一般に，学習材料が子どもにとって理解しにくい材料や子どもの興味をひかないような材料であれば，子どもは学習材料の意味を理解せずに，暗記に頼った暗記学習になってしまいます。一方，子どものもっているスキーマに取り入れることのできるような学習材料であれば，子どもは積極的に学習材料を自分の知識に関連づけて意味を理解し，新しい学習材料をスキーマに取り入れるでしょう。有意味学習とは，後者の学習材料を相互に関連づけてその意味を理解する学習といえます。学習材料を有意味に学習するためには，子どもが有意味な構えを採用することも必要となります。有意味な構えとは，子どもが学習材料をスキーマに統合するために，相互に関連づけることのできる適切なスキーマを準備することです。

　有意味学習が子どもの側の学習の仕方であるのに対して，受容学習は教師側の学習の仕方といえます。教師の授業方法として，オーズベルは受容学習と発見学習を区別します。受容学習とは，一斉授業にみられるような子どもに授業内容を伝達する方法であり，授業内容の最終形態を子どもに直接与える授業方法です。他方，発見学習とは，先ほど説明したように，子ども自らが仮説を設

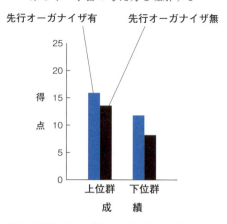

図 3.7 先行オーガナイザを与えた「花のつくり」の実験における転移テスト結果
(多鹿と川上, 1988)

おしべ，めしべ，花びら，がくといった「花のつくり」は，葉から変化したそうです。そのため，小学 5 年生に実施した「花のつくり」の実験では，先行オーガナイザとして葉の進化の過程を用いました（先行オーガナイザ有群）。先行オーガナイザを与えない児童（先行オーガナイザ無群）には，花を余分に観察させて「花のつくり」を学ばせました。1 週間後に転移テスト実施しました。転移テストは，授業でやっていない「花のつくり」のテストでした。図から，理科の学習成績がよくない下位群の児童の成績が，先行オーガナイザを与えられることで上昇していることがわかります。

定して新しい概念に働きかけ，概念間の新しい関係などを発見する方法で，学習内容は最終の形で提示されません。子どもがそれを発見していきます。

　受容学習は，学習内容が多岐にわたる中学校や高校でよく利用されます。しかしながら，受容学習は一斉授業の形態で実施されることが多く，多くの教師や子どもにとっては受動的な学習方法とみなされてきました。オーズベルによれば，受容学習に有意味学習を取り入れた有意味受容学習を実施することによって，知識の獲得が容易となり，かつ忘却の影響を受けにくい堅固なスキーマが形成されるといいます。

　ところで，学習すべき材料が学習者にとって有意味であったとしても，学習者に有意味な構えができていなければ，つまり子どもが学習材料を相互に関連づけることのできる適切なスキーマを準備することができていなければ，学習材料は有意味になりません。このような場合，子どもに学習すべき材料を包摂する抽象的で一般的な情報をあらかじめ与えてやれば，子どもは活性化させた

スキーマを使って学習材料を有意味に学習することができるでしょう。オーズベルは，学習材料に先立ってあらかじめ与え，かつ学習材料を包摂する抽象的で一般的な情報のことを先行オーガナイザとよんでいます。図 3.7 に，先行オーガナイザを与えた理科の「花のつくり」の実験結果を示しました（多鹿と川上，1988）。先行オーガナイザとして花の進化に関するお話を与えることで，「めしべ，おしべ，花びら，がく」といった花のつくりの学習において，理科の成績の下位群の子どもの転移テスト（授業でやらなかった花のつくりを問うテスト）の成績が伸びていることがわかります。

3.4 学習の諸相

3.4.1 学習の方法

ここで述べる学習の方法は，古くから技能学習の領域においてよく研究されてきた学習の方法を意味しています。技能学習とは，しっかりと練習することによって，運動課題（主に心理学の実験室で行われるような，鉄筆による追跡課題，あるいは鏡を見ながら鉛筆で星形の線をなぞる鏡映描写課題など）や認知課題の習熟状況をみる学習です。技能学習の学習方法の背景には，行動主義心理学の考え方が反映しています。

どのように学習課題を学習するのかに関して，課題変数と学習時間の変数に区分して説明しましょう。課題変数とは，与えられた学習課題をひとまとめにして学習するのがよいのか，区切って学習するのがよいのかというものです。学習課題をひとまとめにして学習する方法を全習法とよび，区切って学習する方法を分習法とよびます。また，学習時間の変数とは，一定の学習時間の間に休憩を入れて学習するかどうかに関する学習方法です。一般に，与えられた学習時間に休憩を入れながら学習する方法を分散練習（分散学習ともよびます）とよび，休憩を入れずに与えられた学習をフルに学習する方法を集中練習（集中学習ともよびます）とよびます。

1. 全習法と分習法

全習法とは，学習課題を初めから終わりまでをひとまとめにして学習・反復

する方法であり，**分習法**とは学習課題をいくつかに区切って別々に学習・反復する方法です。これまでの全習法と分習法の学習効果に関する研究結果から，一方の学習方法が他方の学習方法よりもよいという一義的な結果は必ずしも得られていません。むしろ，どちらの学習方法が有効であるかという問題よりも，どのような条件においてそれぞれの学習方法が有効に作用するかという分析に焦点がおかれています。その結果，①学習者に関して，年長者には全習法が効果的であり，②学習の段階に関して，学習の初期には分習法が有効であり，学習が進むにつれて全習法が効果的となり，③学習時間との関係では，分習法は集中練習と，全習法は分散練習と相性がよい（効果的である）とされています。

2. 集中練習と分散練習

集中練習とは与えられた学習時間の間に休憩を入れないで学習・反復する方法であり，**分散練習**とは与えられた学習時間の間に休憩を入れて学習・反復する方法です。学習の集中と分散の比較では，一般に集中練習に比べて分散練習のほうが有利であることが知られています。分散練習が集中練習に比べて効果的である理由として，①休憩をとるために疲労が少ない，②間違った反応が休憩中に忘却される，③休憩中に反復・復唱（リハーサルといいます）ができる，などを指摘できます。しかしながら，必ずしも分散練習が100% 効果的であるとはいえません。

3.4.2 学習の転移

1. 学習の転移とは何か

学校学習では，学習した内容をしっかりと保持するだけでなく，保持した内容を新しい場面においても活用できることが望まれます。**学習の転移**とは，しばしば訓練の転移ともよばれ，先に行われた学習（先行学習とよびます）が，その後に行われる別の学習（後続の学習とよびます）に何らかの影響を及ぼすことです。何らかの影響を及ぼすということは，先行学習によって，後続の学習が促進されることも妨害されることもあるということです。後続の学習が促進される（あるいは活用される）ことを**正の転移**とよび，妨害されることを**負の転移**とよびます。もちろん，学校学習では新しい場面で学習内容を活かすこ

とが望まれていますので，先生はいかにして正の転移を生み出すかに苦心しています。

2. 形式陶冶と実質陶冶

学習の転移は，古くから教育の世界では形式陶冶と実質陶冶の考えがよく知られていました。もともとは形式陶冶の考え方が一般的でした。形式陶冶の考えでは，ラテン語や幾何学のような抽象性の高い教科をあらかじめ学習していれば，後に学習する教科は正の転移を得ることができるといいます。他方，実質陶冶の考え方も近代科学技術の発展にともなって生じてきました。実質陶冶の考えでは，「読み・書き・計算」にみられるような日常生活に密着した教科をやっていれば，その後に学習する教科は正の転移を得るといいます。

形式陶冶と実質陶冶の論争は，基本的には何が転移するのかということに関して，両者の考え方が異なることから生じています。形式陶冶の考えは，一般的な知的能力，たとえば記憶力や思考力が古典の学問を先行学習することによって転移するととらえます。面白くない課題でも一生懸命学習することによって，意思，注意力，さらには記憶力が強化されると考えました。一方，実質陶冶では，近代科学技術の発展に結びつく実学を学習することによって，それまでに学習した実際的な成果が転移すると考えているのです。

形式陶冶と実質陶冶の論争は決着をみていません。今日では，どのような条件によって転移が生じるのかを分析することに焦点が当てられています。

3. 学習の転移の条件

では，どのような条件によって，正の転移が生じるのでしょうか。これまでの研究から，いくつかの条件を指摘できます。まず，学習の転移は先行学習と後続の学習が類似しているほど起こりやすいことがわかっています。これは当たり前のことですが，学習課題の類似性による転移の説明は，一般にソーンダイクの同一要素説として知られています。2つの学習課題間において正の転移が得られるためには，先行学習と後続の学習の2つの学習課題が，同一の要素（条件）を共有していることが条件となります。たとえば，大学入学後に学習する心理学とその後に学習する教育心理学は，ともに心理学という共通する要素をもっています。そのため，心理学の授業で調査や実験，さらには発達と学

習を学ぶと，教育心理学の発達と学習がわかりやすく感じられるでしょう。

　また，学習の転移は，先行学習の量によって影響を受けます。先行の学習課題を十分に学習していれば，後続の学習が容易になります。小学3年生で分数をしっかりと学習していれば，4年生以降も分数の学習が容易となります。

　学習の転移は，先行学習の量だけでなく，質の高低によっても異なる影響を受けます。質の高い先行学習とは，自分のもっているスキーマが後続の学習内容を柔軟で堅固に取り入れることのできるようなスキーマをつくっていることを意味します。第7章でみるように，しっかりとした意味ネットワークを構成しているスキーマといってもよいでしょう。たとえば，先行学習で分数に関する堅固で柔軟なスキーマを構成していると，学年が変わって分数を学習しても，分数の内容を容易に理解することができるでしょう。学習内容をばらばらに把握するのではなく，つながりをもって関連づけて把握することを学習内容の構造化といいますが，先行学習で質の高いスキーマを構成していると，後続の学習内容を容易に構造化してスキーマに統合することが可能となります。

　ドイツのウェルトハイマー（Wertheimer, M., 1952）のよく知られた古典的研究では，平行四辺形の面積を求めるときに，単に「底辺×高さ」の公式のみで計算させた場合と，平行四辺形の両端を切断して長方形を作るといった平行四辺形の概念的な理解をともなってから面積を計算する場合（質の高いスキーマの形成）とでは，後者の概念的な理解をともなう学習をした場合のほうが，他の図形の面積を求める課題で良い成績を収めました。また，オーズベル（Ausubel, 1968）の先行オーガナイザは，質の高いスキーマをあらかじめ学習の枠組みとして与えておくことが，後続の学習の転移を促進するという発想に基づいています。

　このように，さまざまな工夫をこらすことによって正の転移を生み出そうと，多くの研究者が努力してきました。しかしながら，学習の転移は，一般的にはなかなか生じにくいことが知られています。たとえば，毎年4月に小学6年生と中学3年生に実施されるわが国の国語と算数・数学の学力テストでも，基礎的な学習内容を測定するテストの得点に比べ，学習の転移に関係する活用を測るテストでは，いつも得点が低いことが知られています。子どもたちは，基礎

3.4 学習の諸相

的な学習内容が理解できたからといって，日常場面でそれを使って学習することはまれなようです。そのため，最近の学習の転移の研究では，あらかじめ学習した一般原理や日常のやりとりがすぐに後続の学習に転移するかどうかといった考え方よりも，もっと将来の学習のための準備として転移を考えることも必要であると考えられるようにもなりました（Schwartz & Martin, 2004）。

参 考 図 書

篠原彰一（2008）．学習心理学への招待　改訂版——学習・記憶のしくみを探る——　サイエンス社

多鹿秀継（編著）（2008）．学習心理学の最先端——学びのしくみを科学する——　あいり出版

山内光哉・春木　豊（編著）（2001）．グラフィック学習心理学——行動と認知——　サイエンス社

実森正子・中島定彦（2000）．学習の心理——行動のメカニズムを探る——　サイエンス社

シュタイナー，G.　塚野州一・若井邦夫・牧野美知子（訳）（2005）．新しい学習心理学——その臨床的適用——　北大路書房

多鹿秀継（2010）．教育心理学　第2版——より充実した学びのために——　サイエンス社

米国学術研究推進会議（編著）ブランスフォード，J.　他（著）森　敏昭・秋田喜代美（監訳）（2002）．授業を変える——認知心理学のさらなる挑戦——　北大路書房

復 習 問 題

1. 古典的条件づけとオペラント条件づけの類似点と相違点を説明してください。
2. 発見学習と有意味受容学習の類似点と相違点を説明してください。
3. 学習方法の集中練習と分散練習について説明してください。
4. 学習の転移とは何か，また，学習の転移は学校教育で重要であると考えられる理由を説明してください。

第4章

言語の発達と教育を理解する

言語は，家庭や学校での学習，社会生活のあらゆる活動を支える認知機能といえます。子どもの言語活動が充実するような教育のあり方を考えることは，社会生活での適応を高めることと同義であるといえます。それゆえ，保育所保育指針，認定こども園教育・保育要領や学習指導要領にも，言語の重要性が明記されているのだといえるでしょう。ここでは，日々の教育を考える上で基本となる言語発達の道筋をみていきます。

4.1 言語の働き

4.1.1 コミュニケーション機能

言語は他の動物にはないヒトに備わった固有の機能です。人類に近いチンパンジーもコミュニケーションを図ることは可能ですが，ヒトのように音声での会話はできません。会話が持続的に可能となるには，脳や構音器官，聴覚の特殊化といった生物学的な基礎，目の前にない対象を頭の中で思い描く表象機能，概念化，言語を並べる法則性等の認知的な基礎，さらには相手に伝えたいと思う社会的な基礎が必要になります。

進化の過程で言語を獲得した私たちは，ヒトの声に注意を向け顔を注視する生得的な傾向にある反面，赤ん坊は，生理的早産といって独力では生きていくことができない状態で生まれてきます（ポルトマン，1961）。このような乳児が，生得的にもつヒトの声や表情を理解する能力を養育者とやりとりすることによって，より社会的な意味合いをもつコミュニケーションとしての言語機能にまで発達させていくのだと考えられています。

ここではその機能についてもう少し具体的にみておきましょう。たとえば，

帰宅途中にあなたと友人が会話している状況を思い浮かべてみましょう。音声での言語コミュニケーションによって，あなたは友人と会話をしています。他にもあなたと友人の間の距離といった空間的行動，表情，視線やジェスチャーといった身体的行動，時間を気にする等の時間的行動といった非言語コミュニケーションも行っています。さらに，音声の強弱や高低，抑揚，ささやき声，口調，イントネーションといったプロソディ（韻律）や情動面など言語の周辺にあるパラ言語も，友人の心情を推測し，あなたの考えを伝達するのに重要な役割を担っています。このように，言語そのものがもつ意味情報だけでなく，コミュニケーション全体の6〜9割という割合で非言語的要素が多大な影響を与えます（Mehrabian, 1972, 1981）。

4.1.2 思考，行動，ならびに感情調整の機能

　言語は，思考，行動や感情の調整機能も備えています。では，言語が思考の道具として機能するとはどういうことでしょうか。幼児期の子どもの場合，集団の中で独り言を言う集団内独語がみられることをピアジェは指摘しています。ヴィゴツキーはこの独語が，問題の解決を図る際に思考する過程としての意味をもつ外言と解釈しています。その後，児童期を通して声に出さなくても頭の中で思考を整理する自己内対話（内言）として発展すると考えたわけです（第2章を参照）。

　さらに，ミシェル（Mischel, W., 2015）は，言語が行動調整を担うことを示しています。マシュマロが1個あるいは2個入った皿を子どもの前に置き，実験者が部屋にもどってくるまで待っていたら2個をもらえること，食べたいときにベルを鳴らして実験者を呼ぶこともできるが，そのときには1個しかもらえないことを教示しました。実験の後，最後まで待てた子どもに，待つために何をしたかと尋ねたところ，「目を覆う」「マシュマロを隠す」「遊んで気を紛らわす」等の自己制御が，5歳頃にも確認されることがわかりました。「ダメ，後で」と自分に言い聞かせながら自己の行動をコントロールする力が4〜5歳から就学後まで緩やかに伸びていきます。

　また，言語は話している相手や自分の気持ち・感情を理解し，表出する手段

ともなります。身振りや表情を伝達するときに含まれる音声などのパラ言語や，非言語コミュニケーションの際に発揮される声の強さや高さ，語調やリズムの変化によって，話し手は自分の不安や自信，聞き手は自分のおかれている状況に対しての怒り，あるいは楽しさなどのさまざまな感情を相手に示すこともできます。逆に自分の感情を相手に悟られないようにごまかしたりすることができるのも，言語がもつ効用の一つだといえるでしょう。

　以下では，言語の基本的な機能を理解した上で，このような言語機能がどのように発達していくのかについて述べていくことにします。

4.2　言語の発達

　表 4.1 に，主に児童期までの言語発達の特徴をまとめました。言語がみられ

表 4.1　言語発達の道筋

	年齢		主な特徴
誕生	0	二項関係	前言語期
乳児期	6カ月		
	9カ月	三項関係	コミュニケーションの基礎の獲得
幼児期	1	初語	言語獲得期
	1歳半	一語発話	
		二語発話	
	2	多語発話	語彙爆発
	3		基本的文法・統語・構文能力の獲得
	4	日常会話	メタ言語獲得期
	5		
	6		
児童期	7		言語が学習や思考の道具としての役割をもちはじめる
	8	具体的事物を通した概念的理解	質的転換期
	9		言語情報のみで概念や知識の理解が可能になりはじめる
	10		
（思春期）	11		
	12		

56 第4章 言語の発達と教育を理解する

る前の生後1年間は前言語期とよばれ、言語を獲得する土台となります。その後、幼児期には言語獲得期を迎え基本的な会話が可能となります。児童期以降では幼児期で獲得された言語機能を基盤とし、学校での具体的な経験から、言語が学習や思考の道具の役割を担い始めるようになります。以下、順を追って説明していくことにしましょう。

4.2.1 前言語期の特徴——1歳頃まで

前言語期ではまだ意味のある言語は使用できません。子どもは養育者への微笑や発声によって不快・快感情を表し、大人がそれらに敏感に反応するといった非言語コミュニケーションが図られていきます。生後3カ月頃には、子どもと大人、子どもと物（玩具）といった二項関係が成立し、子どもの発信と大人の受信の繰返しによって、子どもは「お腹がすいている」「寒い」等の自分の状態を理解していきます。その際、大人と視線を合わせ、微笑むといった非言語的要素とともに、「アー」「ウー」といったクーイング、機嫌のよいときに生じる子音と母音で構成された「ブー」「マー」等の喃語が出始めます。6カ月頃には、養育者が発した主に母音を伴う言葉（たとえば、バー）を模倣できるようになります。これは音声模倣とよばれ、周囲の言語環境の音声を学習している姿ともいえるでしょう。

9カ月頃になると、子どもと相手、注意を向けるべき対象の3つの要素での三項関係が成立し、子どもは、対象を発見したり興味を共有したいときに、音声とともに大人に指さしをして知らせたりします。また、大人が見ている視線の先に目を向け、注意を共有できるようにもなります。これは共同注意とよばれ、言語獲得に重要な意味をもちます。たとえば、反復喃語「マンマンマン」を子どもが発声している際に、偶然、大人が夕食をもって「マンマだよ」という音声と共に、子どもの注意を引き、視線が合うことで、言語としての音声「マンマ」が意味をもつようになります。こうして、11カ月頃になれば、夕食が出てくると、「マンマ」と言うことができるようになり、初語「マンマ」が成立します。

4.2.2 話し言葉の獲得とメタ言語の芽生え——幼児期

幼児期では，1歳前後の初語の出現から，10カ月以上経って単語をかなり話すことができるようになります。この頃，一語文といって，「ワンワン」という一語で，「ワンワンがいる」「ワンワンがきた」を意味する言語を使用できるようになります。また，ネコを見て「ワンワン」と言ったり（過度拡張），ブルドッグを見たときにだけ「ワンワン」（過度制限）と言う姿がみられたりします。このように，日常生活のさまざまな場面に語を般化させながら，語の意味を形成していきます。

このような過程を経て，2歳過ぎには語彙爆発現象がみられます。また，1歳後半から2歳にかけて獲得した語数が50を超える頃から，語と語をつなげて文をつくり，語の順序に基づいたルールで話すことができるようになってきます。これがすなわち二語文です。属性を表す「チッチャイワンワン」，行為主—行為を表す「ママ，イタイ」といった形で，「ママ」と「イタイ」それぞれの要素間の結合の仕方が文法的に成立する，いわゆる統語（シンタクス）の発達も進みます。このようにして，2歳で簡単な話し言葉の完成を迎えます。

3歳を過ぎると，形容詞，助詞，述語などを活用し，不十分ながら複雑な文章（多語発話）を使うことができるようになってきます。「一緒にしよーっていったら，○○くん，ぼくのとって，それでイヤだっていった」と泣きながら保育者に訴える場面によく遭遇します。つまり，「一緒に遊ぼうと誘ったが，○○くんはぼくのおもちゃをとってしまい，イヤだといって一人で遊び始めてしまった」と泣いているわけです。そういった悲しい気持ちを不十分ながら説明できるようになってきます。

その後，4歳で日常生活のほとんどの話し言葉が完成します。たとえば，「寒いときにはどうしたらいいと思う？」と尋ねると，「えっと……こたつに入ったり，んーちがう，ジャンパーもきる」と答えることができるようになってきます。このとき，「えっと」「んーちがう」といった形で自分の話し方を修正するといった姿が明確にみられ，どのように相手に話をすればいいかを考えながら話すといった，メタ言語の芽生えがみられるようになります。これが児童期以降には内言として，頭の中での自分の行動調整や思考の手段として活用され

始めるようになります。

5, 6歳頃には, メタ言語の使用がさらに活発になり, 日常よく使用する対象の機能的側面や状況を理解した上での説明が可能になります。たとえば, 「鉛筆は書いたりするときに使う」「先生の話を聞いているときは静かにしないといけない」といった, 日常よく経験する事象をスムーズに説明できるようになってくると同時に, 自己の経験を振り返りながら語る場面が頻繁にみられるようになってきます。この頃には, 大人の言語的指示が子どもの語りや活動を支える場面によく遭遇します。たとえば, 運動会の絵を早く描き終わり一人で遊んでいる子どもに, 教師がもう一枚描こうと誘う場面です。「○○くんは運動会で何をしていたの?」という教師の質問に, 「リレー。ボク, 2番だった。つぎは○○ちゃん」と子どもが答えます。その後, 自分がリレーで走っている場面を一生懸命描き始めるといった姿がみられます。つまり, 教師の言葉が思い浮かべる対象の助けとなり, それが子どもの語りを促し描画に表現されます。

4.2.3 児童期——具体的操作期における言語の特徴

児童期はどのような言語発達をとげるのでしょうか。たとえば, 小学校1, 2年生は, 「お母さん, 洗濯, 雨」という語を目の前に提示すると, 「お母さんは雨が降っているので洗濯をしません」という形で, 目の前にある対象を頭の中で並び替えて, 一文にすることができるようになります。ただし, 語が視覚的に提示されないと, 正答率は大幅に下がります。そのため, 視覚的に提示されない音声言語のみでのコミュニケーションは不完全で, 幼児期から引き続き「言った, 言わない」という類の子ども同士のトラブルも頻繁にみられます。一方, 日常生活で知っている名詞, 動詞, 形容詞を正しく使い, 助詞や否定形も活用できるようになり, 意味理解も進みます。

児童の言語理解や表出を体系的に知るために, 言語の類似や定義の課題を例にあげてみましょう。たとえば, 「リンゴとモモ」はどこが似ているか尋ねると, 就学直後の子どもは, それぞれをイメージし, 知覚に基づく「色」という表面的な答えが多いですが, 小学2, 3年生になると, 「食べられる」や「果物」と答えられ, 言葉の意味に基づく概念的思考が徐々に可能になってきます。

小学4年生頃から,「『チワワ』と『イヌ』はどちらが多い？」「『イヌ』と『動物』はどちらが多い？」といった課題にも,「動物」に「イヌ」も含まれ,「イヌ」は「チワワ」や「プードル」といった種々の階層が加算されているという理解も,完全ではありませんが可能になり始めます。他にも,「ヘビ,ウシ,スズメ」の共通点は何かという比較では,小学6年生で「動物」と正答できるのは6割から8割に留まります。「動物」という言葉を知っていて,見慣れたものの比較であっても,それらが動く姿や外見的特徴を思い浮かべていてはいけません。それらの本質的な部分を抽出し,共通項をとらえる形式的な思考が必要になります。これは中学校以降に引き継がれます（若井,1973）。

言語が思考や行動の調整をどのように担っていくかについて,森下（1988）はナイフやのこぎりを使用する技能の変化を分析することで明らかにしました。その特徴を研究結果（図4.1）に基づいて説明すると,小学1,2年生は,木が切れること自体に興味が集中し,線からずれてもおかまいなしに切ってしまいます。しかし,3年生では,のこぎりの切断時間が遅くなって仕上げる量も減りますが,制限時間内に切断する回数が増えます。その後,5年生になれば,線に合わせて切る速度も上がり少ない回数で完成させます。このような遂行時

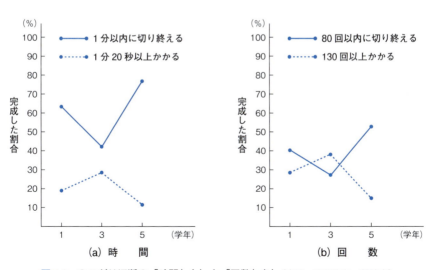

図4.1 のこぎり切断の「時間」(a) と「回数」(b)（森下,1988を一部改変）

間のU字型現象は，「線からずれてはいけない」と言い聞かせ，自己の行動を調整する姿の反映と考えられます。このように，小学校中学年頃から，言語が行動の調整を担うようになるという質的変化を遂げることが知られています。

4.3 書き言葉の発達

　音声である話し言葉は消えていきますが，書き言葉は文字という形で残ります。つまり，書き言葉は，文字を頼りに現実を離れ，文脈を考えながら修正していくことが可能です。皆さんもより深く考えるときには書くという行為をして思考を整理しているのではないでしょうか。書いた内容を消しゴムで消し，複雑な表情をしながら問題を解いている子どもの姿はまさに思考している場面そのものといえます。児童期以降は，一般的な書き方を学ぶ中で知識を活用し，誰にとっても意味が通るように書くという練習を積むことで，思考を活性化する状況に出会います。

　それでは，こういった特徴をもつ書き言葉の発達は，どのように進むのでしょうか。一般的に，乳児の頃から絵本を読み聞きする機会もあり，文字の獲得は4歳過ぎからすでに始まります。5，6歳になれば，多くの平仮名を書くことができるようになります。先の運動会の描画の例にも示したように，教師の言語指示によってストーリーを相手に物語る語り言葉が頻発し，この習熟が就学以降の読み書きや読解力に影響するともいわれています（岩田，1992）。

　さらに児童期以降までの書き言葉の発達を理解するために，発達初期に家庭や園で獲得される「一次的ことば」と，幼児期後半から芽生えてきて児童期において獲得されていく「二次的ことば」を取り上げましょう（岡本，1985）。

　表4.2に，一次的ことばと二次的ことばについてまとめました。一次的ことばとは，たとえば「うわあ，雨だ」というように，特定の親しい人に対し，場面などに即して状況依存的に展開される話し言葉が中心で，ジェスチャーや表情などの非言語要素に支えられる特徴があります。一方，二次的ことばは，「雨が降ると，今日の運動会が中止になってしまい残念です」というように，状況独立的で不特定の他者が理解できる内容です。これに文字が付与されたの

4.3 書き言葉の発達

表 4.2 **一次的ことばと二次的ことば** (岡本, 1985 を改変)

一次的ことば	二次的ことば
状況文脈に依存した具体的現実場面	状況文脈から独立し現実を離れた場面
親しい（少数の）特定者	不特定の一般者
一対一の関係	一対多の関係
会話式の相互交渉	一方向の自己設計
話しことば中心	話しことば
	書きことば（増加）

が書き言葉だといえます。

　二次的ことばの特徴を有する書き言葉は，学校教育におけるどの教科でも積極的に取り入れられなければ育まれない側面があります。そのため，小学校中学年頃から，どの教科にも，たとえば，回路，並列，副作用，ことわざ，比喩などといった抽象的な概念語が多くなり，数字や式だけで表された関係を論理的にとらえることが必要になる場面が多く設定されてきます（岩田，1992）。まさに，これらを支えるのが書き言葉といえるでしょう。

　このように，小学 4 年生以降には，抽象的思考や間接経験による学習が進み，言語を活用して物事を考えることができるようになります（脇中，2009）。こういった教育により，子どもたちは意識的な言語活動を行うようになります。たとえば，低学年では，習った漢字や句読点を使用することに意識を向けていたのが，中学年の頃には書き方や内容に気をつけるようになります。さらに高学年になると，どういった語句を選択すればよいか，適切な接続詞は何を選択すればよいか，文章はどのように終えたらよいかといったような文章構成にも意識が向くようになるでしょう。同時に，日常生活における言葉の使い方にも注意が向くようになり，二次的ことばの機能をもつ話し言葉と書き言葉とが相互に影響し合い，場面に応じて適切な言語を用いることで，社会的場面でのコミュニケーションが可能になってくるといえます（コラム 4.1 参照）。

4.4 言語発達を踏まえた教育のあり方

　言語発達は子ども独力で発達していくのではなく，その過程で養育者や教師が重要な働きをします。2歳頃からは周囲に対する感受性も高まり，大人の言語使用や子どもの言語を修正する大人の関わりが，子どもの語彙獲得に影響を与えます。また外界の認知に対して，言語によって特定の大人に伝えようと思えるようなコミュニケーション意欲が子どもに育っていることも，豊かな言語発達には重要です。メタ言語が芽生える4歳頃からは，他者にうまく伝わらないことによって黙り込む姿もみられます。その際，子どもの気持ちをなにげなく代弁する，あるいは待つなどの支援も重要です。さらに幼児期後半から児童期にかけては，二次的ことばのところでみたように，場面に応じて適切な言語活動を促すような支援が必要となります。児童期の中頃は，言語が行動を制御する役割を担うことによって，表面的には活動が停滞しているようにみてとれる不安定な時期ともいえます。そのため，教師は，発した言葉の意味を考えるように子どもに促し，かつ問いかけをするなどのタイミングのよい目的に沿った支援を，さまざまな場面で提供する必要があります。

コラム 4.1　二次的ことばを促す教室でのコミュニケーション

　教室で日常的に成されるコミュニケーションから，二次的ことばの獲得につながる多くを子どもたちは学んでいます。磯村（2010）は，小学2年生の学級での朝のスピーチを取り上げ，その例を示しました（**表4.3**）。

　6や18では，先行する文脈を参照しながら追加質問を行っていることがわかります。6を例にとれば，ホテルに行った人数だけでなく誰と行ったのか，内容を明確にしようとする意図としてとらえることができます。また，11の「わかりません」という応答について，12で教師がモデルを示すような働きかけを行っています。ここにはありませんが，教師はやりとりの内容を黒板に書きとめる支援を行っていたようです。2年生という発達の時期を踏まえ，目に見えるものとして黒板に残し，参照しながら質問を繰り返すことができるように支援を行っています。さらに28では，国語の授業で学習し体験した「あの」ふきのとうと生活の中で体験とが言葉を通じてつながった場面ともいえる重要な姿が確認できます。こういった過程を経ながら，全体を通しては，関連する内容でありながらも，1つのトピックが連続しないで交互にやりとりがなされ，これまで言及されていない内容を子どもたちは協同で調整しながら繰り広げている場面だといえます。このように児童期を通して，一定の文脈に沿って質問を考え，修正や補足をする子どもたちの協同的な学びを意図的に促すことができるような環境によって，二次的ことばは培われていくように思われます。それは特定の教科で培われるとは限りません。子どもたちと教師との間で，言葉による文脈づくりが成されているか，不特定の他者にもわかる言葉の使い方をしているかどうか，子ども自身が意識できる支援が求められます。

表4.3　小学2年生の朝のスピーチ場面（磯村，2010より抜粋）

1　S：ぼくはゴールデンウィークに宮城に行きました。ホテルに泊まりました。 　　　その近くにふきのとうやつくしがありました。楽しかったです。	
2　C1：ホテルは誰と行ったのですか？	〈中略〉
3　S：4人で泊まりました。	16　C7：部屋は広かったですか？
4　C2：どんなホテルでしたか？	17　S：広かったです。
5　S：きれいなホテルでした。	18　C8：どのくらい広かったですか？
6　C3：4人というのは誰ですか？	19　S：家の一階くらい広かったです。
7　S：家族で泊まりました。	〈中略〉
〈中略〉	28　C13：ふきのとうは国語の教科書 　　　　と似ていますか？
10　C5：ホテルの名前は何と言うのですか？	29　S：あまり似ていません。
11　S：わかりません。	
12　教師：それは聞いてたけど忘れてしまったと 　いう感じですか？初めから聞いていなかったなあという感じですか？	
13　S：はじめからきいてないからわからないです。	

参 考 図 書

今井むつみ（2010）．ことばと思考　岩波書店

岩立志津夫（2001）．言語獲得の理論　中島義明（編）現代心理学［理論］事典（pp.449-467）朝倉書店

ミシェル，W.　柴田裕之（訳）（2015）．マシュマロ・テスト——成功する子・しない子——　早川書房

トマセロ，M.　辻　幸夫他（訳）（2008）．ことばをつくる——言語習得の認知言語学的アプローチ——　慶應義塾大学出版会

荻野美佐子（2015）．発達心理学特論　放送大学教育振興会

藤永　保（2001）．ことばはどこで育つか　大修館書店

今井むつみ・針生悦子（2007）．レキシコンの構築——子どもはどのように語と概念を学んでいくのか——　岩波書店

岩田純一（2011）．子どもの発達の理解から保育へ——〈個と共同性〉を育てるために——　ミネルヴァ書房

桐谷　滋（編）（1999）．ことばの獲得　ミネルヴァ書房

小山　正（2009）．言語獲得期にある子どもの象徴機能の発達とその支援　風間書房

梅本堯夫（監修）落合正行・土居道栄（編）（2002）．認知発達心理学——表象と知識の起源と発達——　培風館

矢野喜夫・岩田純一・落合正行（編著）（2016）．認知発達研究の理論と方法——「私」の研究テーマとそのデザイン——　金子書房

田島信元・岩立志津夫・長崎　勤（編）（2016）．新・発達心理学ハンドブック　福村出版

復 習 問 題

1. 言語のもつ役割を簡単に説明してください。
2. 乳児期から児童期までの言語の発達について，簡単に説明してください。

第5章

知性の発達と教育を理解する

　子どもたちはさまざまな情報の中で学校生活を送っています。授業場面では，児童は教師の話し声を聞き，板書に目を向け，授業内容を理解するために，それまでに蓄えてきた知識と照合する活動を行います。児童は知性を働かせて授業内容を理解しようとします。児童が働かせる知性とは，心理学では，授業内容を知覚して自分の知識までに作り上げる認知を意味しています。認知は，また，知覚，注意，記憶，思考，知能などの働きからなります。本章では，子どもの知覚，注意，記憶，思考の発達について知ることで，子どもの知性の発達と教育とのかかわりを理解します。なお，知能に関しては，第8章で詳しく解説します。

5.1　知覚と注意の発達

　知覚や注意は発達の早期から機能しているといわれています。生後まもない赤ん坊は，行動の多くが反射によってなされます。反射は特定の刺激である誘発刺激で自然に生じる不随意反応といえます。たとえば，手のひらをこする（誘発刺激の一つです）とつかむ把握反射，口に触れる（誘発刺激の一つです）と吸う吸綴反射などです。これらは脳幹や間脳といった大脳皮質下の機能が優位に働いている証拠であり，脳内リズムが反映されていると考えられています。大脳皮質の発達とともに，徐々に自発的で随意的な行動に移行していくと考えられています。このように運動機能は未分化ですが，以下に示すように，乳児の感覚器官は生後すぐに多くの機能を備えているといわれています。

　知覚とは，目や耳，皮膚といった感覚器官を通して外界の情報を得ることをさします。また，注意とは，知覚を通して特定の対象に選択的あるいは持続的に意識を向けることです。このことから，意識的に対象を知覚する場合には，注意の働きが含まれています。

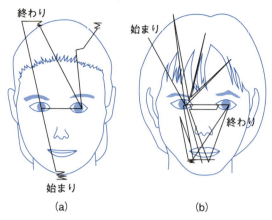

図5.1 生後1カ月の乳児 (a) と2カ月の乳児 (b) の顔の追視の例
(Shaffer, 1993)

　知覚では，視覚と聴覚の発達がよく研究されています。生後6カ月頃の乳児の視力は約0.6程度であるにも関わらず，輪郭のあるところをよく注視するようです。また，対象を目で追う追視も，生後まもなく確認されます。とくに注視の対象が人の顔であれば，図5.1にみるように，生後2カ月の乳児でもしっかりと注視する傾向にあります。とくに口や目といった情報を発信する部位をよく見ているようです（Shaffer, 1993）。また大人が乳児の前で示す顔の模倣もできるようです。これは新生児模倣といい，私たちが生まれながらにして身体イメージをもっていることや，模倣することで人を介してさまざまなことを学ぶことができることの裏づけにもなるでしょう。

　聴覚については，母親の胎内にいる胎児期から，音声認識が可能なことが確認されています。とくに人の声への選好（人の声を好むこと）は聴覚にもみられます。他にも，眠っているようにみえる乳児であっても，人の声を聞くと，その他の物理的音声とは異なり，言語を獲得していない乳児でも言語を司る脳の領域が活動することもわかっています。

　つまり，知覚や注意の働きは，生まれもって人に特別な処理が施されるようになっているといえます。そういった機能は大人の世話を引き出し，乳児と双方向のかかわり合いを生み出すことにつながります。このような制約があるこ

5.1 知覚と注意の発達

とで外界を等しく見るのではなく，私たちにとって重要な情報をとらえていくということになります。こういった知覚的選好は，人からの学習を補助する能力になると考えられます。

これらの生得的な能力をベースにして，幼児期から児童期にかけてものの見方や聞き方が変わっていきます。とくに，幼児期から児童期にかけて，適切な視知覚の探索が活発に機能するようになります。たとえば，古典的な研究ですが，ヴュルピョ（Vurpillot, E., 1968）は，3歳から9歳の子どもに6個の窓のついた家の絵を2枚見せ，それらが同じかどうか判断を求め，子どもたちがそれらを見比べているときに視線をどのように動かすのか（視覚走査の仕方）を調べました。課題の構成は，まったく同じ家と二対あるいは三対が異なるものでした。視覚走査の仕方をみると，3，4歳の幼児では一部の窓を見るだけで，一部の窓の形が似ていると，他の特徴を確認することなしに2つの家は同じだと判断してしまうことがわかりました。しかし6歳以上になると，多くの児童が対応する窓を交互に比較し，それらの窓が同じであれば同じだと判断し，一対でも異なる場合があれば違うと答えることができるようになりました。この結果は，幼児期から児童期にかけて，対象への注意の仕方が質的に変化し，発達とともに組織的に注意を統制しながらある情報に目を向け，特徴的な部分をとらえる速度も速くなることを意味しているといえます。

児童期を通して，子どもは必要な情報への選択的注意の配分も可能になっていきます。たとえば，音読しながら教師の話す内容を聞く，書きながら話をする，といったようなことです。また，一度に多くの情報に注意を向けながらも不要な情報を遮断することも可能になっていきます。

たとえば，計算をしているときに，隣の席のクラスメートが声をかけてきても「ちょっと待って」などと言い，活動に集中できるように調節することもできるようになります。これらの活動は，書く，読む，計算する等の活動が自動的になっていれば，その他の情報によって注意がそらされたりする度合いも減ります。しかし，そうでない場合は，教師の話を聞いていると書いたり読んだりすることが止まったり，書くことに集中しなくてはならないので，教師やクラスメートの話を聞いていないということも生じます。

68　　　　　第5章　知性の発達と教育を理解する

　また，教室場面での教師の話に持続的に注意を向けることも，児童期で急激に発達するといわれています。何か起こるかもしれないと待ち続け，どこかおかしくないか監視しながら話を聞くというビジランス（注意や用心をしている状態）も，9歳頃から急速に発達するといえるでしょう。それは，自己の認知活動に注意を向ける等のメタ認知が急速に発達する時期だからです（第2章，第7章参照）。

　このような努力を要する注意は，学校教育や家庭生活等の日常経験から大きく影響を受けるといえます。親や教師から活動を丁寧に最後までやり遂げるようにいわれ，その大切さや見直しをする習慣を教えられていること，さらにそれらの活動が好奇心によって動機づけられていて，直接成功する経験が得られると自己効力感（自信）も高まります。当然のことながら，知覚や注意の働きも，情意的側面によって支えられていることを念頭においてかかわることが必要になります。

5.2　記憶の発達

5.2.1　記憶の仕組み

　人の記憶の発達も，記憶の情報処理過程の働きが基本になっています。知識の獲得過程（記憶の情報処理過程）と，記憶の仕組みについては7.2で詳細に説明されていますので，ここではごく簡単にふれておきます（図7.1参照）。

　目や耳といった感覚器官を通して得られたすべての情報は一時的に感覚記憶に貯蔵されます。感覚記憶では，何もしなければ情報がすぐに消えてしまいます。そのため，注意を向けた情報のみが短期記憶に送られます。

　短期記憶は，その名前の通り，十数秒間という短い間情報が貯蔵されます。また，短期記憶では，一度に貯蔵される情報の量（記憶容量といいます）は限られています。多くの発達検査や知能検査の順唱課題（読み上げられた数字を順番に答える課題）では，2歳頃に2桁（たとえば，3，6），3歳頃に3桁（たとえば，4，8，2），さらに4歳頃に4桁，6歳頃に5桁の数字を答えられるようになり，6桁の数字は9歳頃になってはじめて短期記憶で一度に保持し，答

5.2 記憶の発達

えることができるようになります。10歳を過ぎて，ようやく成人の記憶容量に近づきます。成人では，7±2桁の数字を一度に保持することができるといわれています。これはつまり，7桁を平均とする，5桁から9桁の範囲の記憶容量を示しています。これは，約9桁の携帯電話の番号も一時的に保持できる程度の記憶容量を意味しています。

　短期記憶では，一度に覚えることのできる容量が7±2程度と少ないため，短期記憶に貯蔵したさまざまな情報を何もしないでそのままにしていると，忘却が起こります。私たちがものを忘れるのは，多くはこの短期記憶での働きによるといえます。

　貯蔵した情報を忘れないようにするには，符号化という処理によって，情報を長期記憶に送ります。長期記憶に送る方法は**符号化方略**とよばれ，リハーサル（復唱といいます）方略，精緻化方略，さらには体制化方略が知られています（これらについては 5.2.2 で説明します）。

　短期記憶から符号化方略を使って送られてきた情報は，長期記憶に貯蔵されます。**長期記憶**は短期記憶と異なり，長期間にわたって情報を保持できます。また，保持される情報の容量は無限であるともいわれています。第7章で詳しく説明しますが，長期記憶で保持されている情報は，通常**知識**とよばれます。それは，私たちが日常生活で活用する知識のことなのです。それは必要なときに適切に取り出すことで，さまざまな場面で使うことのできる生きた知識になります。必要なときに知識を適切に取り出すことは**検索**とよばれています。長期記憶に貯蔵している知識をうまく検索できなければ，思い出せない状態，つまり忘却が生じているといえます。

5.2.2　記憶の発達

　ここでは記憶の発達を，1. 基本的な情報処理過程の発達，2. 知識の表現の仕方の発達，3. 記憶方略の発達，4. メタ記憶の発達，の4つの点から説明していきます。

1.　基本的な情報処理過程の発達

　基本的な情報処理過程の発達とは，記憶情報を処理する場合の基本的な仕組

みの発達です。具体的には，情報を処理するときのスピード，情報を保持する容量，あるいはワーキングメモリ（作業記憶；working memory，WM）などの発達を意味しています。

情報を処理するスピードについては，年少の子どもは年長の子どもに比べて，さまざまな認知処理の実行に時間がかかることが知られています（ケイル，1993）。また，短期記憶に情報を保持する容量も，先に説明した通り，年齢の上昇に伴って増加してくることが知られています。

短期記憶の容量は，最近はワーキングメモリの容量としても理解されています（短期記憶とワーキングメモリの関係は，第7章で詳しく説明しています）。すなわち，ワーキングメモリは，短期記憶と同様に情報を一次的に維持するだけでなく，同時に維持した情報を使って推論や理解といった他の認知課題の処理を行うシステムとしても機能します。たとえば，暗算をしようとして，数字の系列を短時間保持し，その数字を使って計算処理するときにワーキングメモリは機能します。ワーキングメモリの容量も，年齢の上昇に伴って増加していきます。

2. 知識の表現の仕方の発達

知識の表現の仕方の発達とは，長期記憶に貯蔵された知識の発達を意味しています。知識の表現の仕方というと，あまりなじみがないかもしれませんが，長期記憶に貯蔵されている知識は，言語やイメージとして貯蔵されています。そのため，たとえば言語による知識の貯蔵は，知識の表現の仕方の一つと考えられています。知識の発達は，長期記憶に貯蔵されている知識の量と質の発達です。長期記憶は，通常エピソード記憶，意味記憶，および手続き記憶に分類されます（7.3参照）。

エピソード記憶は，「昨日公園で友達と遊んだ」「2年前の運動会のリレーで一番になった」等，いつどこで誰と何をしていたかといったような，時間と空間に結びついた個人的な出来事についての記憶です。また，自分にとって重要で，そのときの状況を後からありありと鮮明に思い出すことができるようなエピソード記憶は自伝的記憶とよばれます。また，意味記憶は一般的な知識といえます。幼児期の子どもでも，興味のある恐竜の種類を大人よりもよく知って

5.2 記憶の発達

いたり，チェスに精通している 10 歳半頃の子どもは，大人顔負けでチェスの配置を再現したり，関連する知識量をもっていたりします（Chi, 1976）。当たり前のことですが，エピソード記憶も意味記憶も，年齢の増加に伴って量的に発達していきます。

手続き記憶は，字を書く，自転車をこぐ，縄跳びをする，楽器の演奏をする等，さまざまな課題を体得するときの技能に関する記憶です。熟練してくると，しっかりと練習しなければといったような意識がなくても技能を再現でき，自動化してくるようになります。幼児期後半から児童期になると，毎日，練習する中で技能がスムーズに再現できるようになります。このように，時間をかけて練習すればうまくなるタイプの記憶が手続き記憶です。

長期記憶である知識の発達の仕方はどのようなものでしょうか。これは，知識の表現あるいは表象の質的な発達といえるでしょう。第 7 章で詳しく説明しますが，記憶の表象（表現）とは，たとえば「イヌ」という概念が，頭の中でどのように表現されているかということです。一般的には，「イヌ」は辞書的な言語的表現（「イヌ」は四足動物，ペットの一種等）と，イメージによる表現（写真やアニメ等）になるでしょう。幼児の記憶はイメージによる表現が中心で，年長になるにつれて，言語的な表現でも記憶されるようになります。ブルーナーは知識表象の発達を，動作，イメージ，そしてシンボル（記号あるいは言語）による発達としています（ブルーナーら，1968）。動作による表象とは直接知識を指示する表象の仕方であり，運動を伴う感覚的な表象です。幼児が「これ」や「あれ」と言って指で対象を指示するたぐいのものといえます。イメージによる表象とは映像による知覚的な表象です。年長になるにつれ，言語という記号による表象を中心にして，すべての表象によって対象を理解していきます。

3. 記憶方略の発達

記憶方略とは，ある情報を効率よく覚えたり思い出したりするためにどうすればいいか，という手立てのことです。一般に，記憶方略を使用することによって，記憶成績の向上が期待されます。そのため記憶方略の発達は，子どもがどのような記憶方略を使用できるようになるのか，というテーマといえます。

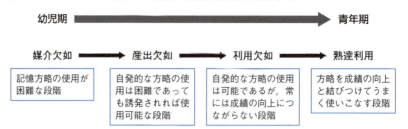

図 5.2　記憶方略の使用に関する変化の過程

　子どもの記憶方略は，子どもの記憶の発達を特徴づける重要なテーマの一つとして，1960年代から80年代にかけて精力的に研究されてきました。その結果，①幼児は，記憶材料を覚えやすくするために，さまざまな手がかりを使って覚えるように教示したとしても，それができない媒介欠如（mediational deficiency）の状態にあること（Reese, 1962），②少し年長になった幼児は，訓練によりリハーサル方略のような記憶方略を使用できるようになるが，記憶方略を自発的に使って記憶課題の処理をしない生産欠如（production deficiency）の状態にあること（Flavell, 1970），③さらに年長になった子どもは，記憶方略を自発的に使って記憶課題を処理しても，成績の向上にはつながらない利用欠如（utilization deficiency）がみられること（Miller & Seier, 1994），などが明らかにされています（図5.2）。まとめると，子どもは7歳頃から自発的にリハーサル方略などの記憶方略を使用するようになり，10歳頃から体制化方略のような高次の記憶方略を使用できるようになります。5〜7歳の頃の認知機能の質的変化に対応して，記憶方略の使用が徐々にみられる移行期となり，その変化の背景の一つに，子どもが学校教育へ参加することが指摘されています（Brown et al., 1983）。

　ところで，記憶方略としてよく知られているのは，情報を長期記憶に送るときの符号化方略と，必要に応じて知識を取り出すときの検索方略です。符号化方略としてリハーサル方略，精緻化方略，ならびに体制化方略を取り上げ，はじめにそれらの発達研究を紹介します。ついで，検索方略の発達研究の成果を簡単にまとめておきます。なお，精緻化方略と体制化方略は，ともに年長になってから発達するリハーサル方略よりも高次の符号化方略として知られていま

5.2 記憶の発達

表 5.1 中学 2 年生と小学 3 年生の典型的なリハーサルの仕方
(Ornstein et al., 1975)

単語	リハーサルの仕方	
	中学 2 年生（8 年生）	小学 3 年生
1　庭	庭　庭　庭	庭　庭　庭　庭　庭
2　ネコ	ネコ　庭　庭　ネコ	ネコ　ネコ　ネコ　ネコ　庭
3　ヒト	ヒト　庭　ネコ	ヒト　ヒト　ヒト　ヒト
	ヒト　ネコ　庭	ヒト　ヒト
4　机	机　ヒト　庭　ネコ	机　机　机　机
	ヒト　机　ネコ　庭	

8 年生と小学 3 年生のリハーサルの仕方を比較した結果です。1 つずつ提示された 4 個の単語を，8 年生はいろいろと取り混ぜてリハーサルしていることがわかります。

す。

リハーサル方略とは，一般的に言葉によって口頭や頭の中で復唱することをさします。たとえば，オーンスタインら（Ornstein, P. A. et al., 1975）は，小学 3 年生，小学 6 年生，中学 2 年生（8 年生）に単語を記憶させたとき，リハーサルの仕方とそれに伴う再生成績に関係があることを示しました。表 5.1 に，中学 2 年生（8 年生）と小学 3 年生のリハーサルの仕方の結果を示しました。表からわかるように，小学 3 年生では単語ごとにリハーサルをする受身リハーサルであるのに対し，中学 2 年生（8 年生）では覚えようとする単語に，すでに覚えている単語を加えて覚えるというアクティブなリハーサルを行っていました。このような結果は，記憶成績が影響するのは，リハーサルの回数ではなく，リハーサルの仕方あるいはリハーサルのスタイルであることがわかります。

では，精緻化方略と体制化方略とはどのような記憶方略なのでしょうか。精緻化方略とは，覚える単語を肉づけして覚える仕方です。たとえば，「庭・ネコ・机」という単語を覚える際に，「庭の机の上にネコがいる」のように，覚えるべき単語を使って文を構成して覚えます。精緻化方略の仕方を教えると，小学 3 年生でも使用できることがわかっています（Cox et al., 1989）。

また，体制化方略とは，単語などを覚える際に，それらを 1 つのグループに

まとめて覚える仕方です。記銘時に，動物や乗り物などの仲間がいくつもランダム（ばらばら）に提示されたとき，動物の仲間や乗り物の仲間をひとまとめにして覚えます。精緻化方略や体制化方略を使用すると，単語や文などの記銘する材料は長期記憶でしっかりと貯蔵されます。

このように，記憶方略は年齢の増加に伴って，順調に発達していくようです。しかしながら，小学4年生頃までは，自発的に体制化方略を使う児童ばかりではありません。シュナイダー（Schneider, W., 1986）は，小学2年生と小学4年生に動物や家具などの24枚の絵カードを見せて覚えるように促し，さらに2分間で絵カードを分類するように求めました。その結果，絵カードを覚えるためにその分類を体制化方略として自発的に使用した児童は，小学2年生では10%，小学4年生では60%でした。

では，検索方略の発達はどうでしょうか。小橋川（Kobasigawa, 1974）は，8つのカテゴリ（たとえば，「動物」）から選ばれた各3事例（「サル，ラクダ，クマ」）の計24枚の絵カードを，小学1年生，8歳児（3年生），11歳児（6年生）に提示しました。その際，各カテゴリ名（「動物」）を大きい絵で描き，その下にそれよりも小さな絵の3事例を提示して，両者に関連があることを強調しました。子どもには小さな絵を覚えるように教示しました。テスト時に，それぞれの子どもは3条件のうち1つに割り当てられました。1つは，自由再生条件で，絵カードに描かれた事例を自由に思い出させられる条件です。2つ目は，手がかり再生条件で，絵カードを思い出すときに大きな絵（各カテゴリ）を見てもよいといわれました。3つ目は，直接手がかり再生条件で，大きい絵は学習した絵カードと関連があるので，これを使えば小さい絵が思い出しやすいことを伝えられました。つまり，記銘時にはただ大きな絵と小さな絵に関連があることを強調しただけで，想起時に手がかりをどのように使うかといった方略の使用について，この3条件で比較したわけです。図5.3に，結果を示しました。とくに方略を使わない自由再生条件は，文字通り想起できる記憶量が年齢と共に上昇していることがわかります。直接手がかり再生条件の場合は，小学1年生でもカテゴリの大きな絵を活用して正しく思い出すことができています。興味深いのは，手がかり再生条件です。小学1年生では自発的に各カテ

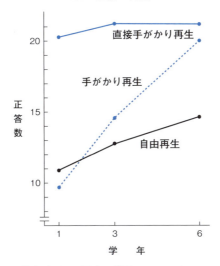

図 5.3 **検索手がかり再生の効果** (Kobasigawa, 1974)

ゴリの大きな絵カードを見ながら思い出すと 30％、小学 3 年生では約半分、小学 6 年生になると 90％ 程度で再生できています。

このように、符号化時や検索時の方略使用は成績を高めますが、③で示したように、小学校 3、4 年生といった中学年では、方略の使用が必ずしも成績の上昇につながるわけではない点も理解しておきましょう。また子どもの記憶方略の発達は、個人差が大きく影響することがあります。

記憶方略としては、符号化方略と検索方略に加えて、短期記憶の容量を増加させるチャンクも知られています。「やみすつな」は意味のない 5 チャンクからなる文字列ですが、「なつやすみ」は意味のよく知られた 5 文字からなる 1 つの単語として 1 チャンクといえます。意味のない羅列からなる文字や数字（たとえば、略号や平方根など）を意味のまとまりをつくるチャンクにすれば、成人の平均である 7±2 の容量を超えて、記憶量を飛躍的に増やすことができます。

4. メタ記憶の発達

メタ記憶は、どういった記憶方略が有効かといったことに関する知識（メタ記憶的知識）を活用しながら、自己の認知活動やその過程の様子を監視したり

調節したりする働きを指します。これは第7章で述べるメタ認知の記憶版といえます。

　メタ記憶の働きは記憶活動の監視と調節ですから，長期記憶に貯蔵している知識の構成，さらには情報の符号化と検索などの記憶方略に関係します。たとえば，記憶方略を使用しても成績の向上につながらない場合，こういったメタ記憶の働きがうまく機能していないことが予想されます。実際，シュナイダーとプレスリー（Schneider, W., & Pressley, M., 1997）は，子どものメタ記憶と実際の記憶成績との相関はそれほど高くないことを指摘しています。その理由は，記憶方略に関するメタ認知的知識を，子どもは常には使用しないからのようです。記憶方略の発達段階をみても，メタ記憶が突然うまく機能しはじめて成績が上がるというよりは，徐々に熟達し，次第に利用されていくと考えられます。就学前後には，忘れないように声に出して何度も情報をリハーサルする子どもたちの行為がみられます。こういった行為はメタ記憶の働きの兆候となるものであり，メタ言語の獲得（第4章を参照）とも関係します。いずれにしても，メタ記憶は，記憶方略の使用が十分にできるようになる小学校高学年の頃の発達と対応すると考えられます。

5.3　思考の発達

　思考（thinking）とは，文字通り思い考えるということです。つまり，問題（課題ともいいます）が与えられたときに，どのように解決すればよいか，解決の手段を見出し，解決するまでの道筋をさす概念といえます。思考の発達の研究では，第2章で説明したピアジェの認知発達の理論を無視することはできません。ピアジェの認知発達の理論では，同化と調節という概念を用いて，子どもが外界の情報をどのように獲得していくのかを明らかにしようとしました。思考の発達では，まずピアジェの研究成果についてしっかりと理解しなくてはなりません。本節では，第2章では詳しく扱っていない思考の発達について説明します。

　一般的に，論理学では，思考を概念・判断・推理の働きととらえています。

5.3　思考の発達　　　77

心理学では，論理学のように，思考を3つの働きに厳密に区分しているわけではありませんが，概念・判断・推理の働きとして，それぞれについて研究されています。発達心理学では，概念と推理の発達についてよく取り上げられていますので，ここでも，概念と推理の発達について簡単に説明しましょう。なお，推理と類似した言葉に推論があります。どちらも前提から結論を論理的に導くことを意味しています。推理は演繹推理や帰納推理として使用されています。

　ところで，心理学では，概念・判断・推理の働きを含んだ思考を問題解決として理解することも，しばしばみられます。問題解決とは，現在の満足できない状態から目標の状態に到達するための方法を探索し結論を導くことです。本節では，問題解決の発達研究についても紹介します。

　また本節では最後に，幼児期の認知発達でしばしば取り上げられる「心の理論」について紹介します。「心の理論」とは，他者の信念や考えという，目には見えない心の理解に関する概念です。これは，他者の心の状態を推論することにかかわり，他者とコミュニケーションをもつために獲得すべき重要な概念です。一般的には，幼児が「心の理論」を獲得するのは4〜5歳頃であるといわれています。

5.3.1　概念・推理の発達

1.　概念の発達

　概念とは，論理学では物や事象の本質的な特徴（内包）とそれらの関連（外延）を意味していますが，心理学ではそのような厳密な意味で使用することはあまりありません。たとえば，「ネコ」の内包と外延の区別がわからなくても，「ネコ」の概念を獲得しているということは，「ネコ」とは何であるかを知っているということです。通常は，さまざまな異なる種類や大きさの「ネコ」を経験することによって，言い換えれば，いろいろなタイプの「ネコ」を経験することによって，すなわち辞書的な意味での「ネコ」を作り出す帰納推理によって，私たちは幼い時期から「ネコ」の概念を形成していきます。

　概念は，典型的な例（事例といいます）を中心に貯蔵されているといわれています（Rosch, 1975）。「果物にはどんなものがありますか？」と幼稚園児に

尋ねれば，「リンゴ」や「ミカン」と答えるでしょう。「リンゴ」や「ミカン」
は果物の典型例といえます。年齢が上がるのに伴って，貯蔵されている事例の
中で「リンゴ」や「ミカン」のような中心的な事例と，「アボカド」など果物
の仲間では周辺的な事例との違いが，徐々になくなっていきます。成長するに
つれて，言語の発達（第4章）がこのような概念の獲得にかかわってきます。
概念の発達には，言語の果たす役割がとても大きなものとなります。

2. 推理の発達

　先にも述べたように推理にはいくつかの種類があり，よく知られている推理
として演繹推理と帰納推理があります。演繹推理は，一連の前提から結論を導
く推理の形式で，三段論法とよばれる演繹推理はその代表格です。「すべての
人間は死ぬ」「ソクラテスは人間である」の2つの前提から，「ソクラテスは死
ぬ」の結論を導く形式が三段論法です。前提が正しければ，結論は必然的に正
しいものとなります。

　帰納推理は，前提となる個々の事実や観察から結論を導き出す推理の形式で
す。「太郎は花子と一緒に住んでいる」「太郎と花子は同じ姓である」の2つの
前提から，「花子は太郎の奥さんである」を推理するような形式です。演繹推
理の結論と違って，前提が正しくても，帰納推理の結論は正しいかどうかはわ
かりません。花子は太郎の奥さんではなく，姉か妹かもしれません。帰納推理
については先の概念の説明でも取り上げましたので，ここでは，演繹推理の発
達を中心に説明しましょう。

　演繹推理は大人でも難しい推理です。ピアジェのいうように，青年期以降は
論理的・抽象的な操作が頭の中でできるという形式操作の段階にあることが知
られています。演繹推理も論理的に理解できそうですが，多くの大学生でも正
しく解決できないことが報告されています。たとえば，演繹推理の課題として
よく知られた4枚カード問題を取り上げましょう。図5.4の上段をみてくださ
い。一方の面にはアルファベットが，もう一方の面には数字が書かれたカード
が4枚あります。「もし一方の面が母音であれば，もう一方の面は偶数である」
という規則が正しいことを調べるためには，どのカードを裏返せばよいでしょ
うか？（Wason, 1966）　この課題は三段論法とは異なりますが，演繹推理の

5.3 思考の発達

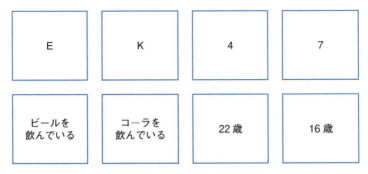

図 5.4　4 枚カード問題（上段）と飲酒問題（下段）のカード（中島, 1994）

理解をみる課題の一例です。正解は, E（母音）と 7（奇数）の 2 つのカードを裏返すことですが, 大学生の正解率は 10% にすぎませんでした。

　一方, 図 5.4 の下段に示した 4 枚のカードをみてみましょう。グリッグスとコックスは, 上記の 4 枚カード問題を飲酒問題として作り変えて検討しました（Griggs & Cox, 1982）。彼らは, 「警察官になったつもりで, 『ビールを飲んでいるなら, 19 歳以上でなければならない』という規則が守られているかどうか調べたい。バーで飲んでいる次の 4 人の情報のうち, カードの一方の面には 4 人の年齢が, 他方の面には 4 人が何を飲んでいるかが書かれています。規則が守られているかどうかを調べるには, どのカードを裏返せばよいでしょうか」と大学生に尋ねました。その結果, 多くの大学生は, 「ビールを飲んでいる」と書かれたカードと「16 歳」と書かれたカードを裏返して見なければならないと, 正しく答えました。

　このように, 「p ならば q」の対偶である「q でないならば p でない」といった抽象的なレベルの理解が大変難しい場合でも, 日常生活の具体的な例があれば,「p ならば q」が正しいときに, その対偶である「q でないならば p でない」も正しいという演繹推理の結論を, それほど苦もなく導いているといえます。

　ところで, 年少の子どもの推理はどうでしょうか。ピアジェの発達段階で前操作期の子どもでは, 無生物でも意図や欲求のような生物としての特徴をもっていると考えるアニミズム的な思考や, 自己中心的な思考の特徴がみられます。

それらは，演繹推理でも帰納推理でもない転導推理や混合的推理とよばれています。転導推理というのは，「昨日保育園に来た先生はゲームをしてくれたから，今日来た先生もゲームをしてくれるだろう」といった類のものです。つまり，「園に来た先生」と「ゲームをしてくれた」という具体的に生じた事実同士を直接結びつけることによって，また次の先生もそうなるという特殊な結論を導き出すことをいいます。混合的推理は，「電話の音が鳴るとお父さんが帰ってくる」の中の「電話の音が鳴る」という事象と，別の事象である「お父さんの帰宅」とが，たまたま時間的，空間的に接近して生じた場合に，そこに因果関係があると考えることです。とくに，前操作期にあたる2歳から4歳頃は，見た目が似ていたり，同じ時間や場所で起きる事象に因果関係を導き出す点が特徴的です。推理の質は異なりますが，成人でも個別の事例を集めて一般的な原理を引き出す帰納的推理を用いることがあります。たとえば，Aさんがキュウリやトマトが嫌いと聞き，Aさんは野菜全般が嫌いと考えることなどです。それが正しい推理かどうかはわかりません。

具体的操作期の思考になると，推理の仕方も転導推理や混合的推理ではなく，たとえば大きさの異なる事象について，大小，縦横，軽重といった単なる二項的な関係の理解に加えて，だんだん小さくやだんだん大きく，あるいはもう少し小さくやもう少し大きくといった，推移律とよばれる演繹推理の形式も獲得され始めます。つまり，A＜BかつB＜Cならば，A＜Cであるということの理解です。「AさんはBさんよりももっているお菓子の数が少ない」「BさんはCさんよりももっているお菓子の数が少ない」。そうであれば，「AさんはCさんよりももっているお菓子の数は少ない」という結論を導き出すことができるようになるわけです。

5.3.2 問題解決の発達

学校生活では，子どもは日々さまざまな問題を解くことが求められます。問題解決とは，心理学では現在の状態（問題）と目標の状態（答え）の間にギャップがあり，そのギャップを認知的な操作によって埋めて，目標の状態へと変化させていく作業です。認知的な操作は言葉であったり数式であったりします。

5.3　思考の発達　　　　81

　ここでは，小学校の算数で難しいとされる割合の文章題の解決と，学校学習とは直接かかわりのない天びんばかりの問題解決を取り上げて説明しましょう。なお，心理学では，問題は課題ともよばれます。

　割合の文章題は，小学校5年生と6年生の算数で学習します。どちらの学年の子どもも，解決するのに手を焼く問題です。割合の文章題は，与えられた問題文（文章題）の意味をしっかりと理解するだけでは解けません。合わせて，割合の概念を確実に理解しておかなければなりません。また，部分―全体の関係といった算数の概念も理解しておく必要があります。割合の概念とは，比べる（比較）量，もとにする（基準）量，そして，比較量と基準量との関係で求められる割合，の3つの概念からなります（割合＝比較量÷基準量；比較量＝基準量×割合；基準量＝比較量÷割合）。

　割合の文章題の例を取り上げてみましょう。「水道管で水そうに水を入れるのに，Aの管では10分，Bの管では15分かかります。両方の管をいっしょに使って水を入れると，何分でいっぱいになりますか」。この問題は，多くの小学6年生が使用している算数の教科書に，表現は異なりますが掲載されています。教科書には，「全体を1として考えよう」といった手がかりが記述されていますが，多くの子どもはその手がかりだけでは解くことができないでしょう。一つの解決方法を示しましょう。まず，10分や15分で水そうがいっぱいになりますから，それぞれの管が1分間（比較量）に入る水の量（割合）を求めます。次に，AとBの2つの管の両方で1分間にどれだけ水が入るかを考えます。最後に，水そう全体に水がいっぱいになったときを1（基準量）として（これが「全体を1として考えよう」の1です），1分間（比較量）に2つの管で入る水の割合（割合）が計算されていますので，この1の答えを求めることができるようになります。

　この割合の文章題は大変複雑な問題です。問題を解く最初の段階で，1分間に入る水の量の割合を計算しなければなりません。次に，2つの管を開いたときに1分間で入る水の量の割合を求めます。最後に，水そう全体の量を1にして，この1の時間を求めます。このような問題では，それぞれの段階で，子どもは割合，比較量，基準量の関係をしっかりと把握し，かつ部分と全体の関係

図 5.5　**天びんばかり課題**（Siegler, 1978）

も理解していなければ，正しく解くことができません。割合の問題を解くためには，問題の解決に柔軟に適用できる割合の概念を含む算数の概念の知識を獲得していなければなりません。小学5年生で算数の授業に割合がでてくると，子どもは算数の授業に苦手意識をもつことが多くなるようです。問題を解くためには，問題に関係するさまざまな知識をしっかりと獲得しておくことが大切です。

次に，天びんばかり課題の解決過程をみましょう（Siegler, 1978）。この天びんばかり課題とは，図 5.5 に示した天びんの中央にある支点をはさんだ両側のフック（ペグ）に重りを乗せ，5歳から17歳の子どもを対象に，ペグが傾くか傾かないか，傾くとすればどちら側に傾くかを予測させるものです。天びんの片方のペグにたとえば2個の重りを乗せ，もう一方には，片方のペグと支点から同じ距離のところに5個の重りを乗せるとしましょう。この課題では，5歳の子どもでも，たとえば「重いから」といった解答をすることで，5個の重りを乗せたほうのペグが傾くことを正しく予測できます。しかしながら，さまざまな天びんばかり課題を実施して解答の理由を聞くと，年齢によって解答の理由が異なっていました。シーグラーは，そのような解答を天びんばかりの解決方略ととらえて，解決方略の発達過程を分析しました。

天びんばかりの解決方略の発達を簡潔に要約すれば，①最初は，5歳の子どもにみられるような支点の両側の重りの数を考えて答えるだけの段階です。②少し年長になると，両側の重りの数を数え，同じ場合には支点からの距離を考慮し，遠いほうが下がると予測する段階です。③さらに，重りの数と距離の両方を常に考慮に入れ，重りの数と距離が同じ場合には釣り合うと予測できる段階になります。しかし，この段階では，片方の重りの数が多く，他方の支点から重りまでの距離が大きい場合，まだ混乱するかあてずっぽうに答えます。④最終的に，支点から重りが置かれている距離とそれぞれの重りの数との関係を

5.3 思考の発達 83

考慮し，重りの数×支点の距離という積の結果を比較し，同じ場合は釣り合い，積の結果の大きい側が下がると予測します。実験の結果，5歳，9歳，13歳では，それぞれ①，②，③の段階になっていましたが，17歳でも必ずしも④に従って解決していないことも示しています。

　シーグラーは，天びんばかり課題の解決方略の発達などを吟味していて，問題解決の過程で年少児と年長児に共通して用いられる方略が少ないと考えました。つまり，年長になるにつれ，年少児では見逃していた課題の特徴に気づき，解決の仕方を方略として組み入れていくのではないかと推測したわけです（2.2.4「ピアジェの理論以降の考え」として述べた重畳波モデルを参考にしてください）。シーグラーは，子どもの思考の発達は，問題の中のどこに注目し，どのような情報を考慮して利用したかにあると説明しました。これらは子どもの学習能力の基礎となり，適切な方略の選択とそれらの熟達利用を伴いながら，合理的な問題解決を行うように発達していくのだと考えられます。

5.3.3　心の理論

　近年，幼児の他者理解に関する研究がさかんに行われるようになってきました。4歳頃の年齢になると，他者が何を知っているのか，あるいはどのように行動するのかなど，他者の心的状態をイメージしたり推論したりする能力を獲得するようになります（パーナー，2006）。このような他者の意図や信念あるいは思考などを理解できる場合，幼児は**心の理論**を獲得しているといわれます。理論とは大げさですが，幼児が他者の心の状態を一貫して説明できることを意味しています。

　心の理論を明確にする研究で使用されている一つの具体的な課題は，**誤信念課題**とよばれています。幼児に次のような課題を提示します。マキシとよばれるお人形の前で，おやつがある場所に隠されます。マキシが部屋を離れたすきに，ある場所に隠されたおやつが，別の場所に移されて隠されます。マキシが部屋に戻ってきたとき，マキシはおやつがどこに隠されていると思うかを尋ねます。

　課題に参加している幼児は，一連の事態をしっかりと見ています。多くの4

歳児は，おやつの隠されている場所を正しく答えます。つまり，マキシが部屋を離れる前に見たおやつの隠し場所です。しかしながら，3歳児の多くは，移された新しい隠し場所を探すと答えます。このような誤答から，4歳未満の幼児は，マキシが自分と異なる考え，すなわち誤信念をもっていることが理解できていないことが示されました。誤信念とは，事実に基づかない信念のことで，4歳未満では他者が自分のもっている知識をもっていないことが理解できません。また，3歳児が間違った解答をする理由の一つに，元の場所をよく記憶していないことがあげられます。実行機能が十分に働いていないことも，理由の一つにあげられます。実行機能とは，さまざまな定義がありますが，ダイアモンド（Diamond, A., 2013）によれば，長期記憶から検索されたさまざまな知識を使ってどうすべきかを決定することといえます（コラム5.1を参照）。3歳児では，他者の考えを理解してどう実行に移すべきか決定する機能が十分に働いていないのです。

コラム 5.1　実行機能

　実行機能の正確な定義は，現在のところ研究者の間で一致をみているわけではなく，研究者によってさまざまな定義がなされています（Muller & Kerns, 2015）。ここでは，本文にも記述したように，長期記憶から検索されたさまざまな知識を使ってどうすべきかを決定すること，を実行機能ととらえておきましょう（Diamond, 2013）。言い換えれば，自分の立てたプランにしたがって行動を進める働きといえるでしょう。

　実行機能の働きについては，一般には①ワーキングメモリ，②抑制のコントロール（inhibitory control），ならびに③認知の柔軟性（cognitive flexibility），の3つのアプローチから精力的に研究がなされています（Diamond, 2013；Muller & Kerns, 2015）。

　ワーキングメモリの研究とは，一度にどの程度の情報を保持し，かつ同時に処理に利用できるかというワーキングメモリの働きに着目した研究です。ワーキングメモリの働きによって，実行機能の働きが異なってきます。また，抑制のコントロールとは，必要な情報にのみ注意を向け，他の不必要で妨害的な情報には注意を向けないといった，注意や思考の調整・制御に関係する研究を意味しています。つまり，取り組むべき課題に注意を集中することに関する研究といえます。さらに，認知の柔軟性と，課題への取組みや課題の見方を柔軟に変えることで当該の課題に取り組み，型にはまらずに柔軟に思考することができるかどうかを調べる研究です。

　実行機能の働きから心の理論の誤信念課題の結果をみると，4歳児では最初に隠されたおやつが，別の場所に移されて隠された状況をワーキングメモリで適切に保持し，かつ質問に対して解答すべき必要な情報にのみ注意を向けて答えることができているといえます。

参 考 図 書

加藤義信（編）（2008）．資料でわかる認知発達心理学入門　ひとなる書房

杉村伸一郎・坂田陽子（編）（2004）．実験で学ぶ発達心理学　ナカニシヤ出版

田島信元・岩立志津夫・長崎　勤（編）（2016）．新・発達心理学ハンドブック　福村出版

山口真美・金沢　創（2010）．赤ちゃんの視覚と心の発達　東京大学出版会

太田信夫・多鹿秀継（編著）（2008）．記憶の生涯発達心理学　北大路書房

田島信元他（編）（2016）．新・発達心理学ハンドブック　福村出版

波多野誼余夫（編）（1996）．認知心理学5　学習と発達　東京大学出版会

木下孝司（2008）．乳幼児期における自己と「心の理解」の発達　ナカニシヤ出版

子安増生（2000）．心の理論――心を読む心の科学――　岩波書店

ミッチェル, P.　菊野春雄・橋本祐子（訳）（2000）．心の理論への招待　ミネルヴァ書房

パーマー, J.　小島康次・佐藤　淳・松田真幸（訳）（2006）．発達する〈心の理論〉――4歳：人の心を理解するターニングポイント――　ブレーン出版

杉村伸一郎・坂田陽子（編）（2004）．実験で学ぶ発達心理学　ナカニシヤ出版

多鹿秀継・中津楢男（2009）．算数問題解決と転移を促す知識構成の研究　風間書房

復 習 問 題

1. 乳児期の顔の知覚の発達について，その特徴を簡単に説明してください。

2. 児童期の記憶の発達の特徴を，簡単に説明してください。

3. 推理の発達について，簡単に説明してください。

第 **6** 章

パーソナリティと適応を理解する

　本章では，発達や教育を考える上で役立つパーソナリティに関する知識を獲得することをめざします。はじめに，パーソナリティをとらえるための方法を取り上げ，それぞれの長所と短所を考えます。次に，パーソナリティが発達に伴ってどのように変化するのか，遺伝的影響をどの程度受けるのかを，具体的なデータをみながら把握します。最後に，パーソナリティがどのように適応的行動や不適応行動と結びついているのかを学びます。

6.1　パーソナリティの定義と測定

6.1.1　パーソナリティの定義

　英語の**パーソナリティ**（personality）という言葉は，ラテン語のペルソナ（persona）に由来しています。ペルソナとは仮面のことです。仮面をかぶって役割を演じることから転じて現在の意味に変化してきました。パーソナリティの定義にはさまざまなものがありますが，オールポート（Allport, G. W.）は，「個人の中にあって，その人に特徴的な行動や思考を決定する心理物理的体系の力学的体制である」と定義しています（オールポート，1982）。簡単にいえば，その人らしい行動や思考をもたらすもののことだと考えてよいでしょう。

　パーソナリティと似た言葉に気質があります。気質は遺伝的影響を強く受けている，いわば生まれつきの特徴を意味します。気質はその人の素地となるもので基本的に変化しにくく，パーソナリティは環境の影響を受けながら気質の上に形成されていくものであると考えられています。

6.1.2 類型論と特性論

1. 類型論

　パーソナリティのとらえかたには，大きく分けて類型論と特性論があります。類型論とは，人間をいくつかの典型的な類型（タイプ）に分類する考え方のことです。たとえば，「右利きはこういう性格で左利きはこういう性格だ」のように，ある特徴に基づいて人を少数の類型に当てはめていくやり方です。類型論的な考えは近代心理学や近代科学が成立するはるか以前から存在し，とくに医学では多くの理論が登場しました。古くは，古代ギリシャ・ローマ時代にそれを垣間みることができます。当時，物質は風（空気），地，火，水という4大元素で構成されていると考えられていました。「医学の父」とも称されるヒポクラテス（Hippokratēs）は，紀元前5世紀頃，4大元素に対応して人間にも血液，黒胆汁，黄胆汁，粘液という4種類の体液が存在するとし，これらのバランスをとることが心身の健康にとって重要であると考えました。これを4体液説とよびます。その後，2世紀頃になって，同じくギリシャの医師であるガレノス（Galēnos）は，4体液と気質に関連があると考え，血液が優勢ならば多血質，黄胆汁が優勢ならば胆汁質，黒胆汁が優勢ならば憂うつ質，粘液が優勢ならば粘液質という特徴が表れやすいという説を唱えました。これを4気質説とよびます（表6.1）。4気質説は1,000年以上にわたって影響力をもち，近代科学や近代心理学の成立後には体液と気質の関連は否定されますが，多血質，胆汁質，憂うつ質，粘液質という用語自体は今も残っています。

表6.1　ガレノスの4気質説

気質	特　徴	対応する元素	性質
胆汁質 （黄胆汁質）	情熱的で感情の変化が激しく，短気。行動的で野心が強い。	火	熱・乾
粘液質	温厚で冷静。悪くいえば鈍感で感情の変化が少ない。優柔不断。	水	冷・湿
多血質	明るく社交的で気前がいい。非計画的で飽きっぽい。学問や教養に関心がない。	風	熱・湿
憂うつ質 （黒胆汁質）	非社交的で孤独を好む。神経質で落ち込みやすい。時に優れた天才性を発揮する。	土	冷・乾

6.1 パーソナリティの定義と測定

表 6.2 クレッチマーの類型論

体型	気質	特　徴	関連する精神疾患
肥満型	循環気質	社交的で明るく，親切で温かみがある。接しやすい人という印象をもたれやすい。その一方で，さいなことに落ち込んで憂うつになるという面もある。	躁うつ病
細長型	分裂気質	循環気質と反対に，神経質で非社交的。社会との関わりを避けるか表面的な関わりしかもたず，その代わりに思索にふけったり自然に関心をもったりする。変わり者だという印象をもたれやすい。	統合失調症
闘士型	粘着気質	物事に熱中しやすく，仕事や課題などを粘り強くこなす。その一方で，頑固で融通性がなく，面白みがないという印象をもたれやすい。時として爆発的に興奮する。	てんかん

　精神医学者であるクレッチマー（Kretschmer, E.）は，約 8,000 名を観察し，統合失調症（旧名は精神分裂病）には細身の人が，躁うつ病には肥満型の人が，てんかんにはがっちりした体型の人が多いということを発見しました。そして，これを病気にかかっていない非臨床群にも適用し，体格と気質の関係について一般化しました。これをクレッチマーの類型論（クレッチマーの性格類型，クレッチマーの 3 気質）とよびます（表 6.2）。

　ガレノスやクレッチマーは，生理的・身体的特徴に基づいてその人を類型化しましたが，心理・社会的な側面から類型化する方法もあります。精神分析学の創始者であるフロイトの弟子で，後に彼と決別し，新しく分析心理学を唱えたユング（Jung, C. G.）の類型論がその代表です。精神分析学における重要な概念の一つにリビドー（心的エネルギー）がありますが，フロイトがリビドーに性的な意味合いを仮定していたのに対し，ユングは性的本能に限らず，心的エネルギー全般をリビドーとしてとらえました。そして，このリビドーが自分の内側に向きやすいか，それとも外界に向かいやすいかによって，内向型と外向型の 2 種類の人間に大別できると考えました。ユングはさらに，人間の心的機能を感覚―直観と思考―感情に分類しています。ユングはこれらを，前述した内向型や外向型と組み合わせることで，合計 8 つの類型に分けました（表

第6章　パーソナリティと適応を理解する

表6.3　ユングの類型論

	内　向	外　向
思考	自分自身のイメージを使って新しいことを考える。 知的だが非現実的な部分がある。	客観性や論理性を重視する。感情表現が苦手で冷たい印象がある。
感情	感情的な能力は優れている。しかし，それを表現することが苦手で誤解を受けやすい。	社交的。気分の変化が早く激しい。考えることが苦手。
感覚	外からの刺激を五感を使って取り込むが，それを表現しないため誤解を受けやすい。	現実の世界や人を五感を使って具体的にとらえることが得意。
直観	自分の内面に直観が働く。どこか神秘的で夢想的な印象がある。	周囲の人や物事に対しての直観が優れる。

6.3）。

2. 特 性 論

　類型論は人間を少数のパターンに分類できるので理解しやすく，古くから人々の興味をひきつけてきました。日常生活においても，テレビや週刊誌等を見回すと，「○○系」「○○タイプ」のような分類を頻繁に見つけることができますが，これらも一種の類型論といえます。しかし，現在の心理学では，類型論はあまり盛んに研究されていません。その代わりに，主流となっているのは特性論です。**特性論**では，「優しさ」「明るさ」「誠実さ」といった，人間に共通するパーソナリティの特性が複数存在し，人によってそれぞれの特性の強さが異なるのだと仮定します。たとえば，「Aさんは優しさが6，明るさが8，誠実さが4」「Bさんは優しさが8，明るさが2，誠実さが10」といった具合です。特性論にしたがえば，理論上は人間のあり方を無限に表現できることになります。その意味で，少数の類型に分類しようとする類型論とは対照的な考え方であるといえます。

　特性論を提唱したのは，冒頭のパーソナリティの定義にも登場したオールポートです。彼は，パーソナリティ特性には多くの人々に共通する**共通特性**と，その個人に特有で他の人にはない**独自特性**があると考えました。共通特性は，大人数への質問紙調査などによって一度に多くのデータを集めることができ，

6.1 パーソナリティの定義と測定

なおかつ万人に共通の物差しで扱うことができるため，統計的手法の発展に伴って現在の心理学に多大な影響を与えました。特性論といえば主に共通特性に関する研究のことをさすといっても過言ではありません。

キャッテル（Cattell, R. B.）は，オールポートの研究の流れを受け継ぎつつ，表面特性と根源特性という概念を用いてパーソナリティを記述しようとしました。表面特性とは，外部から観察可能な特徴のことで，たとえば「コミュニケーションが上手だ」「他人に丁寧だ」といったものがあります。こうした表面特性の背後には，それを生み出すような，その人の根源となるパーソナリティ特性が想定できます。それが根源特性です。たとえば，前述した「コミュニケーションが上手だ」という表面特性の背後には，「外向性」という根源特性が存在するだろうという具合です。

キャッテルの研究方法の最大の特徴であり，なおかつ新しかった点は，因子分析を用いていることです。彼は膨大なパーソナリティ特性語を整理し，最終的に 35 の表面特性にまとめました。これらを因子分析にかけることで，表面特性の背後にある隠れた因子（つまり根源特性）を明らかにしようとしました。その結果，彼は 12 の根源特性を抽出し，後に 4 つの因子を追加して合計 16 の根源特性としました。また，これに基づいて 16 PF（16 Personality Factors）というパーソナリティ検査を開発しました。

特性論に基づくパーソナリティの構造に関する研究は盛んになされていますが，その中でも現在もっとも有力視されているのが，ゴールドバーグ（Goldberg, L. R.）の提唱したビッグ・ファイブとよばれる考え方です。

ビッグ・ファイブは，その名の通り，人間のパーソナリティ特性は大きく分けると 5 つに集約できるという考え方です。キャッテル以降，因子分析を用いたパーソナリティ研究が多く行われましたが，その中でよく似た 5 因子が抽出されてきました。独立した研究で繰返し同じような 5 因子が抽出されるということは，人間の基本的なパーソナリティ特性は 5 つなのだろうと仮定でき，必然的にビッグ・ファイブの考えが誕生したわけです。表 6.4 にビッグ・ファイブの代表的な研究をまとめています。研究者によって 5 因子の命名の仕方は多少異なりますが，互いによく似ていることがわかるでしょう。

第6章　パーソナリティと適応を理解する

表 6.4　代表的な研究におけるパーソナリティ特性の5因子

Tupes & Christal (1961)	高潮性	協調性	信頼性	情緒安定性	教養
Norman (1963)	高潮性	協調性	誠実性	情緒安定性	教養
Goldberg (1990)	高潮性	調和性	誠実性	情緒安定性	知性
McCrae & Costa (1987)	外向性	調和性	誠実性	神経症傾向	経験への開放性
村上 (2003)	外向性	協調性	良識性	情緒安定性	知的好奇心

表 6.5　ビッグ・ファイブの各特性の特徴

外向性	人懐っこい，集団でいることを好む，リーダーシップがある，活動的，刺激を求める，ポジティブ
調和性	人を信用している，正直，利他的，寛大，謙虚，優しい
誠実性	自尊心が高い，几帳面，良心的，勤勉，粘り強い，慎重
神経症傾向	心配性，敵意が強い，憂うつ気味，自意識過剰，衝動的，傷つきやすい
経験への開放性	想像力に富む，芸術的，感性が鋭い，好奇心が強い，独創的，既存の価値観にとらわれない

　現在，ビッグ・ファイブに関連するパーソナリティ検査で世界的に広く使用されているのは，コスタとマクレー（Costa, P. T. Jr., & McCrae, R. R., 1992）が作成した NEO-PI-R（Revised NEO Personality Inventory）です。この検査は，外向性（Extraversion），調和性（Agreeableness），誠実性（Conscientiousness），神経症傾向（Neuroticism），経験への開放性（Openness to Experience）の5つを測定します。前述したように，5因子の名づけ方は研究者によって多少異なりますが，コスタとマクレーによるこの命名がもっとも一般的なものとなっています（これら5つの頭文字をとって NEOAC や OCEAN（オーシャン；海）とよびます）。各因子の特徴を表 6.5 に示しました。経験への開放性は名前からはどんな特徴なのかわかりにくいかもしれませんが，挑戦心，独創性，好奇心といったもので，何事に対しても自由で興味が開かれているという意味で開放性と名づけられています。なお，調和性は協調性，誠実性は勤勉性とよぶこともあります。

3. 類型論と特性論の長所・短所

　ここまで類型論と特性論について述べてきましたが，それぞれに長所と短所が存在し，類型論と特性論は互いの短所を補い合う関係にあります。また，場

6.1 パーソナリティの定義と測定 93

合によって長所は短所にもなり，短所は長所にもなります。

　類型論の最大の長所は，その人について直観的に理解できることです。たとえば循環気質の人といわれれば，それだけでその人についてのおおまかなイメージを思い浮かべることができます。このことは，複数の人でおおまかに情報を共有しようとするときには大きな強みとなります。

　一方で，類型論では中間型の人が無視されるという短所があります。現実にはどの類型にもあてはまりにくい人や，ある類型とある類型の中間型の人も多く存在しますが，類型論ではそのような場合にうまく対処できないのです。また，ある特徴に注目して特定の類型に分類してみても，その類型のすべての特徴がその人にあてはまるとは限りません。たとえば，粘着気質は「熱中しやすく几帳面。義理を重んじ礼儀をわきまえている。話が回りくどい。ときおり爆発的に怒り出す」などの特徴があるとされますが，粘着気質に分類される人がこれらすべての特徴をもっているとは限りません。しかし，粘着気質に分類することで，あたかもその人が典型的な粘着気質の人間であるかのように考えてしまい，実際にはその人が有していない特徴も有していることにされてしまう可能性があります。つまり，ステレオタイプ的な人間の見方につながり得るということです。

　特性論の長所はいくつかありますが，一つには，さまざまなパーソナリティ特性を質問紙調査などによって数量的に測定することで，パーソナリティが遺伝や人生経験，その他の環境的要因にどの程度影響を受けているのか，パーソナリティと認知・感情・行動の関係はどうなっているのかなどを統計的に検討できることがあげられます。大量のデータを比較的容易に収集できるという点も大きな長所です。統計的手法の発展のみならず，近年では情報機器やソフトウェアが急激に発展してきたおかげで，統計の専門家でなくても複雑な解析が短時間でできるようになりました。そのような状況の中で，これらの特性論の長所はますます重要性を増してきています。また，特性論ではすべての特性を連続的にとらえるので，類型論のように中間型を無視してしまうこともありません。

　こうした長所がある一方で，特性論にも短所はあります。一つは，その人が

どのような人であるのかを直観的にとらえにくいということです。「10点満点で、外向性8点、調和性5点、誠実性8点、神経症傾向4点、経験への開放性6点」といわれても、それがどのよう人なのかは一言で言い表しにくく、イメージする人物像も人によって異なるかもしれません。さまざまな要素を細かく測定できるのは学術的研究にとっては非常に有利ですが、直観的な理解という点では不利になりがちです。

ただし、特性論を類型論的に扱って直観的な理解をしやすくする方法もあります。たとえば、外向性と調和性が高く神経症傾向が低い人は対人関係が円滑だと考えられるため、「人間関係の達人」のようなラベルづけができるかもしれません。このようにしていくつかの代表的なパターンを作ることで、特性論を類型論のように扱うこともできるのです。実際にこのような方法を採用しているものに、エゴグラムとYG性格検査（矢田部ギルフォード性格検査）があります。

エゴグラムはバーン（Berne, E.）の**交流分析理論**をもとに、その弟子のデュセイ（Dusay, J.）が考案したもので、日本では現在新版TEG Ⅱ（東大式エゴグラム）という質問紙が使用されています。新版TEG Ⅱでは、CP（批判的な親）、NP（養育的な親）、A（大人）、FC（自由な子ども）、AC（順応した子ども）という5つの特性（エゴグラムでは自我状態とよびます）を測定し、これらのバランスを分析します。**図6.1**に示したのはN型Ⅰとよばれる類型で、いわゆるお人よしタイプとされます。このように、エゴグラムは特性論に基づきながら直観的理解もしやすいため、病院などの臨床現場のほか、企業が実施する自己分析のための研修などでもよく使用されています。なお、交流分析理論とは、個人や集団の交流に焦点を当てた心理療法（訓練を受けた専門家による心理学的なサービス）です。

YG性格検査（矢田部ギルフォード性格検査）は、ギルフォード（Guilford, J.）が作成したギルフォード性格検査をもとに、矢田部達郎らが日本版として作成したものです。D尺度（抑うつ性）、C尺度（回帰的傾向）、I尺度（劣等感）、N尺度（神経質）、O尺度（客観性）、Co尺度（協調性）、Ag尺度（攻撃性）、G尺度（一般的活動性）、R尺度（呑気さ）、T尺度（思考的外向）、A尺

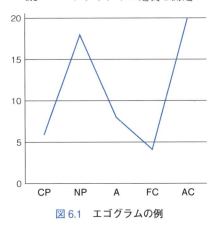

図 6.1 エゴグラムの例

度（支配性），S尺度（社会的外向）の合計12特性を測定し，これらの得点パターンに基づいて大きく5つの類型に分類します。

　特性論のもう一つの短所として，統計的根拠は強力ですが，それを支える理論に乏しいことがあげられます。たとえばビッグ・ファイブの場合，因子分析によって5つのパーソナリティ特性が抽出され，それが地域や世代を越えて確認されたといっても，それは結果論であって，特定の理論が先にあったわけではないため，なぜその5つになったのかという説明が難しいのです。ただし，最近ではこの批判に応えるため，ビッグ・ファイブの5つの特性に神経科学的な根拠をもたせようとする研究も盛んに行われています（たとえば，DeYoung & Gray, 2009）。また，神経科学的・遺伝学的根拠に基づいて構築されたクロニンジャー（Cloninger, C. R.）の7因子モデル（Cloninger et al., 1993）も，理論的分析に重きをおいているために注目を集めています。

6.1.3　パーソナリティの測定
1．パーソナリティをどのようにして測定するのか
　私たちは普段，行動や表情といった直接観察可能なものからその人のパーソナリティを推測します。カウンセリングなどの臨床の現場でも，こうした観察はクライエントを理解するために重要な役割を果たします。しかし，人は常に行動しており，その量も種類も文脈も膨大であるため，たまたま観察した行動

を分析しただけではパーソナリティを正確に把握することはできません。そこで，決まった手続きや採点，解釈の仕方を備えた方法が必要となります。それがパーソナリティ検査とよばれるものです。パーソナリティ検査の中心となるのは，質問紙法，投影法，作業検査法です。1つの検査で把握できるのはその人のパーソナリティのごく一部であり，また，質問紙法，投影法，作業検査法のいずれの検査法にも限界があるため，1人のクライエント（治療やサービスを受ける人）を詳しく知る必要がある臨床場面では，複数の方法を組み合わせて実施する（テスト・バッテリー）ことが一般的です。

2. 質問紙法

　第1章と第2章でも説明したように，質問紙法は，「初めて会った人とでも気楽に話ができる」などの質問項目に対して，自分がどの程度あてはまるか，「あてはまる」「あてはまらない」「どちらでもない」などのうちから1つを選んで回答してもらい，パーソナリティ特性を得点化する方法です。上述した質問は外向性を測定するものですが，一言に外向性といってもさまざまな側面があるので，通常は複数の質問項目を用意して外向性を幅広くとらえようとします。どの程度あてはまるかは，少ないものでは「はい」「いいえ」の2段階，多いものでは0〜100の101段階までありますが，5段階か7段階で測定するのがもっとも一般的です。パーソナリティ研究に占める質問紙法の割合は高く，NEO-PI-R など，特性論に基づく研究の多くは質問紙法で実施されます。

　質問紙法の長所は，実施が容易で，一度に多くのデータを収集できることです。研究や臨床の場を含め，パーソナリティを測定する方法としてもっとも使用頻度が高く，なおかつ種類が多いのが質問紙法です。ビッグ・ファイブのような基本的なパーソナリティだけでなく，自己愛傾向，攻撃性，共感性など，特定のパーソナリティ特性に焦点をあてて細かく測定するものも数多くあります。

　質問紙法の短所は，意識的な側面しか測定できないことです。質問紙法から得られるデータは，回答者が質問を読んでその意味を理解し，自分にあてはまるかどうかを考えるという意識的な努力の結果です。したがって，本人も気づいていないような無意識的な側面は，通常は質問紙法では測定できません。ま

た，質問紙法では，何を測定しようとしているのかが明確なため，正直に答えたくない質問に対しては回答を操作することができてしまいます。たとえば，「万引きをしてみたい」という質問があった場合，回答者が本心では万引きをしてみたいと思っていても，自分をよく見せるため（あるいは悪く思われないため）に，本心と異なる回答をしがちです。このように，社会的望ましさが関わる質問に対しては，一般的に望ましいとされている方向へ回答が偏りがちであることが知られています。この偏りは意図的に生じるだけでなく，知らず知らずのうちに生じることもあります。また，当然のことながら，質問の意図を十分に理解できる言語能力が回答者にない場合，測定しようとしていることを測定できません。質問の内容によっては，自分自身を深く見つめることのできる内省能力も求められます。質問紙法は手軽な方法ですが，上述したようなことに留意して実施しなければ，たとえ大量のデータを収集したとしても意味のないデータになってしまいます。

3. 投 影 法

投影法とは，比較的あいまいな刺激（文章や絵など）を用いて，被検査者に自由に回答してもらったり意味づけをしてもらったりし，その回答や回答の仕方からパーソナリティを測定する方法のことです。投影という言葉が示す通り，あいまいな刺激に対する反応には無意識的な欲求や感情が投影されるという理論的仮定に基づいています。ロールシャッハ・テスト（左右対称のインクのシミを 10 枚見せ，それが何に見えるか，なぜそう見えるのかなどを回答してもらう；図 6.2）や，バウム・テスト（実のなる木を 1 本描いてもらう）などがよく知られています。

投影法の長所は，被検査者の無意識的側面が把握できることです。臨床場面では，質問紙法と投影法で得られた得点や記録を組み合わせて（テスト・バッテリーを組むといいます），質問紙法ではとらえきれない無意識の側面を投影法で把握しようとすることがよく行われます。もう一つの長所は，どのような答え方をしたらどのような結果になるのかが被検査者にはわかりにくいので，自分を良く見せたりするなどのごまかしが難しいことです。

投影法の短所の一つは，一般的に実施に時間がかかることです。これは検査

図 6.2　ロールシャッハ・テストの図版（見本例）

者にとっても被検査者にとっても負担となります。被検査者には，自分も知らない自分の内面を深く分析されるという心理的不安も生じるため，検査の前後には丁寧な説明が必要です。投影法では自由度が高い回答が得られるので，その整理や解釈にも多大な時間がかかり，しかも高い専門性が要求されます。そのため，十分な訓練を積んでいない者が解釈をすると，まったく誤った解釈となる危険性があります。このことは，結果の解釈は主観的判断に頼らざるを得ないということを意味しています。検査によっては結果の解釈の仕方が細かくマニュアル化されていて，解釈する人によって判断が異なることのないように工夫されていますが，それでも主観的な判断を完全に排除することはできません。投影法の解釈の理論的背景には科学的根拠が乏しいという指摘もあります（Lilienfield et al., 2000）。

4. 作業検査法

　作業検査法とは，被検査者に一定の条件下で特定の課題を与え，その実施態度や遂行結果からパーソナリティを測定する方法です。代表的な作業検査法には**内田クレペリン検査**があります。これは，隣り合う1桁の数字を足し算する作業を前半15分間，後半15分間行う検査です。1分間ずつの作業量を折れ線グラフにして表し，作業量の多さや作業曲線（作業量の変化を表す曲線），誤答数を分析します（図6.3）。

　作業検査法の長所は，一度に大勢で検査を受けることができるという点です。また，どのような結果からどのような解釈が導かれるのかが被検査者にはわか

6.1 パーソナリティの定義と測定

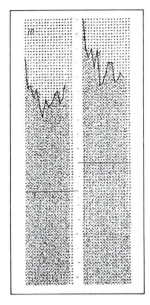

図 6.3　内田クレペリン検査の作業曲線
(内田クレペリン精神検査・曲線型図例集（日本・精神技術研究所）より)

表 6.6　各検査法の特徴

	質問紙法	投影法	作業検査法
所要時間	短い	長い	長い
回答の歪曲	生じやすい	生じにくい	生じにくい
集団実施	可能	多くの場合，不可能	可能
深層心理	知ることができない	知ることができる	知ることができない
検査者の技術	多くの場合，不要	必要	必要

りにくいため，意図的に回答を操作することが難しいという長所もあります。さらに，他の検査と異なって高い言語能力を必要としないため，幅広い人を対象に検査を実施できます。

作業検査法の短所は，内容が単純な作業課題であるため，それに関連した特定のパーソナリティしか測定できないということです。

最後に，質問紙法，投影法，ならびに作業検査法の3つの検査法の特徴を，表 6.6 にまとめました。

6.2　パーソナリティの発達的変化と遺伝的影響

6.2.1　パーソナリティの発達

1.　パーソナリティの発達的変化をどのようにしてとらえるのか

　「三つ子の魂，百まで」の言葉どおり，人のパーソナリティは生涯変わらないのでしょうか。それとも，年齢に伴って身体的特徴が変化するように，人のパーソナリティも変化するのでしょうか。もしも変化するとしたら，どのようなパーソナリティがどのように変化するのでしょうか。「あの人は年をとって丸くなった」というような，よく聞く言葉は一般的な現象なのでしょうか。これらの発達的変化に関する疑問を明らかにするための研究方法として，主に縦断的研究と横断的研究があります（第1章も参照のこと）。

2.　縦断的研究

　縦断的研究とは，いわゆる追跡調査のことで，同一の集団に対して一定期間にわたって継続的に実験・調査を行い，各時点のデータを比較することで発達的変化をとらえようとする方法のことです。縦断的研究の長所は，同一集団のデータを追跡するため，発達的変化を直接明らかにできることです。しかし，長期間にわたって複数回に分けてデータを収集する必要があるため，非常に大きな労力や費用がかかるという短所があります。また，長期間の追跡になると，病気や死亡，転居などによって，調査対象となる集団が徐々に小さくなってしまい，データが不足しがちです。また，縦断的研究は発達的変化を直接明らかにできると説明しましたが，調査対象が小さくなってしまった場合は，集団から欠けていった人たちと残った人たちの違いを考慮することが必要です。たとえば，地方の若者を長年にわたって追跡したとき，都会志向の若者は進学や就職のために調査対象からはずれていってしまう可能性が高いでしょう。調べたい内容によっては，最後まで残った集団と途中ではずれた集団の違いがデータに大きく影響する可能性があります。

3.　横断的研究

　横断的研究とは，年齢の異なる複数の集団に対して実験や調査を行い，それらのグループを比較することで発達的変化をとらえようとする方法のことです。

たとえば，20〜80歳の人たちのパーソナリティを同時期に測定し，各年齢を比較することでパーソナリティの発達をみようとします。横断的研究の長所は，短時間に多くのデータを集めることができることです。上述の例では，ある時期にまとめて20〜80歳の人たちのデータを収集すれば済みます。それに対して縦断的研究では，同じ集団を60年間追跡する必要があります。このように，横断的研究はデータ収集のしやすさという点では縦断的研究よりも格段に有利です。しかし，横断的研究で得られるデータは同一集団の発達過程を実際に追ったものではないため，確かに年齢が影響しているという因果関係は確証できないという短所があります。20歳の集団と80歳の集団のパーソナリティに違いがあったとしても，実際に20歳の集団が80歳になるまで追跡したわけではないため，その違いは年齢によるものであるとは断定できないのです。たとえば，現在の20歳と80歳の人たちを比べると，そこには年齢以外に時代背景（彼らが生きてきた時代の価値観や社会情勢など）の違いも存在するでしょう。横断的研究ではこれらのさまざまな要因の影響を切り分けることが困難であるため，因果関係を断定することについては慎重になる必要があります。

　縦断的研究と横断的研究の双方の短所を補うために，横断的にデータを収集した集団の中から，いくつか（あるいはすべて）の集団を追跡する方法もあります。

4. ビッグ・ファイブの性差と発達的変化

　これまでに，縦断的研究や横断的研究によってパーソナリティの発達的変化を調べようとした研究が多く行われています。日本人を対象としたものとしては川本ら（2015）の研究があります。この研究では，NEO-PI-Rの短縮版を用いて20〜70代の男女を対象にビッグ・ファイブを調査したデータを分析しています。結果として，外向性については統計的に有意な年代差はなく，女性のほうが男性よりも高いという性差が確認されました。調和性は年齢とともに高くなり，性差としては女性のほうが男性よりも高い得点を示しました。誠実性も年齢とともに高くなりますが，性差はみられませんでした。神経症傾向は男女ともに年齢とともに低くなりますが，女性のほうがその傾向は顕著で，若い年代では女性のほうが男性よりも神経症傾向が高く，加齢につれてその差は縮

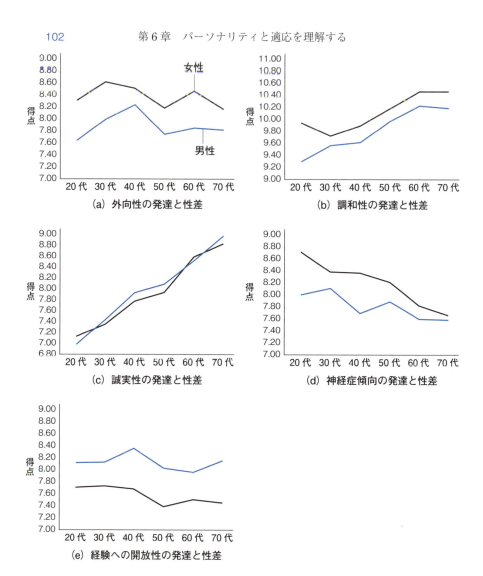

図 6.4 ビッグ・ファイブの発達と性差 (川本ら, 2015)

まることが明らかになりました。経験への開放性には有意な年代差はなく，男性のほうが女性よりも高いという性差のみが確認されました（図 6.4）。

川本ら（2015）の分析対象となったのは日本人で，ビッグ・ファイブを測定するために用いたのは NEO-PI-R の短縮版でしたが，NEO-PI-R を用いた海外

の横断的研究でも，おおむね同様の傾向が認められています。また，縦断的研究でもそれが確認されています。以上をまとめると，調和性や誠実性のように発達的変化の大きいパーソナリティ特性がある一方で，外向性や経験への開放性のように発達的変化があまりみられないものもあり，また，神経症傾向のように，性別によって発達的変化の仕方に違いがみられるものもあるといえます。なお，これらの結果は集団の平均を示しているものであり，特定の一個人を調べた場合にはまったく異なる結果になることも十分にありえるのはいうまでもありません。

6.2.2　パーソナリティはどこまで遺伝的に決まるのか

　パーソナリティが年齢によって変化することは前項で説明しました。それでは，その変化は何によってもたらされているのでしょうか。親のしつけや人生経験などが考えられますが，それらはどの程度パーソナリティの変化に寄与しているのでしょうか。また，パーソナリティの形成に及ぼす遺伝的影響はどの程度なのでしょうか。行動遺伝学とよばれる学問では，知能，パーソナリティ，行動などの個人差を，**遺伝**，**共有環境**，**非共有環境**の3つの側面から調べます。共有環境とは家庭環境のことで，非共有環境はそれ以外の環境（学校や課外活動，その他の人生経験）を意味します。

　結論からいえば，図6.5 に示すように，ビッグ・ファイブにおける遺伝の寄与率は30〜50% 程度であるという結果が出ています。残りの50〜70% は非共有環境で，共有環境の寄与率はほとんどゼロです。研究によって多少数値は異なりますが，いずれも共有環境の寄与率は低いという点では共通しています。なお，寄与率とは個人差を説明できる割合のことで，神経症傾向ならば，その個人差の約50% は遺伝的影響であり，残りの約50% は非共有環境の影響であることを意味します。この結果は意外にみえるかもしれませんが，国内外の多くの研究で同様の傾向が見出されています。家庭外での多種多様な経験に比べれば，家庭内での経験は相対的に小さな影響しか及ぼさないのです。

　比較のため，図6.5 には知能や精神疾患などについても遺伝率を掲載していますが，共有環境の影響は基本的に小さく，遺伝と非共有環境で個人差の多く

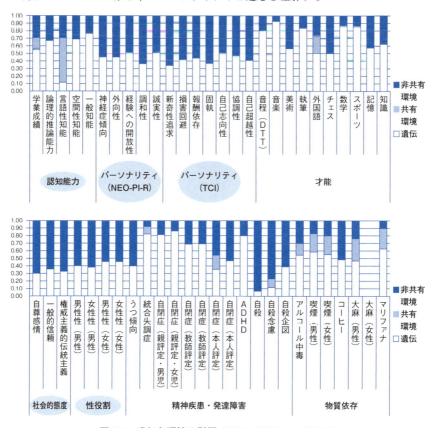

図 6.5　遺伝と環境の影響（安藤，2012 を一部改変）

を説明できるものがほとんどです。ただし，言語性知能のように共有環境の影響が大きいものもあります。また，共有環境の影響が小さいからといって，育て方や教育が無意味だというわけではありません。たとえば，幼少期には共有環境の影響が比較的強くみられるという研究もあります。さらに，いくら遺伝的影響が大きいといっても，素質は環境が整わなければ発揮されません。スポーツの能力は遺伝的影響が大きいですが，何もせずに一流のアスリートになれるわけではないのです。同じように，ネグレクトや虐待といった劣悪な環境下では，パーソナリティもうまく発達しないと考えられます。

6.3 パーソナリティと適応・不適応

6.3.1 パーソナリティ障害

パーソナリティ障害とは，その人の属する文化で期待されるものと比べて著しく偏った行動パターンによって社会生活に支障をきたしていたり，本人や周囲に苦痛を引き起こしているパーソナリティの問題をさします。精神疾患の診断・統計マニュアル（Diagnostic and Statistical Manual of Mental Disorders, DSM）の最新版である DSM-5 では，パーソナリティ障害は 10 種類に分類されています。たとえば，反社会性パーソナリティ障害（他者の権利を無視・侵害する行動や，暴力などの攻撃的行動に走りやすい），境界性パーソナリティ障害（感情や対人関係が不安定だったり，衝動を制御することが難しい），自己愛性パーソナリティ障害（自己に対する賞賛を求める一方で他者を軽視し，傲慢な態度や行動をとりやすい），回避性パーソナリティ障害（周囲からの拒絶や失敗を極度に恐れ，そのような事態をもたらす状況を避けようとする）などです。

パーソナリティ障害かどうかの判断には，その人の属する文化的基準に照らしあわせて考えることが重要です。ある文化では偏った行動パターンにみえても，別の文化からはそうみえないこともあるからです。たとえば，欧米では依存性パーソナリティ障害とよべるようなレベルの偏りでも，日本のような相互依存的・相互協調的な色彩が強い文化では，障害とまではみなされない可能性があります。また，パーソナリティ障害の人とそうでない人との間には明確な質的な区別はないため，それぞれのパーソナリティ障害の特徴を読むと，誰でもある程度あてはまっているように感じられることがあります。しかし，それだけではパーソナリティ障害とはいえません。パーソナリティ障害とよぶには，本人あるいは周囲に強い苦痛が生じていることが必要です。このことは，パーソナリティ障害に限らず，精神疾患全般に同じことがいえます。なお，未成年のパーソナリティは変化しやすいため，パーソナリティ障害の診断は原則的に行われません。

パーソナリティ障害は，うつ病をはじめとする他の精神疾患や非行・犯罪，

106　　　　第 6 章　パーソナリティと適応を理解する

自傷，ひきこもりなどの不適応行動を併発しやすい障害です。パーソナリティは変化しないものだと思われがちですが，必ずしも変化しないわけではないため，パーソナリティ障害においても心理療法が適用可能です。

6.3.2　精神疾患や身体疾患と関連するパーソナリティ

　うつ病の病前性格（発症しやすいパーソナリティ）として，クレッチマーの類型論でも紹介した循環気質のほかに，メランコリー親和型性格がしばしばあげられます。これはドイツの精神医学者であるテレンバッハ（Tellenbach, H.）が提唱した概念で，秩序性を主な特徴とするパーソナリティのことです。秩序性とは具体的には，几帳面，完全主義，強い責任感がある，まじめといったもので，対人面でこれらが発揮されると，親切で細かな他者配慮ができるとか，他人に尽くすとか，義理堅いといった行動につながってきます。加えて，争いを好まず他人に頼まれると断れない気弱な面をもっています。通常，これらの特徴は社会生活にとってむしろ望ましい部分のほうが多いのですが，これらが行き過ぎて身体的・精神的に消耗してしまったり，転職や引っ越しなどの大きな変化によって，それまでうまく保ってきた秩序性を保てなくなると，うつ病を発症しやすくなるとされています。ただし，メランコリー親和型性格は日本の教科書ではよく紹介されるものの，世界的には現在ではあまり重視されていないという指摘もあります（多田，2010）。

　タイプ A（タイプ A 行動パターン）は，心疾患と関連すると考えられているパーソナリティで，アメリカの医師であるフリードマン（Friedman, M.）とローゼンマン（Rosenman, R. H.）が提唱しました。タイプ A は，競争心が強くせっかちで，思うようにならないときに攻撃的になりやすいという高い活動性が特徴です。周囲からは，いつも時間に追われてイライラしている人という印象をもたれがちです。また，タイプ A とは異なり，おっとりとしていて内向的なパーソナリティをタイプ B（タイプ B 行動パターン）とよびます。ローゼンマンら（Rosenman et al., 1976）の研究では，タイプ A の心疾患の罹患率は，タイプ B に比べて約 2 倍であることが明らかにされました。しかし，その後，タイプ A と心疾患の関連を疑問視する研究も増えています。た

とえば，池田ら（Ikeda et al., 2008）による日本人を対象とした大規模な研究では，男性においてはタイプAではなく，むしろタイプBのほうが心疾患の発症率と関係していたという結果が出ています。とはいえ，パーソナリティと身体疾患に関する研究はタイプAを始まりとしており，タイプAのもつ歴史的意義は大きいといえるでしょう。

ビッグ・ファイブについても非常に多くの研究がなされていますが，一般的には神経症傾向と外向性が精神的健康にとって重要である（神経症傾向が低く，外向性が高い人は精神的健康度や幸福感が高い）とされています。

6.3.3　パーソナリティ特性としての強み

従来の精神医学では，DSMや国際疾病分類（International Classification of Diseases；ICD）に代表されるように，多種多様な精神疾患や問題行動を整理することが重要な研究課題でした。しかし，人はネガティブな側面だけでなく，ポジティブな側面ももっているはずで，その両面を研究することで人の全体像がみえてきます。そこで，これを科学的に研究しようとする動きが1990年代後半に現れました。それが，セリグマン（Seligman, M. E.）の提唱したポジティブ心理学です。ポジティブ心理学の一つの目標は，DSMが精神疾患を整理しているのとは反対に，人のもつさまざまな強み（strengths）を整理することです。現在，ピーターソンとセリグマン（Peterson, C., & Seligman, M. E., 2004）が作成したVIA尺度（Values In Action Inventory of Strengths）が強み測定の標準となっており，大竹ら（2005）により日本語版も作成されています。VIA尺度は24の特性としての強みを測定します。具体的には，愛・人間性，勇気，正義，知恵，節度，超越性の6つの上位カテゴリーがあり，それぞれのカテゴリーに3〜5個の強みが含まれるという構成になっています（表6.7）。

ポジティブ心理学は最近始まった動きですが，今までの臨床心理学や精神医学が人のポジティブな側面を見逃してきたというわけではありません。臨床的には，その人のもつポジティブな側面を見つけ出して活用することで症状や問題の軽減を図る実践活動は古くからなされてきました。しかし，それらの多く

表6.7　VIA尺度の構成（大竹ら，2005）

領域	強み	項目例
知恵と知識	独創性	私は，私の友人から新しい独特のアイデアをたくさんもっていると言われる
	好奇心・興味	私は，いつも，世の中に好奇心をもっている
	判断	必要に応じて，私は非常に合理的に考えることができる
	向学心	私は，いつも教育的な催しのために自分から出かけて行く
	見通し	私は，いつも物事をよく見て，幅広く情勢について理解している
勇気	勇敢	私は，強い抵抗にあう立場をとることができる
	勤勉	私は，いつも自分が始めたことはきちんと終わらせる
	誠実性	私は，いつも約束を守る
	熱意	私は，人生を横から傍観者としてみているのではなく，それに全身で参加している
人間性	愛する力・愛される力	私は，ほかの人からの愛を受け入れることができる
	親切	私は，この1ヶ月以内に，隣人を自発的に助けたことがある
	社会的知能	私は，どのような状況であっても，それに合わせていくことができる
正義	チームワーク	私は，グループの一員として，全力を出して働く
	平等・公平	私は，その人がどうであったかに関係なく，だれにでも平等に対応する
	リーダーシップ	グループ内では，私は，誰もが仲間であると感じることができるように気を配っている
節度	寛大	私は，いつも過去のことは過去のことと考えている
	謙虚	私は，自分の業績を自慢したことはない
	思慮深さ・慎重	私は，いつも身体的に危険な行動は避けるようにしている
	自己コントロール	私は，自分の食生活を健康的にコントロールするのに困ったことがない
超越性	審美心	私は，誰かの素晴らしさに触れると涙が出そうになることがある
	感謝	私は，いつも私の世話をしてくれる人たちにお礼を言っている
	希望・楽観性	私は，いつもものごとの良い面を見ている
	ユーモア・遊戯心	私は，笑わせることでだれかを明るくする機会があるとうれしい
	精神性	私の人生には，はっきりとした目的がある

は経験知に基づくもので、科学性という点では必ずしも十分であったとはいえませんでした。そこへ改めて科学的なアプローチを導入することを提案したことに、ポジティブ心理学の意義があります。なお、セリグマンは学習性無力感（学習性無気力）を提唱した人物としても有名で、これをうつ病のメカニズムに適用したことでも知られています。

参考図書

柏木繁男（1997）．性格の評価と表現──特性5因子論からのアプローチ──　有斐閣

木島伸彦（2014）．クロニンジャーのパーソナリティ理論入門──自分を知り、自分をデザインする──　北大路書房

上里一郎（監修）（2001）．心理アセスメントハンドブック　西村書店

村上宣寛・村上千恵子（2008）．改訂　臨床心理アセスメントハンドブック　北大路書房

安藤寿康（2012）．遺伝子の不都合な真実──すべての能力は遺伝である──　筑摩書房

杉浦義典・丹野義彦（2008）．パーソナリティと臨床の心理学──次元モデルによる統合──　培風館

日本パーソナリティ心理学会（企画）二宮克美他（編）（2013）．パーソナリティ心理学ハンドブック　福村出版

復習問題

1. 類型論と特性論の長所と短所について説明してください。
2. 質問紙法、投影法、作業検査法の具体例をあげてください。
3. 複数の心理検査を組み合わせて実施することを何とよぶでしょうか。また、その目的は何かを説明してください。
4. 縦断的研究と横断的研究の長所と短所について説明してください。
5. 知能やパーソナリティに対する遺伝的影響の大きさについて説明してください。

第7章
知識の獲得と活用を理解する

> 　知識は目や耳を通して感覚記憶に入れられ，注意することで短期記憶に送られます。後に役立つとされる知識は符号化の処理を経て長期記憶に送られます。また，長期記憶に蓄えている知識は，必要に応じて検索されます。長期記憶は知識の宝庫です。長期記憶は貯蔵する知識のタイプにより，エピソード記憶，意味記憶，そして手続き記憶に区分されています。知識の貯蔵と活用を支えているのがメタ認知です。また，学習方略は知識の貯蔵と活用に役立つ学習方法です。本章では，そのような学校生活で有用とされる知識の獲得過程と活用について学びます。

7.1　知識の獲得と活用

　私たちが生きていく上で，正しい知識を獲得することは不可欠の条件です。私たちは日常生活にとって有用なさまざまな知識を獲得することにより，生命を維持し種を保存してきました。それは学校教育においても同様です。子どもが学校生活を通してさまざまな知識を獲得し，必要に応じてそれらを活用できるようになることは，学校教育の大きな目的の一つです。

　子どもは，学校での授業，友達との会話，家庭や地域での生活，あるいはテレビや携帯電話・スマートフォンをはじめとするメディアを通して，さまざまな知識を獲得します。中でも子どもが学校の授業から得る知識は，他の生活から得る知識に比べると，体系だったまとまりのある知識といえます。

　子どもは朝の8時過ぎから夕方の5時頃まで，日中の大半を学校で過ごします。国語や算数・数学といった各教科や特別活動のような教科外活動の学習，あるいは仲間との交流を通して，子どもは意図的にあるいは偶発的に知識を獲得します。教科や教科外活動では，子どもは計画的・組織的に編成された授業内容を通して，新しい知識を獲得することでしょう。また，仲間との交流では，

たとえ断片的な知識であっても，それは生活に彩りを与える知識の獲得となるでしょう。子どもが学校生活を通して獲得した知識を，社会の中で役立つ知識として活用できるようになることは，知識の転移とよばれる現象であり，学校教育の究極の目標の一つです。

ところで，知識は学校教育にとって重要であるといいましたが，手元にある『広辞苑　第7版』（新村（編），2018）では，知識について次のように説明しています。「①ある事項について知っていること。また，その内容。（たとえば，「豊富な知識」）。②（knowledge の日本語訳としての哲学用語）知られている内容。認識によって得られた成果。厳密な意味では，原理的・統一的に組織づけられ，客観的妥当性を要求し得る判断や命題の体系。」

本章で用いられる知識も，日常生活で使用しているのと同様に，①と②を合わせた意味で使用します。

7.2　知識の獲得過程

私たちの知識は，目や耳を通して頭の中に入り，脳に蓄えられます。知識とよく似た言葉に情報があります。情報とは，何らかの物事についての事実やその詳細のことですが，情報によって知識が得られます。ここでは，日常生活で活用できる有用な情報を知識とよび，そのために，本書では長期記憶に貯蔵された情報を知識とよびます。

図 7.1 は，記憶の情報処理過程（知識の獲得過程）を情報の流れに沿って模式的に示したものです（多鹿，2010）。記憶の情報処理過程は，図のような系列的な処理というよりも，実際は脳のさまざまな部位で並列的に処理されています。しかし，記憶の特徴を理解するために，図 7.1 に示す図をよく利用します。図の3つの四角形は情報ないしは知識の貯蔵庫（以下では，知識の貯蔵庫とよびます）を表し，四角形をつなぐ矢印は知識の処理過程を示しています。知識の貯蔵庫は，情報ないしは知識を貯蔵する時間の違いによって，感覚記憶，短期記憶，および長期記憶とよんでいます。また，知識の処理過程については，本章では注意，符号化，および検索の3つの過程を説明します（記憶について

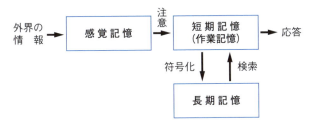

図 7.1　記憶の情報処理過程（多鹿，2010）

図の3つの四角形は情報（知識）の貯蔵庫を示しています。また，注意，符号化，および検索の3つの矢印は，情報（知識）の処理を示しています。外界の情報は，私たちの身体の外部にある環境であり，応答は身体内部から発した反応です。つまり，目や耳を通して外界の情報が私たちの頭の中に入ってきます。また，必要に応じて，口頭や書記によって頭の中の情報や知識を取り出しています（応答）。

は 5.2 も参照のこと）。

7.2.1　知識の貯蔵庫

1. 感覚記憶

感覚記憶では，耳や目を通して脳に伝えられた情報はいったんすべてそのまま貯蔵されます。しかしながら，それらの情報に注意しなければ，1秒以内にほとんどの情報が消失します。教室で先生の話を注意して聞くことが，短期記憶以下の記憶に情報（先生の授業内容。これが知識となります）を取り入れる最初の一歩となります。

2. 短期記憶

短期記憶は **STM**（short-term memory の頭文字）ともいい，感覚記憶に貯蔵された情報の中で注意された情報を貯蔵します。STM の特徴の一つは，わずか 10 数秒間しか情報を保持しないことです。感覚記憶ほど短くはありませんが，STM も情報が保持される時間の大変に短い貯蔵庫です。

STM の他の特徴は，一度に保持できる情報量が限られていることです。一度に保持できる情報は，たとえば1桁の数字を1秒に1個の割合で覚えてすぐに思い出すとき，大人で 7±2 個の範囲の数字を覚えることが可能です。つまり1桁の数字であれば，5〜9桁の範囲の数字を一度に覚えることができます。

あるいは，一度に 5～9 桁の範囲の数字しか覚えられないともいえます。電話番号や携帯電話の番号は，一度に記憶する範囲を超えています。これらの番号を覚えているのは，これらの番号を繰返し思い出して使用する（リハーサル（復唱）とよんでいます。5.2.2 を参照のこと）からです。

STM の他の特徴は，ここが忘却の源であることです。リハーサルをしなければ，記憶した情報はすぐに忘却します。

図 7.1 に示したように，STM は情報の貯蔵に加えて，情報の操作の機能も含めることにより，ワーキングメモリ（作業記憶；working memory, WM）とよばれることもあります（5.2 参照）。ワーキングメモリは STM にみられる情報の一時的な貯蔵に加え，貯蔵した情報を使って課題を操作することも含む記憶です（バドリー，2012）。たとえば，23×9 を暗算する課題を考えてみましょう。まず 23 の 1 桁目の 3 と 9 を掛けて，その答えの 27 を一時的に貯蔵しておき，2 桁目の 2 と 9 を掛けてその答えの 18 を算出し，桁を合わせてすばやくさきの 27 と足し合わせて 207 と答えるでしょう。このような作業をするときに利用する記憶がワーキングメモリです。もちろん，23×9 を筆算すれば，ワーキングメモリを使う必要はありません。ワーキングメモリは暗算のような問題解決時の計算過程の記憶や，文章の読解で直前の文章を記憶して理解するなど，さまざまな学習場面での記憶の働きを担います。

3. 長 期 記 憶

長期記憶は LTM（long-term memory の頭文字）ともいい，記憶内容（知識）を長期間貯蔵します。貯蔵される知識の量は無限で，さまざまな知識が貯蔵されています。獲得・利用される知識は，この LTM に貯蔵された知識を意味しています。そのため，感覚記憶や STM は，知識を長期間保持する LTM に至るまでの一時的な貯蔵庫と考えてよいでしょう。このように，LTM はちょうど容量の大きいコンピュータのハードディスクのようです。ただし，コンピュータと違い，LTM に貯蔵された情報は，新たな情報を取り入れることで，貯蔵しやすい構造に組み替えられます。

LTM に貯蔵される知識は，2 つの種類に区分できることが知られています。一つは宣言的知識とよばれる知識であり，もう一つは手続き的知識とよばれる

7.2 知識の獲得過程

知識です。この2つの知識は，知識の記憶の様式，いいかえれば頭の中でそれらの知識を表現する仕方（表象とよびます）が異なっているといわれています。また，2つの知識のタイプに対応して，3種類のLTMが知られています。宣言的知識の記憶には，エピソード記憶と意味記憶の2つの記憶が対応しています。これに対して，手続き的知識の記憶は手続き記憶とよばれています。長期記憶の2つの知識と3つの記憶については節を改め，7.3で説明します。

7.2.2 知識の処理過程

1. 注意過程

注意過程は感覚記憶内のどの情報をSTMに転送するかを決定するもので，選択的な注意が働きます。目や耳を通して得られ，感覚記憶に貯蔵された情報を，すべて短期記憶に転送することはできません。感覚記憶の情報は1秒以内に消失してしまいます。そこで，処理する情報を限られた時間内で選択的に注意することにより，短期記憶に転送します。教室で窓の外をながめていると，先生の授業内容はわかりません。耳には先生の話は入っているのですが，注意していないと消滅してしまいます。

選択的に注意を払って処理される情報はパターン認知されます。どんな文字が書かれているかを認知するために，目や耳から入力された情報をLTMの知識を使って照合するのがパターン認知過程です（パターン認知過程は，煩雑になるので図7.1では省略しています）。

2. 符号化過程

符号化過程はSTM内の情報をLTMに転送するときの処理過程です。私たちは，一般に情報を能動的に加工したり変換することで，LTMに情報を転送します。LTMに情報を転送する方法については，7.5で詳しく説明します。

3. 検索過程

検索過程は，貯蔵した情報の中から必要な情報を探索して取り出す過程です。質問に答える場合がこれにあたります。これについても7.5で詳しく説明します。

7.3 長期記憶における知識の貯蔵

　前節でふれたように，LTM に貯蔵された知識は，新たに獲得した関連する知識を取り入れることで，貯蔵し検索しやすい構造に組み替えられます。たとえ子どもといえども，与えられたままの形で新たな知識を貯蔵することはまれです。自分のもっている知識（LTM にある既有知識）と新たに獲得すべき知識を照合し，獲得すべき知識を既有知識に合うように変えたり，既有知識のほうを変えたりすることによって，新しい知識を取り込むのです。このような知識の獲得過程は，単純な暗記による知識の獲得というよりも，知識の構成といったほうがよいでしょう。LTM における知識は，日々の知識構成によって支えられています。通常，新たに構成された，まとまりのある構造化された知識がスキーマとよばれているものです。

　知識の構成とは，獲得した知識を記録し貯蔵することというより，獲得した知識を解釈することといえるでしょう。知識の獲得に求められることは，暗記のために受動的に知識を取り入れることではなく，学習内容を理解するのに必要と考えられる適切な知識を選択し，推論等を利用することで，選択された知識を適切に解釈して既有知識に取り入れ，積極的に貯蔵し，さまざまな場面で生きる力として活用できることであるといえます。

　教師は子どもに新たな知識を獲得させる水先案内役あるいはガイド役と考えられ，子どもは獲得すべき知識の意味を理解して，主体的に知識を解釈する知識構成者であるといえます。子どもが主体的な学習者になるためにも，このような知識構成は LTM において積極的になされることが必要です。図 7.2 に，以下で説明する LTM における知識のタイプと記憶の種類をまとめました。

7.3.1 宣言的知識とその記憶

　宣言的知識（declarative knowledge）とは，一般に出来事の知識，ならびに事実や概念の知識からなります。宣言的知識の宣言という言葉は，日常的にはなじみの薄い言葉です。英語で declarative sentence という言葉がありますが，日本語に訳せば宣言文となります。しかし，これでは何のことかわかりません。

7.3 長期記憶における知識の貯蔵

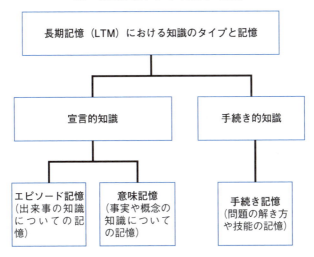

図 7.2 長期記憶（LTM）における知識のタイプと記憶
長期記憶における2つのタイプの知識と3つのタイプの記憶を示したものです。宣言的知識はエピソード記憶と意味記憶という2つのタイプの記憶に貯蔵された知識であり、手続き的知識は手続き記憶に貯蔵されている知識です。

declarative sentence は，通常，日本語では平叙文と訳されています。疑問文や命令文と異なり，平叙文とは物事をありのままに述べた文です。「私は昨日カレーを食べた」「イヌは動物の仲間である」，あるいは「H_2O は水である」といった文は平叙文です。宣言的知識とは，このような平叙文で表現された文の意味する内容といえます。上記の文の中で，「私は昨日カレーを食べた」は出来事を示す内容の文です。他方，「H_2O は水である」や「イヌは動物の仲間である」は，事実や概念を表す文といえます。「私は昨日カレーを食べた」も食べた個人にとっては事実でしょうが，他の人は知りません。事実の知識とは，誰もが共通に理解している内容の意味での事実のことを示しています。概念もそうです。誰もが共通に理解している意味での概念です。

このように，宣言的知識は出来事の知識と事実や概念の知識に分けることができます。前者の出来事の知識についての記憶は**エピソード記憶**とよばれています。また，後者の事実や概念の知識についての記憶は**意味記憶**とよばれています。

エピソード記憶は出来事の知識についての記憶ですが，もう少し丁寧にいう

と，ある人があるときある場所で経験した個人的で具体的な出来事についての記憶，となります。あくまでも個人が経験した個人的な出来事についての記憶なのです。「私は昨日大阪に行った」や「私は1年前に車の免許をとった」なども，個人が経験した出来事についての知識の記憶といえます。

　これに対して，事実や概念の知識についての記憶である意味記憶は，誰もが共通にもっている抽象的で超時間的な世界に関する記憶といえます。抽象的で超時間的という言葉を使用していますが，個人的な体験や経験で得られた具体的な知識ではない，という意味で理解しましょう。つまり，あるときある場所で獲得された知識が，その内容だけが貯蔵されているということです。たとえば，小学生のときに習って記憶したイギリスの首都ロンドンは，いつの間にかイギリスの首都はロンドンであるという事実だけが貯蔵されるようになったといえます。この意味記憶は時と場所に規定されない知識の記憶と考えられます。つまり，小学校，中学校，あるいは高校で習って記憶しているいろいろな知識は，意味記憶に蓄えられた知識といえるでしょう。昨日の給食でおかずが何であったかを覚えていることよりも，教科書の中に太字で書かれている言葉をしっかりと覚えることが，学校教育では求められることになります。

　では，宣言的知識は，私たちの頭の中でどのような形で表象されているのでしょうか。一般的には，宣言的知識は，言語による表象やアナロジー（類推）によって表象されていると考えられています。表象という言葉は難しそうですが，知識が頭の中でどのように表現されているかを示すものととらえてください。そうすると，宣言的知識は，一つに言語によって頭の中で表現されているといわれています。言語による表象とは，言語で表現された形で頭の中で貯蔵されているということです。たとえば「イヌ」の概念の表象を考えてみると，「イヌは四足動物である」とか「イヌはかわいい」といった辞書的な意味合いの形で，頭の中で「イヌ」の概念は貯蔵されています。このような言語による表象は，一般に命題とよばれています。命題というのは，言語によって表現された真偽判断のできる内容です。「イヌは四足動物ですか」という質問には，小学生以上であれば「はい」と答えます。しかし，「イヌはかわいいですか」という質問には，「はい」と答える人もいれば，イヌの嫌いな人であれば「い

いえ」と答えるかもしれません。

また，「イヌ」の概念は，単に言語（つまりは命題）として表象されるだけではありません。「イヌは四足動物ですか」と尋ねられたとき，イヌのイメージを思い出して答える人もいるかもしれません。私たちは容易に「イヌ」の視覚的なイメージや，「ワンワン」とほえている動く「イヌ」のイメージを喚起することができます。イメージによる知識の表象をアナロジーによる表象とよんでいます。アナロジーによる表象とは，視覚的，聴覚的，嗅覚的，あるいは運動的なイメージによる表象などさまざまであり，視覚的なイメージによるアナロジー表象がもっともよく知られています。

宣言的知識は，個人の経験に基づくさまざまな出来事の知識や，誰もが共有する事実や概念に関する知識からなり，両者を合わせて「事柄を知ること」といえます。出来事や事実・概念についての事柄がさまざまな様子や状態を示していることを，言語やアナロジーに基づいた内的な表現形式でしっかりと知ること，これが宣言的知識の貯蔵といえます。宣言的知識である「事柄を知ること」を表現する方法として，図7.3 に見られるように，意味ネットワークによる表現方法がよく知られています。図7.3 は，ある大学生の「消防車」の意味ネットワークを示しています（Collins & Loftus, 1975）。図の中で，だ円形で囲まれた部分が概念を表し，ノードとよばれています。また，概念と概念の間を結ぶ線はリンクとよばれています。概念間のリンクの長さが短いときは，結ばれた2つの概念間の距離が近いことを表し，両概念の関係が強いことを意味しています。逆に，概念間のリンクの長さが長いときは，結ばれた2つの概念間の距離が遠いことを表し，両概念の関係が弱いことを意味しています。この大学生に「消防車」という言葉を与えると，「車」は「消防車」と関係が強いために，すぐに取り出すことができます。しかし，「バラ」を取り出すには，「車」を取り出すよりも時間がかかります。

子どもが教科書などを通して学習する内容は，一般的には意味記憶に貯蔵すべき宣言的知識といってよいでしょう。教科書の中の太字で表された項目をさまざまな学習方略を使って記銘し，自分がもっている意味ネットワークの概念間の関係を強化することで，関連する意味内容の概念をスムーズに取り出すこ

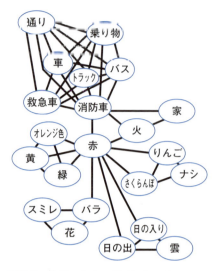

図7.3 意味ネットワークの一例（Collins & Loftus, 1975）
アメリカのある大学生の「消防車」についての意味ネットワークを図示したものです。図のだ円形は「消防車」や「赤」といった概念を表しており，ノードとよばれています。また，だ円形とだ円形を結びつける線はリンクとよばれています。リンクの長さが短いときは，長い場合に比べて，結びついている概念間の似ている程度（類似性）や意味関連が強いことを意味しています。この大学生の「消防車」に関する意味ネットワークは，車の概念（トラックや救急車），色の概念（特に赤色），あるいは火の概念などを中心に結びついています。

とができるようになります。

7.3.2 手続き的知識とその記憶

手続き的知識（procedural knowledge）は手続きに関する知識で構成されます。手続き的知識も，宣言的知識と同様に聞きなれない言葉ではないでしょうか。手続き的知識は，宣言的知識の獲得の方法や技能・運動に関する知識で，心理学では一般に技能や運動さらには問題の解き方に関する知識を意味しています。手続き的知識は，言語によっては的確に当該の技能・運動を伝えられない知識です。

たとえば，保護者が自転車の乗り方を子どもに教えようとサポートしている場面をイメージしてみましょう。子どもの体を支えながら，保護者は運転する子どもに「もう少し，右に」とか，「もう少しペダルを踏んで」と言うことで，

7.3 長期記憶における知識の貯蔵 121

子どもの自転車運転技能の習得をサポートしています。「もう少し，右に」とか「もう少しペダルを踏んで」といった言語教示は，あいまいさを含んだ言葉で，それがどの程度なのかは正確にはわかりません。しかし，何度も練習を繰り返すことで，当該の知識を獲得します。つまり，自転車の運転ができるようになります。算数問題を解くときも同様です。算数・数学の公式を知っているだけでは，問題は解けません。算数・数学の公式をどのように適用するかを，さまざまな問題解決において練習することが重要です。その結果，問題を適切に解くことができるようになります。

　このような手続き的知識の記憶を手続き記憶とよびます。**手続き記憶**は，自転車に乗るときに使用する知識の記憶や，算数・数学の問題を解くときに使用する知識の記憶のように，意識にのぼらない無意識の記憶であり，技能・運動や問題の解き方に関する知識の記憶です。

　では，手続き的知識は，どのような内的形式で表象されているのでしょうか。手続き的知識は，意識にのぼらない無意識的な知識のため，宣言的知識と違い，どのような表象の仕方で貯蔵されているのかは明確ではありません。現在のところ，手続き的知識の内的な表現形式は，プロダクションによる表象として理解されることが多いようです。プロダクションとは，「もし何々ならば」という条件と，「何々をしなさい」という行為で構成された，条件と行為のつながりで表現されています。

　たとえば，車の運転を考えてみましょう。ハンドルを切る場合は，「もし障害物があれば」（条件），「ハンドルを回しなさい」（行為）となります。条件と行為が多く集まったものをプロダクション・システムとよびます。車の運転などは，プロダクション・システムによって構成されるといえます。

　このように，手続き的知識は「やり方を知ること」といえます。授業では，さまざまな概念や事実を学習して記憶するだけでなく，一方でそれらを使って問題を適切に解くことも学習しなければなりません。手続き的知識は，そのような問題解決の技能にかかわる「問題の解き方」に関する知識です。

　1990 年代後半に出された中央教育審議会の答申では，知識をひたすら教え込む傾向の強かったこれまでの教育から，「自ら学び，自ら考える」力を育成

する教育への転換を目指すことを求めています。「自ら学び，自ら考える」力の育成は，今日においても重要な課題であるとして，子どもの獲得すべき資質・能力として位置づけられています。また，2016年に出された中央教育審議会の答申では，「知識・技能の習得」がこれからの児童・生徒の育成でめざされるべき資質・能力の一つとして整理されています。「自ら学び，自ら考える」ことによって，課題を「理解すること」，そして課題が「できること」が求められます。この「知識・技能の習得」は，宣言的知識と手続き的知識の獲得を意味しています。これからの児童・生徒は，知識を獲得するとともに，知識を活かすための方法を使ってできるようになることが必要となります。すなわち，学びの仕方を学習し，さまざまな場面で活用することが求められるのです。宣言的知識の獲得だけにとどまらず，それを活用することに関する知識である手続き的知識をしっかりと獲得することで，さまざまな課題に適切に対処することが可能となります。

7.4 知識の獲得と活用を支えるメタ認知

7.4.1 メタ認知とは何か

メタ認知とは，認知の認知といわれています（フラベル，1981）。認知とは「文章を読む」「学習材料を記憶する」，あるいは「問題を解く」といった心的活動のことをいいます。メタ認知とは認知の認知のことですから，もう一人の私が，「学習材料を記憶する」私を見ていて，私がしっかり覚えたのかどうかをチェックすることになります。つまり，学習者自身の認知過程に関する内省的な思考や信念を意味します。子どもが算数で割合の文章題を解くときを考えてみましょう。メタ認知は，割合の文章題を解くときの知識，たとえば，「割合＝比べ（られ）る量÷もとにする量」あるいは「もとにする量＝比べ（られ）る量÷割合」といった知識を使って割合の問題を解くことを意味するのではなく，この問題なら解けるだろうと見当をつけたり，どのように解けばよいだろうかとプランを立てること，あるいは得られた答えを見て，こんな答えでよいのだろうかと内省したりすることです。

7.4 知識の獲得と活用を支えるメタ認知

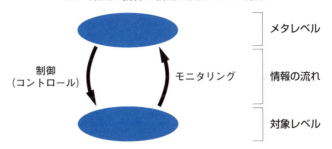

図7.4 メタ認知の概念的な枠組み (Nelson & Narens, 1990)

たとえば,「覚える」という私たちの日常の認知の営みは,対象レベルで行われています。「覚えたよ」と情報がメタレベルに送られ,「しっかりと覚えたかどうか」の気づき（評価）がメタレベルでなされます。メタレベルにおいて「まだしっかりと覚えていない」と判断されたとき,メタレベルから対象レベルに対して,「もっと時間をかけて覚えよう」とコントロールが働きます。このような情報の一連の流れにかかわる作業が,メタ認知といえます。

メタ認知の概念はもともとメタ記憶の研究から派生して出てきました。フラベル（Flavell, J. H., 1981）は記憶発達の研究の中で,子どもが成長するにつれて,記憶の仕方（方略）も変化し,意識的に自分にあった覚え方を利用することを報告しています。「この覚え方のほうがよい」,あるいは「この覚え方ではまだしっかりと覚えられない」など,フラベルは記憶する行為を内省的にとらえることをメタ記憶とよんでいます。1970年代以降はメタ記憶だけにとどまらず,認知一般に内省的な思考を働かせているという考えが拡がり,現在のメタ認知の概念ができてきました。しかし,現在でもメタ認知は多義的な概念として理解され,決まりきったとらえ方はされていません。

メタ認知の概念の一つのとらえ方として,図7.4のような枠組みがよく知られています。図7.4は,人間の認知過程を対象レベルとメタレベルに区分したものです。まず,対象レベルとは,学習者がさまざまな出来事や事実に注意して記憶し,問題を解くような認知活動が行われているところです。たとえば,試験が近づいてきたので学習材料を覚えるような営みが対象レベルで行われます。これに対して,メタレベルは,現在学習者がかかわっている認知過程についての信念や理解のモデルといえます。メタレベルは,たとえば自分にあった学習の仕方で学習材料をしっかりと覚えるとか,試験科目は自分の得意科目で

あるから悪い点はとれないといった信念を含んでいます。モニタリングは，対象レベルで処理される学習材料の難しさに気づいたり評価したりするような学習内容の監視といえます。メタレベルが対象レベルを修正するときには，メタレベルから対象レベルに常にコントロールが働きます。つまり，メタレベルに伝えられた学習内容がまだ十分に理解できないことに気づき，理解できていないと評価すると，対象レベルで学習材料をコントロール（制御）するように伝えます。すなわち，「もっと時間をかけて当該の学習材料を学習しなさい」といったようなコントロールが行われます。認知の認知として知られているメタ認知は，このような学習材料の処理過程からみると，モニタリングとコントロールによって構成される認知の働きともいえるでしょう。

7.4.2　学校教育におけるメタ認知の活用

　メタ認知は学校教育において知識の獲得を支える大切な働きをしています。多くの知識から必要な知識を選択し，LTM に貯蔵しやすいようにまとめあげ，LTM の知識と統合して新たな知識を構成する下支えをするのがメタ認知といえるでしょう。それゆえ，学校教育においては子どもが学習に主体的に取り組むことを求めるため，メタ認知を育成する試みがさまざまな教科や場面で見出せます。たとえば，総合学習の時間では，教科横断的に学習の仕方や方法を学び，自ら学び考える力をつけることが求められています。メタ認知は，このような総合学習の時間で育成される能力ともいえるでしょう。もちろん，算数・数学や国語のような他の教科においても，メタ認知の育成に関する訓練を通して，学力の向上がはかられています。

　たとえば，海外の研究でよく知られているのが，メタ認知を育成することで，国語力の弱い中学生にテキストの読解力をつけたパリンサーとブラウン（Palincsar, A. S., & Brown, A. L., 1984）の研究です。メタ認知の効果をみるために，テキストの読解の苦手な中学生（アメリカの 7 年生）を 4 群に分けました。4 群の理解テストの平均得点に違いはありませんが，すべての生徒は読解力で 2 年ほどの遅れがありました。ここでは，パリンサーとブラウンが行った 2 つの研究のうち，研究 1 の 4 群の中の 1 つの群——メタ認知方略を組み

込むことによってテキストの読解力の向上を目指した相互教授群をみましょう。

　相互教授群に割り当てられた中学生は各自が教師役になり，先生や仲間との対話を通して学習内容を深めるように活動しました。相互教授群に割り当てられた6名の中学生は2名一組となり，先生と一緒にテキストを学習することになります。各自が分担して教師役となってテキストの一部をしっかりと学習し，他の仲間に教えるのです。このような授業は，生徒が対話的・主体的に学習にかかわることを意味しています（8.4.2のジグソー学習を参照のこと）。パリンサーとブラウン（Palincsar & Brown, 1984）では，テキストを学習する過程で，最初は先生が文章内容の要約，わからないところについて質問，見慣れない単語の明瞭化，文章内容がその後どのようになるかについて予測，といった4種類のメタ認知方略を使いました。ついで，生徒にこれら4種類のメタ認知方略を使ってテキストを学習させ，メタ認知方略を使うことによってテキストの理解が進んだかどうかを対話形式で話し合いました。このような訓練の結果，相互教授群の生徒の読解力は，普通の読解力をもっている生徒よりも優れたものとなりました。

　パリンサーとブラウン（Palincsar & Brown, 1984）の示した結果は，メタ認知を訓練することによって，生徒は自分の現在の学習や理解の程度を内省的に思考できるようになり，そのような自己内省的な思考が学習内容を深く理解することにつながることを示唆しています。

7.5　学習方略

7.5.1　学習方略とは何か

　私たちは，学校で学習した内容をしっかりと理解して記憶するために，さまざまな仕方で学習内容を処理します。学習方略は，このような記憶の仕方を中心に，問題解決の仕方やメタ認知をも含めたさまざまな学習の方法を含んだ概念です。辰野（2010）は学習方略を「学習の効果を高めることをめざして意図的に行う心的操作あるいは活動」（p.11）と定義しています。このことは，学習方略とは，単に記憶の保持効果を高めるための記憶方略だけでなく，学習一

126　　　第7章　知識の獲得と活用を理解する

般の効果を高めるための幅広い活動と考えられます。また，アメリカ心理学会の『APA心理学大辞典』（ファンデンボス（監修），2013）でも，学習方略は「学習を促進するために使用する，心理的あるいは行動的方略を意味するもの」（p.119）ととらえられており，これは学習活動全般にかかわる方略といえます。このことは，第3章でみた学習方法の中で効果的といわれた分散学習も，学習方略の一つとして理解できます。

　学習内容の理解や記憶の仕方は，これまでに説明した記憶の処理過程に基づけば，符号化と検索，ならびにLTMに関係します。符号化とはSTMからLTMへ知識を転送することでした。検索とは，LTMから知識を取り出すことでした。また，LTMは知識の宝庫として，学習内容の記憶・理解にかかわる貯蔵庫といえます。LTMはここで説明しましたので，以下では，学習方略として主に符号化と検索の仕方に焦点を当てましょう。

　符号化による知識の転送方法は符号化方略とよばれています。方略という難しい言葉が使われていますが，理解や記憶の方法あるいは仕方といった意味です。符号化方略には2つの方略が知られています。一つはリハーサル方略です。たとえば，いくつかの買い物の品物を覚えるために，「バナナ，リンゴ，ミカン，……」「バナナ，リンゴ，ミカン，……」と品物を繰返し暗記する方法です。他は，体制化方略として知られている方略で，たとえば「1192年に鎌倉幕府が開かれた」ことを「いい国つくろう，鎌倉幕府」と語呂合わせのように，意味を考えて1つにまとめて記憶する方法です。

　また，検索による知識の取り出しの方法は検索方略とよばれています。もっともよく知られている検索方略は，思い出すときに手がかりを利用して思い出す方法です。思い出すときによく利用する手がかりとして，学習したときの場面やテキスト，あるいは頭文字などがあります。さらに，最近では，記憶を定着させるための最適の方法として，学習内容を何度も繰返しテストすることが指摘されています（自己テストとよびます）。単にリハーサル方略を使って学習内容を何度も繰り返して覚えるよりも，少ない学習でも，学習した内容を何度も自己テストして確認することが，記憶量を増やす最善の方法といわれています。

7.5 学習方略

ところで，ワインスタインとメイヤー（Weinstein, C. E., & Mayer, R. E., 1986）は学習方略を人間の記憶活動で使用される記憶方略だけでなく，感情・動機づけ方略とメタ認知の方略も含めて説明しています。しかし，学習方略に感情や動機づけの方法を含めると学習方略の理解が広がり過ぎて，学習活動の意味が明確でなくなります。感情や動機づけは，学習を促進するための学習中の活動というよりも，学習に取り組むために前提となる心的な機能と考えられます。課題が好きで興味がある場合，当該の課題に積極的に取り組むでしょう。

では，記憶方略や問題解決方略などの認知方略とメタ認知方略とは，どのような関係でしょうか。認知方略は「覚え方」や「解き方」に基づく認知活動への直接的な介入方法を意味しています。つまり，認知方略は，学習時に学習材料を適切に処理するために呼び出されるものです。リハーサル方略や体制化方略は，認知方略の典型例です。それゆえ，認知方略を使用して学習材料を処理することは，学習活動の効果を促進することに直接的に関与します。これに対して，メタ認知方略は，たとえばある学習材料を解く場合に，「こちらの解き方が私にはあっている」「どこが分からないか説明する」，あるいは「解いた結果を振り返ってみる」といった，問題を解く場合のモニタリングやコントロールを意味しています。言い換えれば，メタ認知方略は，認知方略を適用して学習課題を記憶したり解いたりする過程や得られた成果を，モニター（チェックや評価）したりコントロールする（調整する）ことであるといえます。このことから，主体的な学習を行うためにも，認知方略もメタ認知方略もともに学習課題を処理する学習方略として位置づけられます。

7.5.2 学習方略の活用

学習者にあった学習方略を活用すれば，学習の効果が本当にあるのでしょうか。ここでは，学習方略として体制化方略と自己テスト方略による記銘促進の具体例，ならびにメタ認知方略による問題解決の促進例を紹介しましょう。

学習方略としての記憶方略の研究では，単純なリハーサル方略によるよりも，体制化方略による学習のほうが，記憶成績がよいとする研究報告が一般的です。単語の学習や長文の読解では，学習材料を統合し1つのテーマにまとめて覚え

128　　第 7 章　知識の獲得と活用を理解する

ることは，繰返し学習材料を読んで覚えるよりも，効果的な方略であることが知られています。もちろん，私たちが学習材料を記銘するときは，リハーサル方略と体制化方略の両方略を利用しています。どちらかの方略だけで記銘することは，まずないでしょう。ここでは，文章ではなく，絵や線画を使った体制化方略の研究を紹介しましょう。通常，絵や線画を材料にした体制化方略の研究は，文章で記述された学習材料のキーになる内容を示す絵や線画を作るように言われる条件（ここでは線画群とよびます）と，文章で記述された学習材料をそのまま学習するようにいわれる条件（統制群とよびます）との比較によって，体制化方略の効果を吟味します。線画群と統制群の比較では，一般的に線画群が統制群よりも学習材料をより多く覚えていたり，転移効果（学習材料とは異なる内容への適切な回答）も見られるといった結果が得られています（たとえば，Van Meter et al., 2006）。

　また，自分自身で何度もテストを実施することにより，学習材料の後の再現を高めることも，上記で指摘した通りです。たとえば，図 7.5 は，同じ学習時間が与えられたとき，学習材料を何度も繰り返して学習するリハーサルの群（SSSS 群；リハーサル群（4 回ともに学習））と，学習材料の内容を確認するためのテストに時間をかける検索練習の群（STTT 群；自己テスト群（3 回のテスト））の記憶成績を比較した結果を示したものです（Roediger & Karpicke, 2006）。図 7.5 の結果では，実験条件は 3 群からなり，リハーサル群（SSSS 群）と自己テスト群（STTT 群）に加えて，3 回の学習と 1 回のテストを実施する群（SSST 群）が設定されています。検索練習を行う自己テスト群は，学習直後（5 分後）の保持テストではリハーサル群と SSST 群よりも成績が悪いですが，1 週間後の保持テストでは両群よりもすぐれていることがわかります。

　メタ認知方略として，問題解決においてよく利用されるのは自己説明方略です。自己説明とは，問題解決や文章読解の課題において，学習者自身が自分にわかるように説明する学習活動です。自己説明方略とは，課題を理解するために，自分でさまざまな説明を作り出して課題に適用する学習活動といえます。自己説明方略はメタ認知方略として知られているので，問題を解決するときに

7.5 学習方略

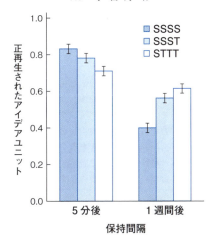

図 7.5 学習直後（5分後）と1週間後の3群の記憶成績の結果
(Roediger & Karpicke, 2006)

学習条件によって大学生を3群に分けました。SSSS群は文章材料を4回ともに読んで学習しました。SSST群は，同じ文章材料を3回読み，読んだ内容を最後に1回だけテストしました。STTT群は，同じ学習材料を1回読むだけで，読んだ内容をその後3回テストしました。3群ともに，学習時間（読みとテストの合計学習時間）は同じでした。それぞれの学習直後の5分後と1週間後に，学習材料の文章をどの程度覚えているかテストされました。覚えている文章の正解の程度は，アイデアユニット（文節等のまとまり）を単位にして採点されています。図から明らかなように，学習直後の5分後のテストでは，STTT群の成績はもっとも悪いですが，1週間後の成績は3群でもっともよい成績でした。学習時に，学習に加えて学習内容のテストを繰り返すことは，長期の記憶にとってもっとも有効です。なお，グラフのてっぺんにある縦棒は標準偏差（テスト得点のばらつき）を示しており，どちらの保持間隔においても，3群の間に違いはありませんでした。

直接役立つ方略ではありません。自己説明を行うことによって問題の理解が進み，結果として問題解決が促進するのです。

　メタ認知方略としての自己説明は，チー（Chi, M. T. H. et al., 1989）の力学の問題を大学生に解かせた結果を報告した論文を嚆矢としています。問題理解や解決に向けて自分で課題を説明することは，高校生や大学生でなければ，なかなかできないことです。そのため，自己説明方略を小学生に適用するケースは少ない状況です。多鹿ら（2007, 2012）は，小学生の算数文章題解決に自己説明方略を使いました。問題文そのものを与えて，それを児童に直接自己説明させることはできません。問題文をいくつかの解決ステップに区切り，各

第 7 章　知識の獲得と活用を理解する

表 7.1　理解を促進する 8 つの学習方略 (Fiorella & Mayer, 2015)

学習方略	学習方略の内容	効果量
要約	学習材料を要約する	0.50
概念地図を描く	概念地図や知識の地図を描く	0.62
図をかく	テキストの内容を反映した図をかく	0.40
イメージ化	テキストの内容を反映したイメージを描く	0.65
自己テスト	学習材料を自分で検索しテストする	0.57
自己説明	学習材料の意味内容を自分で説明する	0.61
教える	学習材料を他の人に説明する	0.77
実演	学習材料に適した操作を実行する	0.51

各学習方略の簡単な説明が学習方略の内容です。また，右端の効果量（d で表します）とは，それぞれの学習方略を使ったさまざまな研究で得られた効果の大きさのことです。フィオレラとメイヤーは，効果量の中央値（効果量を大きさの順に並べたときにまん中にくる値）が $d=0.40$ 以上の学習方略を，8 つの学習方略を選ぶ基準としています。$d=0.40$ 以上の効果量は，一般に教育的に意味のある値とされています。

　解決ステップを児童に説明させるようにしました。「この解決ステップの文の意味はどういうことですか」といった質問によって，わからない場合はどこがわからないかを説明させたのです。その結果，推論を使って説明するとき，問題を読んで解くだけの群に比べて，児童でも高い正答率を示しました。

　フィオレラとメイヤー（Fiorella, L., & Mayer, R. E., 2015）は，理解を促進する学習方略として，8 つの学習方略を紹介しています（**表 7.1**）。それらの学習方略は，学習者の主体的な学習活動に基づいて生成され，学習効果を高める学習方略であると指摘しています。**表 7.1** に示した 8 つの学習方略の中には，先ほど説明した絵や線画の方略，自己テスト方略，あるいは自己説明方略が含まれています。

参考図書

多鹿秀継（2010）．教育心理学　第 2 版――より充実した学びのために――　サイエンス社

フォスター，J. K.　郭　哲次（訳）（2013）．記憶　星和書店

太田信夫・多鹿秀継（編著）（2000）．記憶研究の最前線　北大路書房

御領　謙他（2016）．最新 認知心理学への招待　改訂版――心の働きとしくみを探る――　サイエンス社

ダンロスキー，J.・メトカルフェ，J.　湯川良三他（訳）（2009/2010）．メタ認知――基礎と応用――　北大路書房

OECD 教育研究革新センター（編著）篠原真子他（訳）（2015）．メタ認知の教育学――生きる力を育む創造的数学力――　明石書店

三宮真智子（編著）（2008）．メタ認知――学習力を支える高次認知機能――　北大路書房

ブラウン，P. C. 他　依田卓巳（訳）（2016）．使える脳の鍛え方――成功する学習の科学――　NTT 出版

辰野千壽（2010）．学習方略の心理学　第 2 版　図書文化

復習問題

1. 記憶の情報処理過程について簡単に説明してください。
2. 長期記憶における 3 つの記憶システムについて簡単に説明してください。
3. 自己説明とは何でしょうか。また，自己説明を使うことで，問題解決をどのように改善するのでしょうか。簡単に説明してください。
4. 学習方略とは何か，また学習方略の一つである自己テストについて簡単に説明してください。

第 **8** 章

認知の個人差と教育を理解する

> 本章では，学習者の認知の個人差として知能と認知スタイルについて学びます。また，認知の個人差を活かす授業の考え方として，ATI（適性処遇交互作用）を取り上げます。ATI は学習者の適性と学習指導法（処遇）の相性（交互作用）といえるものです。適性とは学習者の将来の成功に結びつく才能であり，学習者の適性にあった学習指導法を実施することで，学習効果を高めることができます。最後に，授業形態として，一斉授業，小集団授業，ならびに個別授業の特徴について説明します。

8.1 知能の個人差を理解する

8.1.1 知能とは何か

　学校では，一人ひとりの子どもの個性に応じた授業，子どもの個性を活かして育てる授業が求められています。個性とは，その人を特徴づける性質のことをいいます。それは個人に特有の性格や性質であり，個人の特性といってもよいでしょう。心理学では，個性という言葉よりも，個性の違いに焦点を当てた個人差という言葉をよく使います。個人差は個人が他の個人と区別される特徴や特性のことです。ここでは，学習と結びつきの強い知能の個人差について説明しましょう。

　ところで，知能の個人差というときの知能とはどのようなものなのでしょうか。それは，これまでの研究成果から 4 つに集約できます（肥田野，1970）。1つ目は，知能を個人の頭の中の記憶や思考の働きとしてとらえるもので，個人の高次の精神能力と考えられます。2 つ目は知能のとらえ方が少し広くなり，

個人の学習能力としてとらえるものです。それは学校の学習だけに制約されず，日常生活での学習も含みます。3つ目は，さらに幅広いとらえ方で，日常生活における適応能力を知能と考えるものです。これは，いろいろな環境のもとで生活していく能力です。これら3つの知能のとらえ方は一般的なとらえ方です。これに対して，4つ目の知能のとらえ方はそれら3つのとらえ方とは異なり，知能検査によって測定された結果を知能と考えるものです。確かに，知能検査は知能を測定するために開発されたテストであり，知能検査という知能の測定道具で測定された結果は知能を表しています。このような知能のとらえ方は，上で説明した個人の頭の中の思考力から環境への適応能力までの3つの一般的な定義（概念的定義とよばれています）とは異なり，操作的定義とよばれます。

8.1.2 古典的な知能理論

　古典的な知能理論は，知能がどのような内容（特性あるいは因子）で構成されているのかという，知能の構成概念を明確にする目的で研究されてきました。イギリスのスピアマン（Spearman, C.）は，因子分析という数学的分析方法を利用して，人間の知能の構成概念を最初に明確にしました（Spearman, 1904）。因子分析は，数多くの問題に共通する特徴をいくつかのグループ（因子）にまとめる数学的な手続きです。因子分析により仮定されたまとまりが知的な能力で，能力因子とか因子とよばれています。スピアマンは，知能は一般因子（g因子）と特殊因子（s因子）で構成されるとする知能の**2因子説**（gとsはともに小文字です）を提唱しました（**図8.1**）。図からも理解できるように，g因子が一般的な能力で，s因子は一般的な能力に含まれない特殊な能力を表しています。

　アメリカのサーストン（Thurstone, L. L.）は多くの知能検査を大学生に実施し，知能はスピアマンが考えたよりも多くの因子で構成されるとする**多因子説**を唱えました（Thurstone, 1938）。多因子は，空間，数量，言語，推理，知覚，記憶，言語の流暢性の7つの因子からなり，これらは基本的精神能力（primary mental abilities）とよばれています（**図8.2**）。サーストンの基本的精神能力の考えは今日では一般的ではありませんが，現在の多くの知能の理論

8.1 知能の個人差を理解する

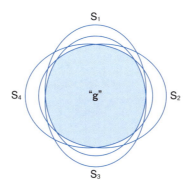

図 8.1　スピアマンの 2 因子説（ホーガン，2010）
図のだ円形はさまざまなテストを示しており，テスト（だ円形）の重なりが大きいほど関係が強いことを示しています。図をみると重なりが大きいですね。大きな重なりが中央の網かけの部分であり，g 因子（一般因子）とよばれています。g 因子に重ならないところが s 因子（特殊因子）です。スピアマンは，私たちの知能が g 因子と s 因子の 2 因子で構成されていると考えました。

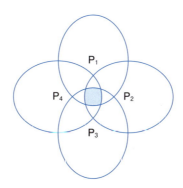

図 8.2　サーストンの多因子説（ホーガン，2010）
知能は一般因子（g 因子）と特殊因子（s 因子）で構成されるとしたスピアマンに対し，サーストンは知能を相互に独立のさまざまな因子（p で表現されています）で説明できると考えて，多因子説を主張しました。図 8.1 に比べて，図のだ円形の重なっている部分（網かけの部分です）が小さく，関係が弱いことがわかります。つまり，知能がそれぞれに独立した多くの因子で構成されていることを示しています。

の基礎を形成している考え方といえます。

　また，アメリカのギルフォード（Guilford, J. P.）は得られた多因子の心理学的な性質を検討し，知能のモデルを考えました（Guilford, 1967）。ギルフォードのモデルは**知性の構造モデル**とよばれています（図 8.3）。ギルフォード

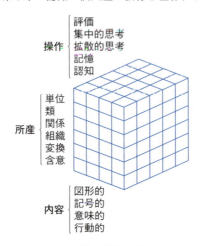

図 8.3 ギルフォードの知性の構造モデル（メイヤー，1983）
ギルフォードは，本文で説明したように，知的能力を 3 つの次元で構成されると理論的にとらえ，図のような立方体のモデルを考えました。これが知性の構造とよばれるモデルです。120 個の一つひとつが知能の因子であり，相互に独立しているととらえています。

の知性の構造モデルは，知能を 3 つの主要な軸（内容，操作，所産）の組合せによる過程ととらえました。たとえば「父：母＝男：？」のようなアナロジー（類推）の問題を考えてみましょう。このアナロジーの問題で得られる推理力は，関係性の意味を測定する問題です（正解は女です）。これが内容です。また，「父：母＝男：？」のアナロジーの問題は関係を推理する認知の能力をみているともいえます。これが操作です。さらに，「父：母＝男：？」のアナロジーの問題を解くことによって問題の関係がわかります。これが所産です。内容の軸には関係性の意味をはじめとしていくつかの要素があり，他の軸にもいくつかの要素があります。それらを組み合わせて 120 個の因子の知能テストを考えました。120 個の因子からなる知能テストは，4 つの内容（たとえば，記号や図などの要素）からなる問題を解くのに必要な 5 つの操作（たとえば，認知や記憶などの要素）を行って，それぞれ 6 つの所産（たとえば，関係や類（クラス）などの要素）を生み出すことから，$4 \times 5 \times 6 = 120$ となります。後にギルフォードは理論上 150 個や 180 個の知能テストを考えました。しかしながら，ギルフォードの考えは実証的な裏づけが明確でないとして，今日では取り

8.1 知能の個人差を理解する　　137

上げられることはあまりないようです（Willis et al., 2011）。

　さらに，アメリカのキャッテル（Cattell, R. B.）は，知能は流動性知能と結晶性知能の2種類で構成されるとしました（Cattell, 1963）。流動性知能は抽象的な推理や問題解決などを行っているときに呼び出される知能で，新しい問題や状況に対処する際に用いられる知能です。他方，結晶性知能は教育や経験を通して獲得された知能で，学習によって獲得された言語の知識を反映した知能といえます。

8.1.3　最近の知能理論

1.　多重知能理論

　アメリカのガードナー（Gardner, H., 2001）は知能を1つの一般的な知的能力からなるととらえるのではなく，いろいろな知的能力から構成されるととらえました。彼の多重知能理論は，脳損傷患者のデータをはじめとしたさまざまな分析に基づき，初期には知能を言語的知能，論理数学的知能，音楽的知能，身体運動的知能，空間的知能，対人的知能，および内省的知能という，7つの独立した知能からなると考えられています。言語的知能は本を読んだり文章を書いたりするときに使用する知能で，論理数学的知能は算数の問題を解いたり問題を科学的に解明するときに用いる知能です。音楽的知能は歌を歌ったり作曲することに関係する知能で，身体運動的知能は体を使うことに関係する知能です。空間的知能は，空間のパターンを認知して操作することに関係する知能です。対人的知能は人を理解したりつきあったりするときに使用する知能であり，内省的知能は自分を理解するときに使用する知能です。最近は，これら7つの知能に加え，さらに独立した知能が追加されているようです。

2.　成功するための知能理論

　アメリカのスタンバーグ（Sternberg, R. J., 1998）は，さまざまな知能の理論を展開しています。ここでは，それらの理論をもとにした成功するための知能理論（successful intelligence）について説明しましょう。

　スタンバーグは人の知能を考えるとき，人はさまざまな目標を達成するために，自分自身の強みを生かし弱みを修正して補い，人生で成功しようとすると

とらえています。このような人生で成功するための能力を，彼は成功するための知能とよんでいます。成功するための知能を発揮するために用いる知能としては，分析的知能，創造的知能，および実践的知能の3つがあります。分析的知能とは，問題を分析し，さまざまな思考を使って解決策を見出すときに用いる知能です。創造的知能とは，新しいアイデアを創出し，新たな考え方をつくるときに用いる知能です。実践的知能とは，現実社会で求められている問題を解決するために用いる知能です。これらの3つの知能を組み合わせてバランスよく能力を発揮するときに，幅広い課題に適切に対処できるとされています。スタンバーグは，このように知能をうまく用いて能力を発揮する人が人生において成功する，としています。

8.1.4 知能検査

知能を測定するために開発された知能検査は，歴史的にみると，1905年にフランスのビネー（Binet, A.）によってはじめてつくられました（ホーガン，2010）。パリ市の教育当局からの依頼を受け，ビネーは学校の授業についていけない子どもに補償教育を実施するために，シモン（Simon, T.）の協力を得て，そのような子どもを特定するためのテストとして知能検査を開発しました。ビネー式知能検査は，検査者と被検査者が1対1で行う個人式知能検査です。また，年齢ごとに知能検査の問題を特定し，検査を受ける人がそれらの問題に答え，ある一定の基準に達すると合格となります。こうして，その人が合格となる最高の年齢段階をその人の精神年齢（mental age）とよびました。精神年齢がその人の知能を表しています。ビネーは，精神年齢という概念を導入することで知能をとらえました。

その後アメリカをはじめとする他の国にもビネー式知能検査が紹介され，各国でビネー式知能検査の標準化がなされることとなりました。標準化とは，その国の規準に合うように改訂することです。わが国においても，ビネー式知能検査が改訂されたものが鈴木ビネー式知能検査や田中ビネー式知能検査として知られています。なお，アメリカのスタンフォード大学にいたターマン（Terman, L. M.）は多くの子どもや大人を対象に知能検査を実施してビネー式知

8.1 知能の個人差を理解する 139

能検査を改訂し，知能の表示方法として**知能指数**（intelligence quotient；IQ）という指数を採用しました。

個人式知能検査は，ビネー式知能検査のほかに，アメリカの心理学者ウェクスラー（Wechsler, D.）によって開発された WISC（Wechsler Intelligence Scale for Children。5歳から15歳用のウェクスラー児童用知能検査）や WAIS（Wechsler Adult Intelligence Scale。16歳以上用のウェクスラー成人用知能検査）がよく知られています（ホーガン，2010）。1939年に，ウェクスラーは，ビネー式知能検査のように，ある年齢の子どもがどの年齢の問題が解けるかによって知能を得点化した検査と異なり，言語性と動作性という2つの下位検査からなる知能検査を開発しました（後にこの検査は WAIS になりました）。言語性下位検査は，一般的な言語理解や計算を含む検査で構成されています。動作性下位検査は，見本に合うように絵図を完成させたり積み木模様を完成させるような検査で構成されています。ウェクスラーの知能検査はその後何度も改訂され，現在，日本では WISC-IV と WAIS-III がよく使用されています。

このような個別式の知能検査に対して，学校などで利用される知能検査は，知能検査を実施する検査者が1人（通常はクラスの担任）で，クラスの子ども全員を対象に一斉に検査を実施する**集団式知能検査**です。これは，もともとアメリカで第1次世界大戦に参戦する兵士を募り，集まってきた多数の人に一斉に実施する目的で開発された検査からなります。1917年にアメリカで開発されたこの集団式知能検査は，軍隊知能検査（army test）とよばれています。軍隊知能検査は，言語検査（アルファ検査ともよばれます）と非言語検査（ベータ検査ともよばれます）からなり，非言語検査は英語の読み書きのできない人に対して実施されました。

知能検査は，学習者の認知の個人差を知る上でそれなりの役割を果たしてきました。しかしながら，その後は知能指数（IQ）の高低のみがクローズアップされることとなり，学習者の認知の個人差を明確にするための検査という役割を失っていきました。

8.2 認知スタイル

8.2.1 認知スタイルとは何か

認知スタイルは知能と直接に関係するものではありません。しかし，記憶や思考の個人差の特性としての認知スタイルは，発達研究をはじめとして，これまで多くの研究がなされてきました（辰野ら，1973）。

『APA 心理学大辞典』（ファンデンボス（監修），2013）によると，認知スタイルとは「知覚，思考，記憶，問題解決における個人の特性のこと」と説明されています。すなわち，問題解決の場面で何らかの判断や意思決定をもとめられるとき，個人のとる比較的一貫した課題解決様式あるいは情報処理様式といってよいでしょう。『APA 心理学大辞典』では，個人のとる比較的一貫した課題解決様式あるいは情報処理様式を，記憶や思考などの個人の特性と表現しています。認知スタイルはまた，集団で行うことが好きか一人で行うことが好きか，視覚的処理が得意か言語的処理が得意か，といった認知の好みも含まれる幅広い概念です。このようなことから，認知スタイルは認知型とも認知様式ともよばれています。

8.2.2 認知スタイルの具体例

認知スタイルは，認知の個人差とパーソナリティ（一般には人格と訳されていますが，性格ともいわれています）の個人差を橋渡しし，個人の認知様式の特徴を示す概念として，これまでに数多くの研究がなされてきています（辰野ら，1973）。衝動型―熟慮型の認知スタイル，ならびに場依存型―場独立型の認知スタイルは，よく知られた認知スタイルです。以下では，衝動型―熟慮型の認知スタイルと場依存型―場独立型の認知スタイルについて説明しましょう。

学習者側の要因である認知スタイルの個人差を考慮して学習指導を行えば，学習者の学習成績の向上が期待できます。しかしながら，各教科の性質が異なるために，学習者の個人差の要因である認知スタイルの中から，各教科の学習に共通する認知スタイルとして評価できるものを見つけることは，たいへん困難であるといえます。また，認知スタイルのみを考慮した個人差の研究も少な

くなってきています (Ames, 1992)。

1. 衝動型—熟慮型

　衝動型とは，衝動的に認知課題に取り組み，頭に思いついたことをすぐに実行するタイプの人を意味します。言い換えれば，与えられた認知課題に対して，思いついた解答をすぐに答えるため，反応時間は短いが誤答の多いタイプの人と見受けられます。また，熟慮型とは，じっくりと考えてから行動するタイプの人を意味します。言い換えれば，与えられた認知課題に反応する前に，反応しようとする内容が正しいかどうかをよく考えるので，反応時間は長いが誤答の少ないタイプの人といえます。図 8.4 に示す MFF テストは，このような衝

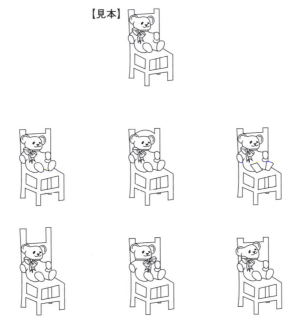

図 8.4　**MFF テストの一例** (Kagan et al., 1964)

MFF テストは見本合わせテストで，見本と同じ図形を選択するテストです。テストでは，見本と同じ図形を正しく選択する時間（正確には，初発反応潜時といっています）と，間違った図形を選ぶ誤反応数が測定されます。図形の選択時間（速い，遅い）と誤反応数（多い，少ない）の組合せに基づいて，熟慮型と衝動型を分類します。選択時間が遅くかつ誤反応数が少ないタイプが熟慮型であり，選択時間が速くかつ誤反応数が多いタイプが衝動型といえます。

動型—熟慮型の認知スタイルを測定するための工夫をして開発されたテストで，子どもの認知スタイルの個人差を測定するためによく使用されています（Kagan et al., 1964）。

2. 場依存型—場独立型

　場依存型とは，内部手がかり（たとえば，自分の考えに基づく手がかり）よりも，外部手がかり（たとえば，背景の環境の手がかり）に一貫して頼るタイプの人です（Witkin et al., 1967）。つまり，与えられた情報そのものをしっかりと分析することをせず，周囲の環境を比較的全体として処理するので，環境に影響されやすいタイプといえます。また，場独立型とは，外部手がかり（たとえば，背景の環境の手がかり）よりも，内部手がかり（たとえば，自分の考えに基づく手がかり）に一貫して頼るタイプの人です。つまり，背景の環境をより分析的にとらえ，与えられた情報を環境から切り離して処理する傾向が強いタイプといえます。正解となる情報（ターゲット図形とよびます）を埋め込んでいる複雑な図形の中から，そのターゲット図形を見つけだす課題（一般に，埋没図形検査とよばれています）などを使用して，場依存型—場独立型を測定することが多いようです。ターゲット図形を見つけだすまでの時間が短ければ，その人は場独立型とされ，長ければ場依存型とされます。

8.3 個性を活かす授業——適性処遇交互作用（ATI）

　本章の導入部でも述べましたが，最近の学校教育では子ども一人ひとりの個性を活かす授業が望まれています。教育心理学においても，子どもの個性と学習指導法との間にいわば相性のような関係があるという前提に基づいて，それが研究されてきました。子どもの個性を活かす学習指導を行うことによって，どの子どもにも学習内容が理解できるという基本的な学力を保障し，子どもに学習することの喜びを与えることができると考えられています。適性処遇交互作用（Aptitude-Treatment Interaction；頭文字をとって ATI と記述します）は，このような学習者の適性と学習指導の方法との相性といえます（並木，1997）。

8.3.1 適性処遇交互作用（ATI）とは何か

ATI の概念における適性（A）とは，適性検査にみられる適性のことです。適性検査は，器用さや言語能力など，個人が学問的成功や職業的成功を収めるためにどのような能力をもっているかを測定する検査です。そのため，適性とは将来成功を収める能力や技能を獲得することのできる才能といえます。学業に関していえば，学習指導によって学習結果に影響を与える認知能力やパーソナリティなどを適性と考えてよいでしょう。

処遇（T）とは，医学で用いられる治療と同じ英語の言葉を翻訳したものです。教育心理学では治療と訳さずに，処遇と訳しています。すなわち，学習の効果を生み出すことを目的とした適切な処置のことで，学習指導法を意味しています。

さらに，交互作用（I）は統計学の用語であり，適性要因（学習者の要因）と処遇要因（学習指導法の要因）という 2 つの要因からなる 2 要因の分散分析の検定結果でみられる交互作用を意味しています。要因とは操作の可能な条件といった意味で，操作の可能なさまざまな適性が考えられます。同じように，処遇要因も，研究で操作できるさまざまな学習指導法が考えられます。分散分析は，要因の違いを統計的に分析する方法の一つです。また，交互作用がみられるということは，学習者の要因と学習指導法の要因が異なった影響を受けていることを示しています。

このようなことから，ATI とは，学習者のもつ適性の違いによって，より効果的に学習できる指導法（処遇）が異なるという交互作用がみられることを意味します。以下の具体例で，ATI の基本的な考えをみてみましょう。

図 8.5 は，適性と処遇の理想的な ATI の結果を示した図です。ATI の図は，2 つの要因（学習者の要因と学習指導法の要因）を横軸とグラフ内の線分で表します。つまり，グラフの横軸には要因の一つである学習者の適性をとります。もう一つの要因である学習指導法は，グラフの中の 2 種類の直線で表します。グラフの縦軸は学習指導による指導効果（たとえば，テストの成績）です。学習者の 2 種類の適性と，学習指導の 2 種類の直線の交点を指導効果の縦軸から読みとります。

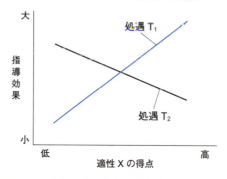

図 8.5　**ATI が認められた場合の結果**（多鹿，2010）

　では，図をみてみましょう。学習者のある適性（たとえば，空間知能よりも言語知能の優位な適性の学習者と，言語知能よりも空間知能の優位な適性の学習者）の言語群（A_1）と空間群（A_2）を横軸にとり，2種類の指導法である T_1（たとえば，講義による一斉授業）と T_2（たとえば，資料や図を多く提示するコンピュータを利用した授業）をグラフ内にとります。学習者の適性（A_1 あるいは A_2）と学習指導法（T_1 あるいは T_2）が交わったところのデータを読みとると，（A_1 と T_1）の交点は（A_1 と T_2）の交点よりも高い位置にあります。つまり言語群（A_1）は，T_2 よりも T_1（講義による一斉授業）で指導効果が高かったことを示します。逆に，空間群（A_2）は，T_1 よりも T_2（コンピュータを利用した授業）で指導効果が高かったことを示します。ATI の I（交互作用）は，図のグラフから理解できるように，グラフ内に描かれた2種類の学習指導法（一斉授業とコンピュータ利用授業）の直線が交差する現象を意味していることがわかります。このようなことから，言語知能の優位な学習者（A_1）には講義による一斉授業（T_1）を行い，空間知能の優位な学習者（A_2）にはコンピュータを利用した個別授業（T_2）を実施することにより，言語知能の優位な言語群と空間知能の優位な空間群のそれぞれの適性をもつ学習者にとって，高い指導効果が得られることがわかります。図 8.5 のような結果を得たときに，ATI がみられたといいます。

　ただ，適性と指導法とは，必ずしも図 8.5 のような関係を生み出すとは限りません。図 8.6 のように，グラフ内の2つの指導法の直線が平行しており，ど

8.3 個性を活かす授業——適性処遇交互作用（ATI）

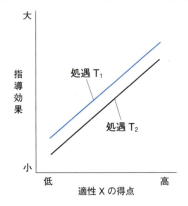

図 8.6 **ATI が認められない場合の結果**（多鹿, 2010）

図 8.5 は ATI が認められた場合の結果を示し，図 8.6 は ATI が認められなかった場合の結果を示します。ATI が認められるか認められないかは，図からわかるように，ATI の I（交互作用）がみられるかどうかにあります。I（交互作用）があるときは，図 8.5 のようにグラフの直線（T：学習指導法）が交差します。I（交互作用）がみられないときは，図 8.6 のように 2 つの直線（T：学習指導法）は平行しています。交互作用が認められたかどうかは，たとえば指導効果として得られたテスト得点にもとづく統計的な分析によって，確認することができます。

の適性をとってみても学習指導の効果のレベルは T_1 の指導法で高いような場合もあります。このような結果は，適性と処遇の交互作用が認められていないことを意味し，適性と処遇の主効果がそれぞれ認められただけです。適性の主効果とは，ある適性のグループの学習者が他の適性のグループの学習者よりも指導効果が高いことを意味しています。また，処遇の主効果とは，処遇 T_1 のほうが処遇 T_2 よりも指導効果が高いことを意味しています。このような結果は ATI が認められていないことであり，適性と学習指導法の相性がよいとはいえません。

8.3.2 適性処遇交互作用（ATI）の具体例

ここでは，フェレッチら（Ferretti, R. P. et al., 2000）の研究を紹介しましょう。彼らの研究は，小学 4 年生と 6 年生を対象にした ATI 研究といえます。適性として学習障がいの有無による 2 群を構成しました。小学 4 年生と 6 年生という学年も，発達による認知の差異を示す適性といってもよいかもしれませ

ん。また，相手を説得する作文を書くための学習指導法（作文指導法）として，説得的な作文とはどのようなものかという目標を教示した一般的な作文指導と，どうすれば相手を説得できるかについていくつかの下位目標を示し，その中で順序立てて議論を展開し，最終の説得的な作文の目標に導く精緻化した作文指導の2種類の指導法を用いました。小学4年生と6年生に，このような適性と指導法を組み合わせることで実験を実施した結果，学年と学習障害の有無にATIがみられました。すなわち，4年生の学習障がい児は2つの指導法に違いはみられませんでしたが，6年生の学習障がい児では，精緻化した作文指導を受けたほうが一般的な作文指導を受けた場合よりも，より説得的な作文を書きました。学習障がいのない4年生と6年生は，ともに精緻化した作文指導を受けたほうがより説得的な作文を書きました。

　このように，学習者と学習指導法に相性があることがわかりますが，実際の授業場面において，どのような適性とどのような指導方法の相性がよいのでしょうか。これに関しては，必ずしも一致した結果は得られていません（Cronbach & Snow, 1977）。というのも，学習者個人にはさまざまな適性があるため，1つの適性といわば相性があう指導法が見出されたとしても，他の適性がネックとなってその方法を用いて指導効果を高めることができるかどうかはわかりません。先ほどの例で示した言語知能の優位な学習者と空間知能の優位な学習者で指導方法との間にATIがみられたとしても，それはたとえばテスト不安の傾向が低群の場合であって，テスト不安の高群では交互作用の傾向が逆転し，言語知能群がコンピュータ利用授業と相性がよく，空間知能群は一斉授業がよいという結果が得られるかもしれません。つまり，まったく別の交互作用（2次の交互作用）が得られるかもしれないのです。このようなことが，ATIの概念を複雑にしているといえます。最近は，それゆえATIの研究が少ない傾向がみられます。

　では，ATIは幻想にすぎないのでしょうか。そうではありません。先生は，授業についていけない子どもに対して，その子どもの能力が低いためと烙印を押すのではなく，先生の授業方法と相性があっていないのかもしれないと考えることが必要なのです。他の学習指導法を工夫すれば，子どもの理解力が増す

かもしれません。

8.4 授業形態

　教室では，先生が教室に集まっている子どもたちに授業を行います。その場合，授業形態とは，教室に集まっている子どもたちをどのように構成して授業を進めるかという授業の運営方法といえます（細谷ら，1990）。基本的には，教室に集まっている子どもに先生が同じ教材を用いて同じペースで指導する一斉授業，教室の子どもを 4〜6 名程度の少人数のグループに分けて指導する小集団授業，および子ども自身のペースに従って授業を展開する個別授業に分けることができます。通常の授業では，一斉授業を基本とするが，ある質問を契機に小集団授業を取り入れて授業を展開することも多く見受けられます。あるいは，複数の先生がチームを組んで，学習者の学習到達度の違いに対応して授業を実施することもあります。以下では，一斉授業，小集団授業，および個別授業の特徴について説明しましょう（多鹿，2010）。

8.4.1 一斉授業

　一斉授業とは，教室に集まったすべての子どもに対して，先生が同じペースに従って同じ教材の内容を教授する伝統的な授業方法で，「講義法」とよばれることもあります。一斉授業では，先生は教室にいる 30 名前後の子どもとやりとりをしながら，全員を指導していきます。限られた時間の中で，多くのまとまった人数の子どもを教授しなければならないとき，同じ教材の内容を同じペースで子どもに教授する一斉授業は，先生の負担を減らし，かつ子どもの学習効果を高めるものと考えられます。

　先生にとって，一斉授業のメリットは，まず先生の主導で同じ教材の内容を同じペースですべての子どもに同時に伝達できることにあります。この点において，教材を用いて計画的に教えようとする先生にとって，一斉授業は効率的な学習指導といえます。また，先生は教材に含まれる知識を伝えるだけでなく，さまざまな価値観や態度までも，教室に集まったすべての子どもに分け隔てな

く指導できます。さらに，先生は教材の内容を効率的に伝達できるために，個別指導に比べて，学習指導の時間を大幅に節約できます。加えて，先生の指示によって，子どもの学習活動を一斉にコントロールすることも容易にできます。場合によっては，発問を通して，子ども同士でやりとりをさせる時間を十分にとり，効果的に一斉授業を進めることも可能となります。

　一方，子どもにとっても，一斉授業はプラスの面があります。たとえば，先生が一斉授業における発問を適切にデザインすることができた場合，子ども相互に刺激を与え，さまざまな子どもの多様な考えを授業に反映することができるでしょう。3.3.4 で述べたオーズベルの有意味受容学習は，通常一斉授業の形態をとっています。有意味受容学習では，先生は言語を媒介にして，学習すべき大量の情報をスキーマに取り入れやすいように工夫することを子どもに求めます。先行オーガナイザを与えることはその一例です。その結果，子どもは自分のもっている既有のスキーマに，先生から伝えられた情報を適切に取り入れることが可能となります。

　一斉授業のデメリットは，メリットの裏返しとして存在します。もっとも大きな問題としては，同じ教材を用いて同じペースで一斉に授業をするということは，先生は子どもの理解レベルを軽視して一方的に授業を進めることとなりがちな点があげられます。結果として，子どもは授業内容がわからなくなり，授業に主体的に取り組まなくなる事態が生じるという可能性を指摘することができます。つまり，先生の行う一方的な授業によって，子どもは学習内容を主体的にスキーマに取り入れることをせず，受動的に学習することが生じるかもしれません。近年わが国でよく聞かれるようになったアクティブ・ラーニングとは逆の受動的な学習として，一斉授業はとらえられるのかもしれません。アクティブ・ラーニングとは，主体的で積極的に学習課題に取り組み，学習者のスキーマに知識をしっかりと根づかせる学習を意味します。そのため，一斉授業においても有意味受容学習のような工夫をすることによって，子どもを主体的な学習者に育てることが期待されます。

8.4 授業形態 149

8.4.2 小集団授業

小集団授業は，教室内の子どもを 4～6 名程度の少人数のグループに分け，同じ教材をそのグループごとに提示してグループで討論させる授業方法です。小集団授業は教室内の子どもを小集団に分けることから，「分団授業」ともよばれています。教材をより深い水準で理解させるために，一斉授業を実施している途中で，小集団授業を部分的に取り入れて実施することも多く見受けられます。

小集団授業は，先生よりも子ども側にメリットが多いようです。たとえば，小集団にわかれた子どもが問題解決に関するアイデアをさまざまな角度から出しあって討論を行うことができます。また，すべての子どもが主体的に授業に参加しているという意識をもつことも期待できます。文科省の推奨するアクティブ・ラーニングでは，小集団授業による子どもの主体的・対話的な授業への取組みを指摘しています。小集団による問題解決型の授業を通して，子どもは主体的・対話的に授業に参加することが求められます。第 3 章でふれた仮説実験授業にみられるような問題解決型の授業は，小集団授業の例として知られています。

一方，小集団授業のデメリットとしては，グループによる授業を優先することにより，討論が誤った方向に向かった場合の軌道修正が難しく，またグループのリーダーの意見に左右されやすい点を指摘することができます。それゆえ，小集団授業を適切に実施するためには，授業を運営する先生の力量が問われることとなるでしょう。アクティブ・ラーニングにみられる小集団授業をデザインすることは，先生に多くの試練と準備を必要とします。以下で説明するバズ学習とジグソー学習は，小集団授業として成功している一例です。

バズ学習は，小集団で子どもがいろいろと討論しながら教材内容を学習する方法です。バズ学習の「バズ」とは，ハチが飛ぶときや機械が動くときに立てるブンブンうなる音や，人が話すときのガヤガヤした声を意味する英語です。バズ学習は，その討議中におこる「ワイワイ，ガヤガヤ」としたやり取りを形容して名づけられたものです。バズ学習は，通常 6 名程度までの小集団で構成され，教材の内容について 6 分間意見交換します。その後，その結果をもち寄

150 第8章 認知の個人差と教育を理解する

って全体で討議する授業形態（バズセッションとよんでいます）をとります
（伊藤, 1999）。

　また, ジグソー学習は, ジグソーパズルを組み立てることを基本原理として
考案された小集団授業の学習方法です。教室内の競争的雰囲気を低減し, お互
いに協同し, お互いを情報源として学習する工夫が凝らされています（Aron-
son et al., 1978）。ジグソー学習では, 学級のメンバーを5～6名の小集団
（グループ）に分けます。また, 各グループの一人ひとりの子どもが教材（単
元）のパート（部分）を責任をもって学習できるように, 単元をいくつかのパ
ートに分割します。たとえば, 1つの学習単元を5つに分割するようにします。
5つに分割された単元の1つのパートを各小集団の中の1人のメンバーが責任
をもって学習し, それをグループの残りのメンバーに教授します。このように
して, 分割された単元の各パートを, グループの一人ひとりが責任をもって学
習し, それをグループの残りのメンバーに教授します。つまり, 各メンバーの
誰もが一度は教師役を担い, メンバーの他の子どもに学習内容を伝えることに
なります。ジグソー学習は, 子ども相互が教師役と聞き役を担いますから, 相
互教授の方法といえます。パリンサーとブラウン（Palincsar, A. S., & Brown,
A. L., 1984）は, ジグソー学習とメタ認知を組み入れた相互教授法を工夫し,
子どもの読解力を向上させました（7.4.2を参照のこと）。

8.4.3 個別授業

　個別授業は子どもの個性・個人差に着目した授業です。つまり, 学級集団の
メンバーとして授業に参加する子ども一人ひとりの個性・個人差に着目して,
それぞれの子どもにあった指導を実施する授業のことです。

　わが国の場合, 40名ほどの多数の子どもをかかえる1つの学級の中で, 子
どもの個性・個人差に注目して個別授業を行うためには, ATIの概念をもちだ
すまでもなく, さまざまな要因を考慮しなければなりません。一人ひとりの子
どもは, 個人差のみられる個性的な存在です。たとえば, 学習到達度の高い子
どももいれば, 低い子どももいます。学習への取組みの意識が高い子どももい
れば, それほど高くない子どももいます。また, テスト不安の高い子どももい

れば，低い子どももいます。

　多くの子どもをかかえているこのような教室の中で，当初の授業目標を達成するためには，先生は子どもの個性・個人差を理解して，それに対応した学習指導を工夫する必要があります。子どもの個性・個人差に着目したこのような個別授業による学習形態は，学習指導の最適化をめざした授業といえるでしょう。授業方法の多様化や子どもの個性を活かす授業が強調される今日的な状況においては，授業の最適化をめざす個別授業はその重要性を増しています。オープン・エデュケーションやコンピュータを利用した授業は個別授業をめざした授業の一例といえます。

　オープン・エデュケーションは，通常の制度化された学校教育の枠組みの外で，子どもの自主性や主体的な活動に基づく教育実践を意味しています。イギリスの「インフォーマル・エデュケーション」とよばれる教育活動に起源を発し，その後それがアメリカに紹介され，「オープン・エデュケーション」と命名され実践されるようになりました。

　オープン・エデュケーションの特徴や形態は，それぞれの学校において千差万別です。しかしながら，オープン・エデュケーションには共通した特徴もみられます。通常，オープン・エデュケーションは，オープン・スペースとよばれる通常の教室よりも広い空間を活用して多様な教材や教具を利用し，教科間の壁をなくした主体的な個別学習を実践しています。教師も，ボランティアの人とチームを組んで授業を実施することもあります。

　また，個別授業に寄与する目的で，コンピュータをはじめとするさまざまなテクノロジーが利用されています（メイヤー，2013）。最近はタブレット型端末をはじめとして，最新のテクノロジーを使用する授業も徐々に増えてきました。個別授業の観点から，授業で使用するテクノロジーの基本的な役割は，一人ひとりの子どもの学習活動を活性化し支援することといえるでしょう。子どもの学習を活性化させるためには，子どもは学習内容を理解しなければなりません。学習内容の理解を促進する目的で，テクノロジーは使用されます。言語だけで伝達される複雑な問題でも，コンピュータや映像を使ってさまざまな角度から視聴覚にわかりやすく提示することで，当該の複雑な問題の理解も進む

でしょう。

　さらに，テクノロジーを利用することは，特定の学習活動の一時的な支援ではなく，子どもが将来にわたって「自ら考え，学び，自立する」ことのできる活動への支援に結びつくことが重要です。このことは，学校教育においてテクノロジーを利用する目的は，単に子どもの教材への興味関心を高めることにあるのではなく，知識獲得や学習の理論を背景にして，子どもの将来にわたる主体的な学習を促すことにあることを自覚しなければなりません。

　学校教育におけるコンピュータ利用の仕方は，基本的には，子どもが「コンピュータで学ぶ」，教師が「コンピュータで教える」，あるいは「コンピュータを教育の営みの道具として使う」の3点を指摘できます。しかしながら，それらに加えて，小学校段階から論理的思考力の育成をめざす観点から，「コンピュータのプログラミング教育」の授業が新たに導入されようともしています。今後，コンピュータを含めたテクノロジーの教育利用の効果を実証するための研究を，さらに丁寧に実施することが求められます。

　なお，ネットワークに接続されたコンピュータを利用した授業は，個別授業だけでなく，協調学習のような小集団授業にもみられます。協調学習では，授業目標の達成をめざして，インターネットを利用しながらグループで議論する学習形態に多くみられます。

参考図書

ホーガン, T. P. 繁桝算男他（訳）（2010）. 心理テスト――理論と実践の架け橋――　培風館

鈴木ビネー研究会（編）（2007）. 改訂版　鈴木ビネー知能検査法　古市出版

多鹿秀継（2010）. 教育心理学　第2版――より充実した学びのために――　サイエンス社

並木　博（1997）. 個性と教育環境の交互作用――教育心理学の課題――　培風館

米国学術研究推進会議（編著）ブランスフォード, J. 他（著）森　敏昭・秋田喜代美（監訳）（2002）. 授業を変える――認知心理学のさらなる挑戦――　北大路書房

三宅なほみ他（編著）（2016）. 協調学習とは――対話を通して理解を深めるアクティブラーニング型授業――　東京大学出版会

多鹿秀継（編著）（1999）. 認知心理学からみた授業過程の理解　北大路書房

復習問題

1. スピアマンの2因子説について簡単に説明してください。
2. WISC とはどのような知能検査ですか。説明してください。
3. 適性処遇交互作用（ATI）とは何でしょうか。説明してください。
4. ジグソー学習について説明してください。

第 9 章
学習の動機づけを理解する

意欲ややる気を高めることは，ふつう教育では無前提によいこととされています。しかし，それは本当に正しいことでしょうか。意欲ややる気と似た言葉に動機や動機づけがあります。これは，意欲ややる気と同じ意味でしょうか。また，もし同じならば，意欲ややる気を高めるにはどうしたらいいでしょうか。とくに，やる気が下がってしまったり，無気力になったりした人のやる気を引き出すにはどのようなかかわりが大切でしょうか。本章では，子どもの心の性質を動機づけの観点から理解しつつ，子どもと向き合うことの大切さを伝えたいと思います。

9.1 動機づけとは何か

9.1.1 動機づけの定義

心理学でいう**動機づけ**（motivation）は，意欲ややる気とは必ずしも同じではありません。動機づけは，行動が開始され，持続するプロセス（過程）をさします（図 9.1）。

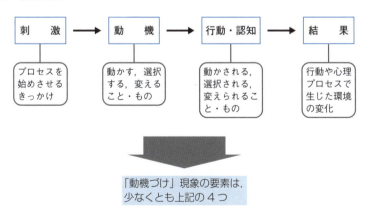

図 9.1　「プロセス」としての動機づけとその要素

図 9.2 動機づけの循環プロセス
ふつう，動機づけは単方向のプロセスと考えられますが，実際にはこのような循環プロセスも少なくありません。

動機づけの機能としては，行動や心の活動を，①開始し，②方向づけ，③持続し，④調整する，ことがあげられます。

したがって，たいていの人の行動は動機づけが関係するといっても決して言い過ぎではありません。また，動機づけは必ずしも直線的な方向ばかりで進むとも限らず，循環的プロセスで進むこともあります（図 9.2）。

9.1.2 動機づけの特徴――目標志向的な心理プロセス

動機づけの特徴は上記のように複数ありますが，ここでは，②の方向づけについて，もう少し検討してみましょう。

特定の目標に思いや行動が向かうことを志向性とよびます。つまり，動機づけには目標志向性という特徴があります。さらに，ここでいう目標志向性は，少し限定的です。つまり，報酬を求め，罰を避けること（正の目標に接近し，負の目標を回避すること）という言葉に集約されるものとして，動機づけは考えられているのです。

ここで負の目標というのは，見なれない言葉だと思いますので，補足しましょう。負の目標とは，なりたくない自分の状態や，欲しくない刺激のことをさします。それゆえに，負の目標は，罰とほぼ同義と考えられます。

この報酬を求め，罰を避けることは，動機づけの一番基本的な原理の一つです（図 9.3）。たとえば，「食べたい→食べる→食欲が満たされる」という動機づけの行動を考えると，これは正の目標への接近と考えられます。次の例は，負の目標の回避と考えられます。「テストで赤点をとりたくない→勉強する→追試を免れる」。

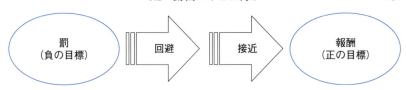

図 9.3　動機づけの接近と回避の原理

9.1.3　動機づけと動機

　動機づけは誤解されやすい概念の一つです。その中でも，とくに重要で勘違いされやすいことは，動機と動機づけを同じものとみなすことです。これらの言葉は日常では同じに扱ってもいいでしょう。また，動機づけは，やる気，意欲，性格（やる気のある人），パーソナリティ，特性，のように限定的にみなされやすいのです。しかし，動機づけを「プロセス」と定義したとき，動機づけと動機は同じではありえません。

　やる気や意欲は，「動機」にあたるもので，動機は動機づけの一部にすぎません。では，動機とは何でしょうか。**動機**（motives）とは，動機づけプロセスを始める原因の総称です（Reeve, 2014）。

　また，やる気・意欲は，時々 volition と英訳されることがありますが（たとえば小西ら，1994），元来 volition とは「自由意志」のことです。やる気や意欲は自由意志ともちろん関係がありますが，同義ではありません。自由意志とは，他者に強制されずに何かを実行すると決めることそのものです。しかし，やる気や意欲は，外から押しつけられて高められることも多いのです。ゆえに，やる気や意欲は自由意志ではなく，volition という訳は誤訳です。

　さて，動機にもどると，動機とは基本的には動機づけプロセスを始めるきっかけに過ぎません。それに対して，動機づけとは，個人内の動機要因と個人を取り巻く環境要因によって，多様に変化する現象だと考えられるでしょう。

　もう少しくわしく説明すると，動機とは，動機づけプロセスを生じさせて持続させる，個体内要因の総称です。それには，要求，欲求，認知，情動などの変数（さまざまな事柄）が含まれます。

158　　第9章　学習の動機づけを理解する

9.2 教育心理学での動機づけの考え方

　さて，動機づけを行動や心のプロセスとしてみるなら，人の生活に関するさまざまな多くの事柄が動機づけと関係することになります。それでは広すぎるので，教育心理学では，社会的行動への動機づけの発達，学習の動機づけと支援をみるのが一般的です。前者では，たとえば高齢者の道路横断を助けるといった自分以外の人への社会的な支援行動にみられる向社会的行動を扱い，後者は文字通り学習の動機づけを扱います。本章では，後者のみを扱うことにします。

　学習の動機づけを考える際に重要になるのは，やはり動機の部分です。これによって人は行動を選択し，実行に移すからです。この動機には複数の種類が考えられますが，本章では主に認知的変数を取り上げます。ここでいう認知とは，物事に対する信念や，一時的な態度，見方をさします。

9.2.1　期待×価値理論

　期待×価値理論は，認知的な動機づけ研究の中心理論です。この期待や価値は，次のように定義できます。

　期待とは，行動によって目標に到達する可能性に関する個人の推測（「目標に到達する主観的確率」とよびましょう）です。これも，目標に正の目標や負の目標があったように，正の期待と負の期待があります。正の期待とは目標に到達できる場合の主観的確率です。それに対して，負の期待とは，目標に到達できない場合の主観的確率です。

　また，価値とは，目標とすることへの主観的価値づけです。たとえば，100点満点のテストで90点とれたとしても，その点数をとれたことがとても意義がある場合もあれば，「100点でなければ意味がない」と思ってしまうこともあるでしょう。前者の場合は価値づけが高く，後者の場合は価値づけが低いことになります。

　価値づけにも正の価値づけと負の価値づけがありますが，これは正の目標と負の目標にほぼ対応しています。

よって，期待×価値理論によれば，動機づけは，目標に対する正の期待が高く，正の価値づけが高い場合に，より高くなることになります。たとえば，「勉強すれば成績が上がると思う」から「勉強する」のですし，「成績が上がるのはうれしいと思う」から「勉強する」のです。

このような期待と価値を乗じたものが動機づけを決定するという考えを，期待×価値理論とよびます。実際には，期待×価値理論にはさまざまな種類があります。中でも，次にあげるモデルは現在，その代表格といえましょう。

9.2.2 期待—価値モデル

ここでは，期待—価値モデルの中からウィグフィールドとエックレス (Wigfield, A., & Eccles, J., 2000) のモデル (**課題価値モデル**) を紹介します。

彼らのモデルの特徴は大きく分けて2つあります。一つは，価値や期待に影響する膨大な要因をモデルに組み込んでいる点です (図 9.4)。これは，価値や期待が単独で存在するわけではなく，学習者の社会化に伴って発達するものととらえていることを意味します。このことは，価値や期待がどこから現れる

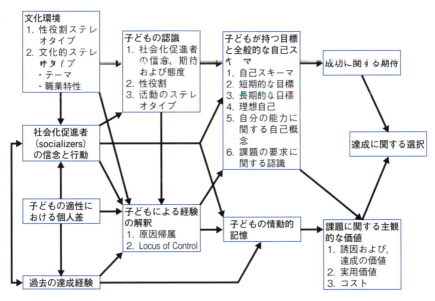

図 9.4 **課題価値モデル** (鹿毛，2004)

のかを示しており，発達や学習を考える際に重要な足がかりとなります。

2つめの特徴として，価値を複数に分類していることがあげられます。具体的には，次の4つの課題価値が考えられています。

1. 達成価値（課題をうまくやることの自分にとっての重要性）。
2. 内発的価値（課題遂行から引き出される喜びや課題に対する興味）。
3. 利用価値（現在あるいは将来の重要な課題との関連性）。
4. コスト（課題を行うときに感じる不安，成功・失敗に伴う恐怖，必要な努力，失われる機会などの否定的側面）。

この課題価値の発達についてみた研究によれば（Eccles-Parsons et al., 1983；Wigfield & Eccles, 1992），小学校低学年では，興味および有用性と，重要性を区別できます。そして，主に興味に従って課題を選択します。興味は長く続かないので，個々の活動は短期間で終わります。この点は，後の項（9.2.6）の「興味」と関係があります。

それが小学5年生以上では，次のように代わります。まず，達成価値，内発的価値，利用価値を区別して使うようになります。そして，安定した自己や長期的な目標や計画をもつようになります。その結果，子ども自身にとっての利用価値の意義が以前と比べて大きくなります。

また，期待—価値モデルの検証としては，6〜18歳の縦断研究で，以前の成績の影響を取り除いて分析したところ，生徒の能力信念が，複数の教科（数学，英語のリーディング，スポーツなど）の成績を強く予測することがわかりました。一方，価値は能力信念のような期待概念を媒介として達成行動の選択等に間接的に影響していました。エックレスらの研究（Eccles et al., 1998）によれば，高校で数学や物理の授業を選ぶ理由として，利用価値がその要因となっていることが示されていますが，その関係はかなり弱いものでした。この結果の解釈として，ウィグフィールドら（Wigfield, A. et al., 2002）は，性差が明確にあることが原因だとしています。つまり，男子のほうが女子よりも，教科選択の理由として利用価値が影響しているというのです。

このことから，今後は動機づけの性差についてより検討する必要があるでしょう。

9.2.3 自己効力

自己効力は，期待の一種ですが，かなり特殊な期待です．まず，自己効力は，目的―手段関係を前提とします．つまり，ある手段を使えば目的が果たせると思うとき，「その手段を使うことができる」という期待をさします．

自己効力を提唱したバンデューラ（Bandura, A., 1977）は，他にも期待概念を取り上げています．期待概念は結果期待と効力期待に分けられます．まず，結果期待とは，（一般に）ある手段を使えば目的が果たせるという期待をさします．それに対して，効力期待は，自己効力とほぼ同じことで，「（私は）その手段を使うことができる」という期待をさします．結果期待と効力期待の関係を図 9.5 に示しました．

結果期待と自己効力について，具体的に考えてみましょう．たとえば，学校でもうすぐマラソン大会が行われるとします．「早起きしてランニングを続ければ，マラソン大会で順位が上がる」と思う，というのは結果期待に当たります．しかし，「早起きしてランニングをするのは無理」と思ってしまうのは，自己効力に相当します．この場合は，自己効力が低いために，実際に行動，つまりランニングをしないので，マラソン大会で順位は上がらないことになるでしょう．

では，自己効力を高めるにはどうすればよいでしょうか．その方法として，バンデューラ自身によって，次の4つが提案されています．

1. モデリング
2. 自己教示，説得
3. 自己モデリング
4. 不安や緊張を下げる

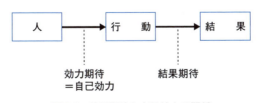

図 9.5　結果期待と自己効力の関係

162　　　第9章　学習の動機づけを理解する

　1や4は説明不要かと思いますので，ここでは2と3について説明しましょう。自己教示や説得とは，文字通り，自分に対してできることを言い聞かせて自分の誤った信念（つまり「できない」という信念）を代えようと努力することをさします。もちろん，その導入期には教師やカウンセラーなどの介助が必要でしょう。3の自己モデリングとは，自分の行っている動作を注意深く観察して，それを丁寧に修正しながら実行してみることをさします。これには，もちろんメタ認知，とくにモニタリングの技能が必要です。そのために，自己教示と同様に，最初は熟達者の介助が必要でしょう。

　このような自己効力の高低が，それに続く行動に影響することを利用した研究は数多く行われています。ここでは，シャンクの研究（Schunk, D. H., 1981）を取り上げます。

　この研究の対象は，割り算が苦手な小学生56名（平均9歳0カ月）です。介入の手続きとしては，まず割り算の自己効力を測定します。次に割り算の事前テストを実施します。次に，算数の訓練を2群に分けて実施します（モデリング群と教科書群）。教科書群とは，適切な割り算の方法が書かれた教科書をただ読ませるグループです。そして，介入手続きの後に，割り算の自己効力をもう一度測定します。最後に，事後テストを実施します。この研究の結果，割り算の訓練後の自己効力が，事後テストの割り算の正確さを予測しました。したがって，割り算の自己効力が高いほど，割り算のテストの点が高くなったのです。

　この研究でいえることは2つです。一つは，自己効力を高めることが，手段的行動を促進し，結果としての成績をあげることにつながることです。もう一つは，自己効力は，ただ文章を読めば高まるものではなく，たとえばモデリングのように，実際の行動を観察することが大切だということです。

9.2.4　達 成 目 標

1. 達成目標理論とは

　達成目標理論の大枠は，達成場面で人が設定する目標が，行動や感情に影響する，というものです。したがって，目標内容が異なれば，行動や感情も変わ

ることになります。

では，目標の内容にはどのようなものがあるでしょうか。目標の内容は一人ひとり異なるのが自然ですが，煩雑さを避けるために，達成目標理論では2〜4つの目標を取り上げます。とくに，研究の初期では2つの目標を検討し，最近では3つあるいは4つの目標を検討しています。

また，達成目標は，ただの目標ではなく，有能さに関する目標です。つまり「できる」ことに大きな価値づけをして，できることがその人の自尊感情を高めたり維持したりするという暗黙の前提があります。

ただし，一口に「有能さ」といっても，関係する目標はさまざまでしょう。そこで，達成目標理論では，まず，2つの目標を扱いました（Ames, 1992；Nicholls, 1984；Dweck, 1986）。一つは「有能になる」という目標で，熟達目標とよばれています。他の一つは「有能だと判断される」という目標で，遂行目標とよばれています。

2. 達成目標の名称や内容

上で熟達目標と記した目標は，実は研究者によって用語や訳語がバラバラで，現在でも統一されていません（mastery goal；learning goal；マスタリー目標，学習目標，習熟目標，習得目標等）。ここでは，訳語の一つとして熟達目標を選びましたが，他の訳語を否定するつもりはありません。

熟達目標の中身をもう少し具体的に説明すると，努力し，能力を伸ばすこと，となります。もう一つの遂行目標（performance goal）は，訳語の問題はほとんどありません。この目標の元々の意味は，能力が高いという判断を得て，低いという判断を避けることです。このように，遂行目標の内容は2つの目標を合体させたようなものです。その後，理論の改訂で，2つの目標に分けられることになります。

3. 多 目 標 説

達成目標理論が提唱されてから10数年が経過すると，その後の研究者たちは，2つより多くの目標を提唱するに至りました（Elliot & Church, 1997；Pintrich, 2000 など）。とくにエリオット（Elliot, A. J.）らは，接近―回避と個人内―相対の2つの基準の組合せで4つの目標を提唱しました（表9.1 を参照）。

第9章　学習の動機づけを理解する

表9.1　4つの達成目標

有能さの基準	接近への注目	回避への注目
個人内基準 （個人内評価）	課題の熟達，学習，理解に注目。 自己の成長，進歩の基準や，課題の深い理解の基準を使用。 【熟達―接近目標】	誤った理解を避け，学習しなかったり，課題に熟達しないことを避ける。 課題を正確にできなかったかできたか，よくない状態ではないかという基準を使用。 【熟達―回避目標】
相対基準 （相対評価）	他者を優越したり打ち負かすこと，賢くあること，他者と比べて課題がよくできることに注目。 クラスで一番の成績をとるといった，相対的な基準の使用。 【遂行―接近目標】	他者よりも劣ることを避けたり，他者と比べて愚かだったり頭が悪いと見られないことに注目。 最低の成績をとったり，教室で一番できないことという，相対的な基準を使用。 【遂行―回避目標】

　しかし，実際には，現在でもエリオットらのグループを除くと，熟達―回避目標についての研究は少数です。その理由として，達成目標を測定する質問紙への回答を分析しても，4つの目標を抽出できず，3つの目標が抽出されることが多い，ということがあげられます。したがって，遂行目標を2つに分ける研究が，最近まで大半を占めています。

4. 目標から行動や感情への影響

　この項では，主に4つの目標を仮定する立場から，行動や感情への影響をあげます。まず，熟達―接近目標と遂行―接近目標のどちらもが，積極的な行動につながりやすいことが指摘されています（Elliot, 1999）。それに対して，遂行―回避目標は，失敗を恐れるという意味で，行動に消極的になりやすく，また失敗した後の無力感につながりやすいといわれています。さらに，熟達―回避目標は遂行―回避目標ほどではありませんが，失敗を恐れるために，失敗を回避するための積極的な行動が促されるという知見が得られています。

　そのため，熟達―接近目標と遂行―接近目標は，学習行動を促して学習成績

を上げる効果があると考えられています。しかし，熟達―接近目標は，能力を伸ばすこと自体が目標であるのに対して，遂行―接近目標は，あくまでも他人と比べて成績が高いことによって自尊感情を高めたり維持したりすることが目的です。また，成績に自信がもてない状況では，遂行―接近目標を設定する場合と遂行―回避目標を設定する場合で，成績に差が生じないという指摘もあります (Darnon et al., 2007)。したがって，一般的には，学習だけをとって考えると，もっとも適合しているのは熟達―接近目標ということになりそうです。

9.2.5　内発的動機づけと自己決定理論

　内発的動機づけとは，外から報酬や罰を与えられずに生じる，行動自体が目的となっている動機づけ現象のことです (Harlow et al., 1950)。それに対して，外発的動機づけとは，報酬や罰という外的強化によって生じる動機づけをさします。

　ハーロウら (Harlow, H. F., 1950) の実験では，アカゲザルに，報酬を与えずに，図 9.6 のような道具を与えて，12 日間，1 日 2 時間おきに 10 分間，鍵を開ける行動をどの程度するか，またそれにどのくらい成功するかを観察しました。

　その結果，サルが経験を積むにつれ，外的報酬がないにも関わらず，失敗に対する成功の割合は上昇し続け，それがほぼ 12 日間続きました。このことから，こうした好奇心を起こさせるものに対して，サルは内発的動機づけに基づいて行動していたといえます。

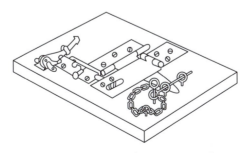

図 9.6　ハーロウ (1950) で使用された道具

しかし，現在では内発的動機づけの定義は多様化・曖昧化していて，自発的な意欲のように思われることが多いようです。

1. 内発的動機づけから認知的評価理論へ

過去30年ほどの動機づけ研究では，内発的動機づけに近いものとして，自律的動機づけの研究が盛んにされるようになりました。自律的動機づけとは，自己決定感，つまり自分の行動を自分で決めているという感覚が高い動機づけをさします。この自己決定感が高いときは，内発的動機づけも高く，外からの報酬は必要ないが，自己決定感が低いとき（つまり，外からやらされている状態）では，内発的動機づけも低く，外からの強化が必要となる，という考え方が実験の結果から強まりました。

具体的には，報酬を自発的な行動に対して与え続けて，後に報酬を取り去ると，自発的な行動の量が減るという現象をさします。これをアンダーマイニング効果とよびます。この説明としては，上記のような考えが主に存在するのですが，同じような実験手続きをしても，自発的な行動の量が減らない場合も，研究によってはみられます。これをエンハンシング効果とよびます。同じ手続きでも，アンダーマイニング効果が生じたり，エンハンシング効果が生じたりすることを，どうやって説明したらよいのでしょうか。

そこで，デシとライアン（Deci, E. L., & Ryan, R. M., 1985）は，研究参加者が，報酬が自己決定感を脅かすと考えるか否かによって，結果が異なると主張しました。実験参加者が，報酬を自分の行動が正しいことへのフィードバックだと考える場合には，エンハンシング効果が生じて，報酬を自分の行動をコントロールするものだと考える場合には，アンダーマイニング効果が生じると解釈したのです。このような解釈を，認知的評価理論とよびます。

2. 自律的動機づけの効用

自律的動機づけが高い状態では，人の肯定的な感情やバイタリティが高く，否定的な感情や疾患の身体症状が低いことがわかっています（Sheldon et al., 1996）。また，精神的健康，自尊感情が高まり，不安等が低い（Kasser & Ryan, 1999；Baard et al., 2004），といった効用が得られることが知られています。

3. 自己決定理論

　デシやライアンは，1990年代以降，認知的評価理論を中心として，複数の小理論から，自己決定性を重視した大きな理論を構成しました。これを自己決定理論とよびます。現在では，自己決定理論は，動機づけの有力な理論の一つとなっています。ここでは，そのうち，有機的統合理論と基本的欲求理論の2つの小理論について説明しましょう。

4. 有機的統合理論——自己決定性の発達

　どんな人でも，すべてのことを最初から自己決定しているわけではありません。また，他人から行動を強制される他律的な状態から，自ら進んで行動する自律的な状態へと変化する場合もあるでしょう。

　有機的統合理論は，このような他律から自律への自己の調整（制御）の変化を段階的にとらえたものといえるでしょう。その段階は，簡単にまとめると以下のようになります。まず，「やらない」という「非動機づけ」段階，「やらされている」という「外的」段階，「〜をしなければならない」という「取り入れ」段階，「〜でありたい」という「同一化」段階，価値観に基づいて「〜をしたい」という「統合」段階，最後に，興味から「〜をしたい」という「内発」段階，です。

　最近の動機づけ研究の多くは，質問紙によって動機概念を測定し，他の心理変数との関係を調べるものがほとんどです。以下に自律性の段階の質問項目について，例をあげておきます。なお，以下の項目は，学習場面に限定したものです（岡田と中谷，2006）。

(1) 内発的理由……好奇心が満たされるから，教材や本が面白いから。

(2) 同一化的理由……将来いろいろなことに役に立つから，将来の成功に結びつくから。

(3) 取り入れ的理由……周りの人についていけなくなるのは嫌だから，しておかないと不安だから。

(4) 外的理由……まわりからやれと言われるから，しないとまわりの人が文句を言うから。

　また，自己決定性の段階と動機づけの段階の関係を表したものが図9.7です。

第 9 章　学習の動機づけを理解する

行　　動	非自己決定的					自己決定的
動 機 づ け	非動機づけ	外発的動機つけ				内発的動機つけ
自己 制 御 段 階 （スタイル）	制御なし	外的 調整	取り入れ 的調整	同一化 的調整	統合的 調整	内発的 調整
認知された 因果律の所在	非自己的	外的	外的 より	内的 より	内的	内的

図 9.7　内面化の段階

　自己決定に注目すると，内面化は外的な調整が内的な調整へと移行するプロセスといえます。そのプロセスが最適に機能するとき，調整は自己の感覚へと統合されます。内面化の度合いが強い状態は，課題に対してより強く動機づけられている状態といえます。自己決定をサポートする環境では，サポートしない環境に比べ，内面化の度合いが強まる結果が示されています。また，自己決定をサポートする環境では，調整スタイルは統合的となる傾向が示され，自己決定をサポートしない環境では，調整スタイルは取り入れ的となる傾向が示されています。

　ライアンとデシ（Ryan & Deci, 1985）によれば，外的に動機づけられた行動の調整は，もとは自己決定的ではありません。しかし，自分自身と統合されると，自己決定的なものとして経験されます。自己決定をサポートする環境は，内面化を促進し，調整と自己の感覚との統合を促す要因となります。この要因は具体的には，①納得のいく理由を説明する，②主体的な感覚を認める，③選択の自由を示す，の 3 つでした。

　「納得のいく理由を説明する」は，学習者に対して，課題に取り組む理由を説明します。それにより，学習者はなぜ課題に取り組むのかを理解し，課題に取り組むことの価値を内面化することができます。

　「主体的な感覚を認める」は，学習者が行為の主体者として外的な要求に感じた抵抗や葛藤を認めるような言葉をかけることに相当します。これにより，外的な要求と自己の感覚との間に生じた葛藤が和らげられ，外的な要求と自己の感覚との統合が促されます。

　「選択の自由を示す」は，統制的な言葉ではなく，より選択の自由度を感じ

られるような言葉を教示の際に用いることです。これにより，学習者は，自ら選択的に課題に取り組んでいるという感覚を強めて，自己決定感が高まることになります。デシら（Deci et al., 1994）の研究では，以上の促進要因が設定されている群のほうが，促進要因が設定されていない群に比べ，課題従事時間が長くなるという結果が示されました。

さらに，この内面化の度合いには，内在化を促進するには，関係性のサポート，有能さのサポート，自律性のサポート，が順に必要とされています（Ryan & Deci, 2000）。このサポートがどういう意味をもつのかを説明するのが基本的欲求理論です。

5. 基本的欲求理論

基本的欲求理論とは，3つの基本的な社会的欲求があり，それが充足されると，自律的動機づけが促進される，というものです（図9.8）。ここでいう3つの欲求とは，有能さの欲求，自律性の欲求，関係性の欲求です。まず，有能さの欲求とは，自分の周りの環境と適切に関わりたいというものです。自律性の欲求とは，自分のことは自分で決めたいというものです。最後の関係性の欲求とは，重要な他者と仲よくしたいというものです。

基本的欲求の充足は，自律的動機づけの高い状態を意味します。基本的欲求が充足した状態では，上述したように，肯定的な感情，バイタリティが高く，否定的な感情や疾患の身体症状が低いことがわかっています（Sheldon et al., 1996）。同様に，関係性や自律性の欲求が満たされると，精神的健康，自尊感

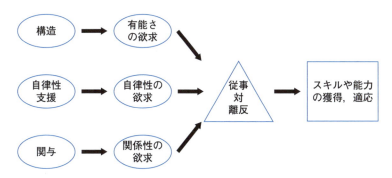

図 9.8　**基本的欲求理論の骨子**（Connell & Wellborn, 1991 にもとづく）

情が高まり，不安等が低いことも示されています（Kasser & Ryan, 1999）。

教室文脈での初期の実証研究として，スキナーとベルモント（Skinner, E. A., & Belmont, M. J., 1993）の研究があります。小学校3，4，5年の子ども144名と担任教師14名を対象として，質問紙調査を実施しました。その結果，子どもの3つの基本的欲求から行為への影響は比較的大きいものでした。この点は，基本的欲求理論を支持しています。しかし，教師の支援から子どもの欲求への影響はほとんどありませんでした。この結果は，基本的欲求理論を支持するものではありません。このような結果となった理由は，教師自身の認知と子どもの教師に対する認知がほとんど関係がなかった，という皮肉な結果によるものでした。つまり，教師が自律性支援をしていると考えていても，子どもの側ではそのように教師の行動をとらえていなかった，ということです。

9.2.6 興　味

興味は，物事に注目したり，もっとよく知ったり，理解しようとしたり，という動機づけの働きをする意味で重要です。とくに内発的動機づけとは，行動自体の興味が動機となっているという意味で，深い関係にあります。

しかし，最近までは，動機づけの文脈で興味を真正面から取り上げた研究は，少ないのが現状でした。それが過去10数年の間に盛んになっています。

現在では，大きく分けて2つのことが主張されています。一つは，感情としての興味だけでなく，認知としての興味にも焦点があてられるようになりました。つまり，興味は「面白そうだ」という感情にとどまらず，十分理解できていない対象を探索し，理解しようと試みる認知活動としての面もあるというのです。もう一つは，興味は単純で一時的な状態（状況的興味）だけではないということです。つまり，個人の特性的な傾向（個人的興味）も含めて考えることが一般的となりつつあります。

それだけでなく，興味は個人と環境との相互作用の結果として生じるとも考えられています。つまり，人は潜在的に何かしら興味をもつ傾向があるのですが，環境がそれを具体的に方向づけたり，興味を持ち続けさせたりする一方で，それによって人は環境に積極的にかかわっていくようになるわけです。

9.2 教育心理学での動機づけの考え方

このように，興味はいくつかの特徴を備えていますが，これらは最初からあるわけではなく，個人の中で次第に変化し，成長し，発達していくものでもあります。とくに，レニンガー（Renninger, K. A.）らの興味発達の4段階モデルは，よく知られています（Hidi & Renninger, 2006）。このモデルについて

表 9.2　興味の発達段階（Renninger, 2009）

	興味の発達の段階			
	段階1：始動した状況的興味	段階2：持続した状況的興味	段階3：出現した個人的興味	段階4：よく発達した個人的興味
学習者の特徴	一瞬だけ，内容に興味をもつ。物事に関わるのに必要な支援。 ┌他者から（例：グループワーク，教育的な会話）。教授デザインを通して（例：ソフトウェア）。 正あるいは負の感情を経験する。この経験を自覚的に内省する場合もあればしない場合もある。	前に注意を喚起した内容に再び取り組む。スキル，知識，先行経験の関係を見つけられるように，他人から支援を受ける。正の感情を経験する。内容に関する知識を発達させていく。内容に対する価値観を発達させていく。	人手を借りずに再び内容に取り組む。答えを探したくなるような面白そうな問いを立てる。正の感情を経験する。知識や価値を記憶している。自分自身の問いに注目する。その領域の規則やたいていのフィードバックには，ほとんど価値をおかない。	人手を借りずに再び内容に取り組む。面白そうな問いを立てる。問いを立て直したり，答えを変えたりするように自己調整する。正の感情を経験する。目標到達のために，欲求不満と困難を耐え抜ける。その領域について他人の貢献を認める。積極的にフィードバックを求める。
学習者が求めるフィードバック	自分の考えを尊重してほしい。他人に，自分のしていることがいかに大変かを分かってほしい。与えられた課題をできるだけ早く終えられるやり方を教えてほしい。	自分の考えを尊重してほしい。具体的な示唆を求める。何をすればいいかを教えてほしい。	自分の考えを尊重してほしい。自分の考えを表現したい。今の努力を修正するように言われたく「ない」。	自分の考えを尊重してほしい。情報とフィードバックがほしい。その領域で幅広く受容されている規準と個人的な規準とのバランスを保ちたい。
学習者が必要とするフィードバック	自分がした努力が本当に評価されていると思うことが必要。限定的な数の具体的な示唆が必要。	自分がした努力が本当に評価されていると思うことが必要。自分自身の考えを追求するための支援が必要。	自分の考えや目標が理解されたと感じることが必要。自分がした努力が本当に評価されていると思うことが必要。目標に効果的に到達する方法が分かるようなフィードバックが必要。	自分の考えがちゃんと聞いてもらえて，分かってもらえたと感じることが必要。建設的なフィードバックが必要。挑戦的な課題が必要。

説明しましょう。

　興味発達の4段階モデルは，大まかにいえば，個人がある事柄に興味をもった状態（状況的興味）から，さらにその事柄に繰り返し関わるようになっていき，最終的には，特定の事柄への安定した興味（個人的興味）をもつようになる，というものです。詳細については，表9.2 をみてください。

　さらに，興味は動機づけを単純に高めるだけでなく，学習行動を促進することもわかっています。エインレーら（Ainley, M. et al., 2002）の研究をみてみましょう。エインレーらは，大学生に課題文を選んで読ませることで，テキストの理解が促進するかどうかを検討しています。その結果，一般的な学習への興味と並んで，課題自体への固有の興味を媒介して，学習の持続に影響し，読解成績が向上することが示されています（図9.9）。

　このように，学習全般への興味が，課題固有の興味を媒介として，学習行動を動機づけることがわかります。ゆえに，学習者が学習全般に対して興味を抱くと同時に，課題に対して個人的興味をもつことが大切なのです。

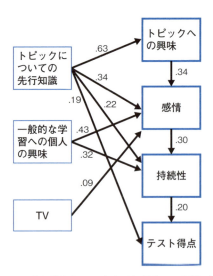

図9.9　先行知識から興味を媒介とした文章理解得点への影響（SF 番組文章の例）
(Ainley et al., 2002)
数字は影響の大きさを表しています。

9.2.7 感　情

　物事を達成することについて**感情**が関連することは，古くからいわれてきたことです。それは，動機の中に感情や情動が含まれることからも，実感できるのではないでしょうか。感情と動機づけの関係については，とくにワイナーの原因帰属理論が有名ですが，今日では必ずしも現実とは適合しないことも指摘されています。そのため，近年ペクルン（Pekrun, R.）を中心とした研究者たちは，達成に関連する感情が行動を動機づけるという，**統制価値モデル**を提唱しています（Pekrun, 2006；Pekrun & Perry, 2014）。最後に，このモデルを紹介しましょう。

　まず，彼らのモデルでは，達成に関係する感情を分類しています（**表 9.3**）。このような感情は，どのように発生するのでしょうか。統制価値モデルは，大まかにいえば，一般的な感情発生プロセスの考え方を踏襲しています。つまり，環境からの刺激があり，それへの評価，評価による感情の発生，そして感情による行動の結果，達成する，という段階を想定しています（**図 9.10**）。しかし，その中身について細かくみると，今までみてきたような期待と価値の側面から，評価をとらえていることがわかります。その意味で，統制感情モデルは，従来の動機づけモデルの連続線上にあるといえるでしょう。

　統制価値モデルの妥当性を確かめた研究があります。ペクルンら（Pekrun et al., 2009）では，心理学コースを受講する大学生 218 名が研究に参加し，

表 9.3　**達成感情の種類** (Pekrun & Perry, 2014)

	正		負	
注目する対象	積極的	消極的	積極的	消極的
活動	楽しさ	くつろぎ	怒り	怠惰 欲求不満
結果（予期的）	希望	安堵*	不安	絶望 喜び*
結果（回顧的）	喜び 誇り	満足感 安堵	恥 怒り	悲しみ 落胆 感謝

*予期的な喜び・予期的な安堵。

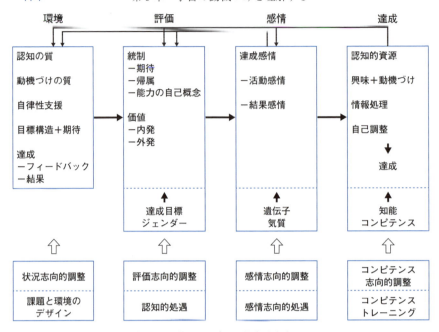

図 9.10　達成感情の統制価値モデルの基本的内容（Pekrun, 2006）

質問紙調査が実施されました。そして，研究参加者は，達成目標の設定傾向に関する質問と各感情の経験のしやすさについての質問に回答しました。その後，中間試験を実施したところ，達成目標→感情→成績という連鎖が認められ，ほぼ統制価値モデルに沿った結果が得られました。

このモデルからいえるのは，感情が学習行動の媒介変数として大きな役割を果たしていることと，感情に達成目標などの価値が影響していることです。

9.3　学習の動機づけを高めるには

これまで述べてきた動機づけの各理論やモデルを検討すると，学習の動機づけを高め，動機づけが低くて無力感が生じている状態を克服するためには，次のような提案ができると思います。

9.3　学習の動機づけを高めるには　　　175

9.3.1　期待や能力信念から

　まずは，能力信念のような，一般的に自分は「できる」という信念を高める
支援をする必要があるでしょう。そのためには，よくいわれることですが，学
習者のできるところから始めて，次第に高度な知識や技能の必要な課題を与え，
それがうまくできればきちんと認め，ほめることです。さらに，そこで満足せ
ずに，学習者自身の能力がまだまだ伸びることを強調しましょう。また，自己
効力のような課題固有の期待についても，同様のことがいえます。能力信念で
も自己効力でも，モデリングのようによいお手本を，熟達者が言葉だけでなく，
行動で示すことが大切です。

9.3.2　達成目標から

　次に，熟達目標の考え方からすれば，他者との比較ではなく，各自の個性を
認めて，それが以前よりどのように発達したのかを，学習者に認識させること
が大切でしょう。

　そのため，まず自分で自分の学ぶことを選んで，評価させるようにし，個性
を重視して，個々の発達を承認します。そして，それぞれの学習者にとって意
味のある課題を与えます。それは，過度な競争や比較ではなく，今のありさま
を認めていき，考え方の柔軟な変化を促すということです。

　また，できないことは，「だめ」ということではなく，あくまで現在の状態
のありのままの現れであるということを学習者に積極的に伝えましょう。そし
て，できないことを克服するための手段があることを，適切にフィードバック
することが重要です。

　しかし，他人との比較は，学習者に大切な情報をそれなりにもたらすもので
す。そのため，学習者の自信，積極性，能動性，創造性につながる，他人との
比較は，認めていくことも必要でしょう。

　ただし，先に記したように，他人と比較することによって，学習者が無力感
を抱いたり，失敗を回避しようとして消極性になったりしないよう，注意をす
ることが大切です。

　さらに，他人との極端な比較を避けるという意味で，できれば，他人の前で

は厳しい批判はせず，評価は，できるだけプライベートにすることも必要な場合があるでしょう。

また，学ぶことの意味や意義を感じられるような課題や学習材を提示することも必要だと考えられます。ただ，「できるとき」は「勉強して意味があるか」とは問わないものです。逆に，「できないとき」に初めて「勉強して意味があるか」と問うようになるのです。したがって，「できる」という感覚を養うことはとても大切です。

無気力になった学習者は，学習に対して嫌悪感を経験しているものです。ですから，強制的にやらせようとすると，かえって回避的な動機づけを高めることになってしまいます。そのため，無理に学習課題に向き合わせず，自信が回復するのを「積極的に待つ」必要もあるでしょう。積極的に待つ，というのは，ただ黙して待つのではなく，学習者が少しでも学習課題にかかわろうとしたら積極的に支持したり，ほめたりすることが必要だということです。しかし，決して強制はしないという意味で「待つ」ということになります。

さらに，教師は，子どもが学校においてのみ学習するわけではないことを意識しておく必要があります。つまり，子どもを取り巻く現実を知る必要があると思います。その上で，学校での学習に興味をもってもらうために，何ができるかを考えましょう。そうしなければ，教師の努力は学校学習の枠にとらわれすぎて，今の子どもたちのありのままの姿を無視してしまうことに，つながるかもしれないからです。

ゆえに，繰返しになりますが，学校の学習をできるだけ強制しないことが大切だと考えられます。もちろん，ある程度強制しなければ，積極的に学ぼうとしない学習者もいるでしょう。しかし，強制が強すぎれば，学習者の自己決定感を下げ，結果的に学習者を学校学習からますます遠ざけることになりかねません。

9.3.3 内発的動機づけや自己決定理論から

自律的動機づけや内発的動機づけの知見から，学習者の自己決定感が重要であることがわかってきました。この自己決定感を高めるためには，選択の自由

9.3 学習の動機づけを高めるには

が必要です。この場合の選択にはいろいろな場合があります。たとえば，課題の選択，課題を学習する方法の選択，学習する場所の選択，学習する時間の選択などです。こうした自由度をできるだけ高くすることで，学習者は学校での学習でも一定の自己決定感を経験できることでしょう。

さらに，自律的動機づけは，基本的に一人で行う学びにかかわる動機づけだと思われがちですが，学習者に対して適切なアドバイスやフィードバックを与えることも忘れてはいけません。とくに，自力で課題を解決できるような形でフィードバックをすることで，一方的ではない情報の伝え方が可能になります。

また，自律性の内面化ということから，教師は学習者を支える温かい支援的関係をもつように心がけることが必要でしょう。

参考図書

上淵　寿（編著）（2008）．感情と動機づけの発達心理学　ナカニシヤ出版

上淵　寿（編著）（2012）．キーワード　動機づけ心理学　金子書房

上淵　寿（2017）．感情と動機づけ　島　義弘（編）パーソナリティと感情の心理
　　学　サイエンス社

バンデューラ，A.　本明　寛・野口京子（監訳）（1997）．激動社会の中の自己効力
　　金子書房

ドゥエック，C. S.　今西康子（訳）（2008）．「やればできる！」の研究──能力を
　　開花させるマインドセットの力──　草思社

鹿毛雅治（編）（2012）．モティベーションをまなぶ12の理論──ゼロからわかる
　　「やる気の心理学」入門！──　金剛出版

宮本美沙子・奈須正裕（編）（1995）．達成動機の理論と展開──続・達成動機の心
　　理学──　金子書房

上淵　寿（編著）（2004）．動機づけ研究の最前線　北大路書房

スティペック，D. J.　馬場道夫（監訳）（1999）．やる気のない子どもをどうすれば
　　よいか　二瓶社

復習問題

1.　動機づけと動機の違いについて簡単に説明してください。

2.　結果期待と自己効力について，各々の特徴がわかるように簡単に説明してください。

3.　達成目標理論の熟達目標と遂行目標とは何でしょうか。簡単に説明してください。

4.　動機づけにおいて感情が果たす役割について説明してください。

第 **10** 章
自己調整学習を理解する

　自己調整学習（または自己制御学習）とは，教育現場で語られてきた「自己教育」や「自己学習」に似た概念であり，学習者が自らの学習に積極的に深くかかわる学習のあり方だと考えられます。

　自己調整学習は，近年さまざまな分野で注目されています。その背景としては，「授業や学習指導，教育の受動者」から，「積極的，能動的に学習を行い，知識を獲得し，自らの行為を決定していく者」への学習者観の転換があります（Zimmerman, 2001）。

　わが国の教育界でも，「個性化教育」「生きる力」といった，学習者の能動性，積極性を強調する言葉が口にされる一方で，学力低下が大きな社会問題とされました（市川, 2002）。このことからも，学習者の能動性，積極性を内包する自己調整学習を考えることは，重要でしょう。

　また，現在では，新たにアクティブ・ラーニングなどが注目され，学習者の主体性や能動性が，とても重視されるようになりました。そのような意味でも，自己調整学習について考えることは大切だと思われます。

10.1　自己調整（自己制御）とは何か

10.1.1　「学習」と「自己調整学習」との違い

　「学習」と「自己調整学習」との違いは，第1に，自己調整学習は，「学習」それ自体を対象として自己調整することです。つまり，習慣化した行動，嗜好，理解，技能等の事柄自体を，外側からながめるように客観視することです。第2の違いは，自己調整学習は「対象」である「学習」を「評価」することです。評価するには，特定の価値，目標，規準，基準が必要です。また評価対象は，学習結果だけでなく，学習のプロセスや方法等も含まれます。第3の違いは，その評価に基づいて，設定した価値，目標，規準，基準を満たすために，学習

のプロセスや方法を「修正」するか，目標や規準自体を「修正」することです。つまり，自己が学習を対象として評価し，その評価に基づいて学習方法や目標等の修正や調整をし，再学習行動を実行する，という一連のプロセスです。ゆえに，自己調整学習の「調整」は学習や目標等の「修正」や「変更」を意味します。

「学習行動」が行動の「対象」であり，それを「学習者自身」が「制御」するので，「自己調整学習」となります。自己調整（制御）（self-regulation）という言葉自体については，さまざまな定義や立場があります。これらはかなり異なり，それぞれが一致しないことも多いことが指摘されています（Boekaerts et al., 2000）。

10.1.2 自己調整学習の定義

そのような，学習に関する自己調整である自己調整学習にはさまざまな定義があります。たとえば，主だったところをあげても，「メタ認知，動機づけ，行動の面における，自らの学習プロセスへの積極的な参加」（Zimmerman, 1986）や，「学習者が自分の学習の目標を設定し，その目標に役立つように自分の認知，動機づけ，行動を見つめたり観察したりし（以下では，モニターやモニタリングという言葉を使います），調整し，コントロールして，個人的な特性と環境の文脈的特性の両者によってガイドされたり制約されたりする，能動的，構成的なプロセス」（Pintrich, 2000），「学習時に選択や統制をすることができること」（上淵, 1998），といった定義があります。また，ジマーマン（Zimmerman, B. J., 2001）は，「自己調整は，学習者が精神能力を課題に関連する学業スキルに変換することによる，自律的な『プロセス』である。このアプローチ（自己調整学習研究）は，学習を，生徒が自分自身のために，積極的に行う活動とみる」と述べています。ジマーマン（Zimmerman, 1986）の定義は，具体的でより簡潔ですが，文脈や環境の問題も自己調整学習では重要です。そこで，本章では自己調整学習を次のように定義します。つまり，自己調整学習とは，「自らの学習プロセスへのメタ認知，動機づけ，行動，文脈の面における，積極的な参加」です。

この定義によれば，自己調整学習には，4つの重要な側面，すなわち，メタ認知，動機づけ，行動，文脈があることになります。メタ認知は，行為をモニターし，調整や修正のためのプランニングをする機能です（第7章参照）。動機づけは，その制御プロセスを始めたり，維持したりする働きです。行動は，実際に，行動を実行したり，調整したり，修正する活動です。文脈は，行動によって文脈をコントロールしたり調整したりして，自分の目標到達に役立てることをさします。ただし，現在でも自己調整学習にはさまざまな理論があります。こうした理論は，必ずしもこの4つをすべて強調しているわけではありません。そこで，自己調整学習の理論について説明する前に，次の節でこの4つの側面（以下では，要素とよびます）についてそれぞれ検討します。

10.2 自己調整学習の主な要素

10.2.1 メタ認知

メタ認知については，第7章でくわしく説明されていますので，ここでは概略だけを述べるにとどめます。

自己調整学習でのメタ認知の主な役割は，モニタリングとコントロールです。認知プロセスあるいは情報処理プロセスを対象として，モニタリングがなされます。それによって，自分が意図しているように認知プロセスが進行しているか，あるいは自己にとって不利な認知プロセスが生じていないかを確認します。その結果に基づいて，認知プロセスを調整したり修正したりするのがコントロールです。このモニタリングやコントロールは一般に自分の認知活動を対象として活動しているので，メタ認知活動とよばれます。また，この活動の基礎には，知識に関する知識（メタ認知的知識）があると考えられます。このような活動によって，私たちは自分自身の学習を調整し，自分にとって都合がよく，適切な学習に近づけることができるのです（上淵，2007）。

10.2.2 動機づけ

自己調整学習研究では，他者から統制されなくとも，自己調整する意思とい

う意味での，内発的動機づけのような動機づけ要因が重視されます。ここでは自己決定と自己効力について検討します。

1. 自分で自分の学びについて決めること――自己決定

デシやライアンの自己決定理論（第9章参照）によってたつ研究では，学習者自身が学びの決定権をもつことを重視しています。たとえば，学習者が自分自身で目標を設定し，自分で行動をするか否かを決め，問題解決のための方略を自分で選択することが内発的動機づけを高めるとされます（Reeve et al., 2008）。実際，自己決定的な目標をもつ生徒のほうが深い学習を行い，学習の転移が起こりやすいことが示されています（Vansteenkiste et al., 2004）。

2. 自分の学びの仕方に自信があるか――自己効力

自己効力は，問題解決のための手段運用に関する期待，すなわち自分の学びの仕方についての自信であるため，自己調整学習において有効な方略（モニタリングや課題解決のためのプランニング等）を用いることに影響すると考えられます

実際，自己効力と自己調整方略の使用の関係に関する研究は，かなり安定した一般的知見を示しています。たとえば，表 10.1 のように，自己効力が高いほうが自己調整を多くしたり，実際の成績が高かったりすることが示されています（Bouffard-Bouchard et al., 1991）。これは，数学（Zimmerman & Martinez-Pons, 1988），読解（Chapman & Tunmer, 1995）といった，各学習領域にわたっています。

このような安定した関係を背景に，学習者の自己効力を高める介入研究も行われています。たとえば，引き算が苦手な小学生に，問題を解いたワークブックのページ数を記録するというモニタリングをさせた研究があります（Schunk, 1996）。その結果，モニタリングをした子どもは，しなかった子どもに比べて，自己効力が高くなり，成績も向上しました。

10.2.3 学習への行動

自己調整学習全体に馴染みやすい「行動」とは，行動の統制です。行動の統制の内容は，主に努力量の増減や，学習時間の増減が考えられています（Zim-

10.2 自己調整学習の主な要素

表 10.1 学年，認知能力，自己効力と自己調整，成績の関係（上段は平均，下段は標準偏差）(Bouffard-Bouchard et al., 1991)

自己調整	中学生				高校生			
	認知能力高群		認知能力低群		認知能力高群		認知能力低群	
	自己効力高群	自己効力低群	自己効力高群	自己効力低群	自己効力高群	自己効力低群	自己効力高群	自己効力低群
全体	2.73	2.60	2.20	1.53	3.27	3.18	2.36	2.00
	1.72	1.71	1.71	1.17	1.60	1.25	1.68	1.60
時間のモニタリング	2.67	1.50	1.90	0.54	3.55	2.55	2.73	1.70
	1.45	2.01	1.14	1.01	2.56	1.86	1.90	1.34
問題解決の持続性	4.08	3.70	3.60	3.00	4.18	3.73	4.08	3.73
	0.66	0.67	0.96	1.47	0.40	1.00	0.77	0.90
正しい仮説の否定[1]	0.00	0.20	0.10	0.31	0.36	0.45	0.00	0.65
		0.40	0.30	0.48	0.50	0.36		0.40
自己評価	2.28	1.04	2.24	1.70	2.75	2.33	3.01	3.02
	1.04	1.63	1.71	1.88	1.54	1.37	2.28	1.71
成績	2.50	1.90	1.40	0.62	2.00	1.49	2.18	1.26
	1.00	0.99	0.69	1.26	1.26	1.00	1.04	0.80

[1] 「正しい仮説の否定」とは，問題中に現れた誤った単語に対して正しい単語が提示されたとき，それを受け入れないこと。したがって，得点が高いほど，自己調整は低くなります。

merman et al., 1994)。つまり，課題が予想よりも困難な場合は，努力量や学習時間を増大させ，反対に易しい場合は，努力量や学習時間を減少させるということです。しかし，実際に努力量の増減に影響するのは，努力量に関する意図のみではなく，認知や動機づけの影響によるところが大きいものです。

10.2.4 学びを進める環境の問題——文脈

文脈に関する領域では，学習者の周囲の環境や文脈から学習に役立つ情報を引き出したり，文脈を整えて学習をしやすくしたりすることが主な観点として考えられています。

とくに，学習の援助要請（help-seeking）の方略使用に関する研究は，その代表例でしょう（Butler & Neuman, 1995；Newman, 1994)。なぜならば，援助要請は，身近な他者（教師，養育者，仲間など）に，わからないことを尋ねることや，学習方法のアドバイスをもらう方略（Newman & Schwager, 1993；Nelson-Le Gall, 1985）だからです。自己調整学習は，しばしば個人単独での学習活動としてみられがちです。しかし，実際には他者との相互作用の

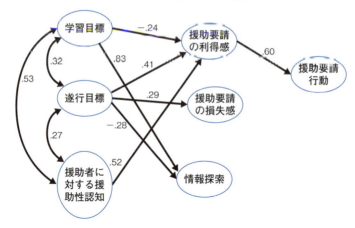

図 10.1 達成目標から援助要請の利得感と損失感を媒介として援助要請行動に至るプロセス（上淵ら，2004）

中で，学習の自律性や学習方略は獲得されるものであり，社会的相互作用によって学習は進展するものです。その意味で他者資源を利用する援助要請方略は，自己調整学習方略の一種なのです（Newman, 2002）。

たとえば，学習の動機づけで重視されている達成目標（第9章参照）から，援助要請方略の使用への影響を小学生を対象に検討したところ（上淵ら，2004），この関係を立証することができました（図 10.1）。

10.3 自己調整学習のモデル

自己調整学習のモデルや理論はたくさんあります。その中でも，社会的認知モデル，情報処理研究によるモデル，およびヴィゴツキー派によるモデルについて，それぞれの内容について概要を説明します。

10.3.1 社会的認知モデル

このモデルは，バンデューラ（Bandura, 1986）の社会的認知理論（social cognitive theory）に沿ったものです。バンデューラの理論に特徴的なのは，三項モデル，モデリング，予見に始まる自己調整のプロセス，です。これに基

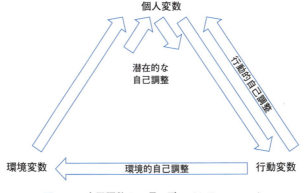

図 10.2　**自己調整の三項モデル**（上淵，2004a）

づいて，ジマーマンらは，自己調整学習のモデルを唱えています（Zimmerman, 1989）。

まず，三項モデルは，人，行動，環境の三者の間に相互作用を認める立場です（図 10.2）。このモデルでは，それぞれ 3 つの自己調整があると考えます。行動的自己調整は，自己観察や遂行過程を制御することであり，学習方略を修正したり，変更したりすることなどがあげられます。環境的自己調整は，環境条件やその結果を観察したり，調整したりすることです。最後に，潜在的自己調整は，認知や感情の状態をモニターしたり，調整したりすることです。たとえば，イメージを想起したり，リラックスしたりして，感情的な興奮を和らげることなどが考えられます。

次に，モデリングは，他者の行っている自己調整を取り入れる際に重要です。これは観察学習の一種です。学習者はモデル（教師や養育者，自分よりやや優れた仲間など）の行動を観察することで，その行動を学習することができます。他者との相互作用や，その取り入れを重視する点で，社会的認知モデルは，後で述べるヴィゴツキー派のモデルに似ています。しかし，ヴィゴツキー派ほど言語を重視していません（Zimmerman, 2001）。たとえば，モデリングは，言語による教示などがなくても，観察だけで成立させることが可能だとされています。

さて，自己調整のプロセスでは，予見（forethought），自己観察，自己判断

（白己評価），自己反応が考えられます（Bandura, 1986）。

予見とは，課題に取りかかる前に，その課題達成の見込みを予測することです。これには，自己効力や結果期待のような予測や，課題分析などが含まれます。また，この立場では，予見の中でも自己効力（self-efficacy）を重視しています（第9章参照）。

自己観察とは，自己の行動や認知を観察したり監視したりすることであり，モニタリングとほぼ同じことと考えられます。続いて，自己判断とは，行動や認知的活動の結果について，成功あるいは失敗のような評価を下したり，その原因を推測したりすることなどがあげられます。最後に，自己反応とは，自己判断による結果の評価から，感情が生じたり，新たな行動が動機づけられたりすることをさします。たとえば，学習成果について成功という評価を学習者がすれば，学習する際に同様の行動をとるように動機づけられるでしょう。しかし，反対に失敗という評価を下すことで，学習行動は抑制されるかもしれません。

第1の予見の段階では，課題を分析して，どのような方法を使えば課題を理解し，問題解決ができるかを考え，プランを練ります。そして，学習行動や問題解決行動を自ら動機づけます。

第2の遂行の段階では，学習や問題解決がプラン通りに進んでいるかどうかをチェックする，モニタリングを行います。そして，学習プロセスに問題がある場合には，方略を変える等のセルフコントロールをします。

第3の自己反省の段階では，学習の結果や学習の方法等について，学習者自身が評価をします。そして，次の学習では，何をどうすればよいかを考えます。

したがって，自己調整学習は，たった1つのスキルで成り立つわけではありません。モニタリング，動機づけ，知識を適切に実行するための行動スキル等が関わります。ゆえに，アスリートなどでは，テクニックの問題を修正する場合でも，熟達者は初心者とはタイミングすら違います（Cleary & Zimmerman, 2005）。

また，個人のもつ自己調整の傾向（特性）は，1つの特性ではなく，複数のスキルから成り立つと考えられます（Zimmerman, 2001）。たとえば，具体的

10.3　自己調整学習のモデル

表 10.2　**自己調整学習の次元** (上淵，1998 の用語を一部変更)

次　元	課題条件	領　域	
		自己調整特性	自己調整過程
動　　機	参加の選択	内発的あるいは自己動機づけ的	自己目標，自己効力，価値，帰属など
方　　法	方法の選択	プラン的あるいは自動的	方略使用，リラクゼーションなど
遂 行 結 果	結果への自己強化の選択	結果への意識	セルフ・モニタリング，自己判断，行為統制，意志など
環境(社会)	社会的場面や物理的場面の選択	環境的，社会的な敏感さと柔軟性	環境の構成，援助要請など

にすぐ取り組める目標を立てる，目標を達成するために一番強力な方法を使う，学習の進み具合の手がかりとして，自分の成績を丁寧にモニターする，目標を達成するために最適な環境を整える，時間を有効に使う，自分の学習方法を自己評価する，結果の原因を探る，次の学習に使う方法を考える，などのスキルがあげられます。

　この他にも，自己調整学習は，課題条件，自己調整学習特性，自己調整過程の3つの観点から考えることができます（**表 10.2**）。

10.3.2　情報処理研究によるモデル

　情報処理研究によるモデルでは，コンピュータと同じように人は情報処理を行い，その結果として活動を行うと考えます（Miller et al., 1960）。自己調整でこの立場からみてとくに重要なのは，プランニング，モニタリング，認知的方略の調整です（Hacker, 1998；Winne, 2001）。そのため，**図 10.3** にみるように，たとえば課題を実行する前のプランニング（計画を立てること）に続いて，実行中にその課題のモニタリングをします。その結果として認知的方略の修正や調整が続くというプロセスが考えられます（Winne, 2001）。

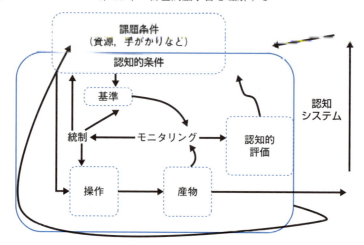

図 10.3 ウィン（2001）の自己調整学習の情報処理モデル（上淵，2004a）

　まず，プランニングでは，学習の目標の設定がされます。ここでは，認知的能力のアセスメントや，モニターや，ガイドのための基準が設定されます。さらに，関連する先行知識が活性化されます。この活性化には，自動的なものと制御的（意図的）なものがあります。また，メタ認知的知識の活性化も行われます。この活性化も自動的なものと制御的なものの両方があります。この知識には，課題に関する知識（課題の種類，課題の目標），方略に関する知識があります。認知的方略の制御については，10.5 で扱います。

10.3.3　ヴィゴツキー派のモデル

　ロシアの心理学者ヴィゴツキーの主張を根拠とする**ヴィゴツキー派のモデル**は，外言から内言への転換を，自己調整学習の獲得における大事な段階と考えています（Vygotsky, 1962）。大人や仲間の支援や対話によって行動をコントロールしたり問題解決ができるようになったりする方法を，子どもは次第に内面に取り入れていきます。そして，最終的には 1 人で行動のコントロールができるようになります。この段階で，子どもは自分の心の中で他者と自己との対話をイメージとして行い，それによって行動の調整やコントロールをすると考えられています。対話で重要なメディア（媒介）となるのは言語です。したが

って，ヴィゴツキー派のモデルでは，言語が自己調整学習で大切な役割を担っているとされています。

ここまでの話は，さまざまな初学者向けの本に書かれている，古典的な説です。この説を受けて，ロゴフ（Rogoff, B., 1990）らは，認知的徒弟制（cognitive apprenticeship）という考えを主張しました。認知的徒弟制では，学習活動を共同体への参加という社会的なこととみなします。ここでいう徒弟制とは，弟子が親方について学ぶ学習方法のことです。徒弟制では，学習活動はまず初心者でもできるような簡単で周辺的なことから始められ，やがて，重要で熟練を要する活動へと移行するとされています。コリンズら（Collins, A. et al., 1989）は，認知的徒弟制のプロセスを詳しく説明しています。それによれば，モデリング（学習者は教師のやり方をよく見る），コーチング（教師は，部分的な活動を学習者にやらせて，具体的に支援する），フェーディング（教師の支援を減らしていき，学習者が単独でできるようにする）という3つの段階があるといいます。これは，自己調整学習の発達や学習のプロセスととらえ直すことができるでしょう。また，このプロセスは，先に述べたバンデューラらの社会的認知理論派が主張する学習プロセスと，とても似ています。

なお，一般に，ヴィゴツキー派は，10数年前までは，動機づけをあまり重視してきませんでした。ヴィゴツキー自身は，その晩年に，感情や動機づけに関心をもっていたようですが，必ずしもその後の研究には生かされていません（Zimmerman, 2001）。

10.4 自己調整学習の具体的な研究とその問題点

10.4.1 モニタリングに関する自己調整学習研究

実際の教室等での教授学習場面でも，モニタリング研究等の成果が生かされています（Maki & McGuire, 2002；Zimmerman & Bandura, 1994）。

たとえば，ジェイコブズとパリス（Jacobs, J. E., & Paris, S. G., 1987）は，読解の指導でモニタリング等を意識させることで，読み手の方略の長所や短所がわかり，読みの際の指導を適切にすることができると主張しました。ブラウ

ン（Brown, A. L., 1978）は，学習に遅れのある子どもに，記憶のモニタリングを促す介入を試みました。その結果，訓練を行った子どもは，訓練を施していない統制群と比べると，高い再生成績を収めました。ただし，この効果は十分には持続しなかったのです。

一方，佐藤（1987）は，自己確認スキルと理解のモニタリングの2つに対する訓練を，知的障害のある子どもに行いました。その結果，訓練群は訓練を受けなかった統制群と比べて，正再生率が高く，また別のテストの得点も高いという結果が得られました。同様に，林と高山（1996）では，知的障害のある子どもの事例研究で，課題解決における確認を支援する活動を試みた結果，子どものモニタリング活動が促されました（馬場，1998）。また，藤江と上淵（2007）は，自己調整学習に関する調査結果に基づいて教師に授業に関するコンサルテーションを試みています。

ホーガンとプレスリー（Hogan, K., & Pressley, M., 1997）は，メタ認知的な自己調整学習の支援方法をまとめています。それは，あらかじめ学習について約束をしておくこと，共有できる目標をもつこと，学習者の理解していることと必要なことを積極的に診断すること，学習者に合わせて支援すること，目標の追求を持続すること，フィードバックをすること，学習に伴うリスクを避けられるように関わること，学習者が学習行動を自分のものとして使えるようになり，他人から独立してできて，他の状況でもできるように支えること，などです。

こうした自己調整学習の方略使用を測定する質問紙として MSLQ（Motivated Strategies for Learning Questionnaire ; Pintrich et al., 1991）が開発されています。MSLQ は，動機づけと学習方略に関する質問項目から構成されています。学習方略は，さらに大きく分けると，認知的・メタ認知的方略（メタ認知的自己調整）と資源管理方略（時間と環境，あるいは自分の努力を制御したり，仲間と協同学習を行ったり，仲間に援助要請を求めること）の2つの方略に分類されます。本章で説明するのは主に前者の方略です。たとえば，モニタリング，プランニング，等のよく知られたメタ認知方略の使用を，MSLQ は質問項目に含めています。ここでは MSLQ よりも詳細な方略使用を調べて

10.4 自己調整学習の具体的な研究とその問題点 191

表 10.3 **自己調整学習の質問紙の項目例**（上淵，1998 より用語を一部変更）

方略のカテゴリー	定　義
1. 自己評価	学習の進歩の質を，子どもが自ら評価する。 例：「私は自分の勉強が正しかったか，確認する」
2. 体制化と変換	学習を進めるために，子どもが自ら教材をまとめ直す。 例：「私は，作文を書く前に，まとめる」
3. 目標設定とプランニング	教育目標や下位目標を子どもが立てて，これらの目標に関連する活動をする。 例：「まず試験の 2 週間前から勉強を始めて，調子を上げていく」
4. 情報探索	非社会的資源から将来の課題情報を確保するための，自発的な努力。 例：「作文を書く前に，図書館に行ってできるだけたくさん情報を集める」
5. 記録をとることとモニタリング	事実や結果を記録するために，自発的に努力する。 例：「クラスの議論のノートをとった」「間違えた単語のリストを作った」
6. 環境の構成	学習を容易にするために，自発的に物理的環境を選んだり，環境を整える。 例：「ひとりになる」「集中出来るようにラジオをとめる」
7. 自己強化	成功や失敗に対する，報酬や罰を考えたり，想像すること。 例：「テストができたら，映画を見に行くことにする」
8. リハーサルと記憶	教材を覚えるために有形無形の努力を，自発的にする。 例：「数学のテストに備えて，公式を覚えるまで書きとる」
9. 社会的支援の要請	仲間，教師，大人からの援助を得る努力を，自発的にする。 例：「数学の宿題がわからないので，友達に助けてもらう」
10. 記録のまとめ	将来の授業やテストに備えて，以前のテストやノートや教科書を見返すことを，自発的にする。 例：「テストに備えて，ノートを見返す」
11. その他	他人（教師や親）から言われて学習すること。 例：「私は，先生から言われたことをするだけだ」

いるジマーマンら（1988）の質問項目をあげておきます（**表 10.3**）。

10.4.2　自己調整学習の測定の問題

　自己調整学習研究での従来の研究指標は，オンライン処理（測定しているときの人の情報処理）を代表しているかどうかという問題があります。たとえば，先にあげた代表的な自己報告尺度である MSLQ は，他のメタ認知等に関する指標と比較すると，傾向が一致しない場合があり，むしろ傾向が逆転すらする

という報告もあります（Sperling et al., 2004）。認知神経科学の測定技術の向上等により，質問紙調査ではなくオンラインでの自己調整学習活動測定の進歩が，当然期待されます（Efklides, 2006）。同様にウィン（Winne, P. H., 2004）も，実践にとって効果的な測定方法の使用を促しています。

ウィンら（Winne et al., 2006）は，認知的なオンラインでの測定方法および自己調整学習のツールとしてコンピュータプログラム'gStudy'を開発しました。これはコンピュータ上で自己調整学習を支援するためのさまざまなツールからなります。どのツールをどのくらいの時間，どのような順序で用いたかについて，ログ（実際に行った内容）が記録されます。ログを分析すればオンラインの自己調整学習を対象に研究が可能となるのです。

さらに，その改良版として'nStudy'が発表されています（Beaudoin & Winne, 2009）（図 10.4）。これも gStudy と同様にコンピュータ上で自己調整学習を支援するためのさまざまなツールから成ります。そしてやはり，どのツールをどのくらいの時間，どのような順序で用いたかについて，ログが記録さ

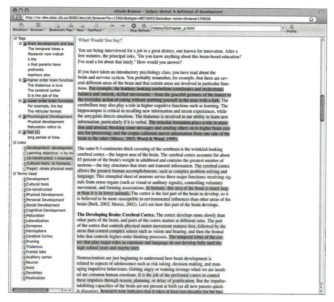

図 10.4　nStudy の画面例（https://www.sfu.ca/edpsychlab/nstudy.html）

れます。このログを分析することによって，オンラインの自己調整学習を研究することが可能になります。

10.4.3 自己調整学習をするための学習環境

　また近年，学習科学（学習を学際的・科学的に研究する分野で，教育心理学もその一翼を担っています）にのっとったコンピュータやネットワークベースの学習環境を構築し，自己調整学習を促進しようとする研究も増えています（Sawyer, 2007）。実際，自己調整学習は，学習者の個性や適性，能力等を前提として構築することが一番望ましいのです。しかし，従来のような教室で集団をベースに行われる一斉授業の中で自己調整学習を促すには限界があります。ゆえに，学習者の適性に合わせて比較的自由度が高い環境を構築することは，必要でしょう。

　しかし，ジマーマンとチカラス（Zimmerman & Tsikalas, 2005）は，コンピュータベースの学習環境研究が，学習者のメタ認知プロセスを促進することを強調しながら，学習者の動機づけや学習成果への内省，反応にほとんど注意を払っていないことを批判しています。学校という建物の枠内での学校教育は教育実践のかなめの一つですが，すべてではありません。今後の学習科学研究からの自己調整学習への貢献に期待したいと思います。

10.4.4 従来の自己調整学習研究に欠けている点

　ここまで，さまざまな自己調整学習の研究について述べてきましたが，上記の研究の大半は，短期的な認知要因や動機づけ要因，認知プロセスや動機づけプロセス，あるいはその結果を扱ったものばかりです。しかしながら，現実の自己調整学習は必ずしもそれだけで成り立っているわけではありません。たとえば自己調整学習と感情との関係の問題について，両者の関係を研究する必要性が主張され，研究が増えつつあります（Boekaerts & Niemivirda, 2000）。感情と自己調整学習との関係については，10.5 で紹介します。さらに 10.6 では，とくに自己の領域と，環境（とくに人的環境）との関係から，その問題点と今後の課題について簡単に紹介することにします。

10.5 感情・情動

　学習時には，学習課題やそれらに対する取り組みについて，さまざまな感情や情動が生じます。こうした，情動に関する制御も学習プロセスの中で行われている可能性があります。情動制御についての研究自体は，発達心理学や社会心理学，臨床心理学等で，非常に多くなされています（Eisenberg, 2002）。しかし，これらの研究は，必ずしも学業を対象領域とはしていません。一方，自己調整学習研究の内部で，情動制御の研究が十分にされてきたとは言い難いです。しかし，注目すべき研究もみられます。それについて，以下に簡単に紹介します。

　シュッツとデイヴィス（Schutz, P. A., & Davis, H. A., 2000）は，テスト

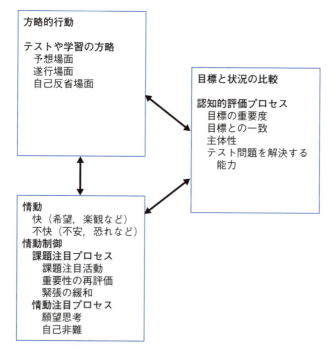

図 10.5　シュッツとデイヴィス（2000）によるテスト場面での情動制御モデル
　　　　（上淵，2004a）

10.5 感情・情動

不安に関する情動制御モデル（図 10.5）を提案しました。このモデルでは，テスト不安が，ラザルスとフォークマン（Lazarus, R. S., & Folkman, S., 1984）のモデルと同じように生じます。つまり，1次的評価と2次的評価が情動制御のプロセスで生じるとされています。1次的評価で刺激価値の評価，とくに正か負かの評価が行われます。2次的評価では，1次的評価の結果をうけて，どのように対処するかというコーピング（対処方法）の選択が行われます。テスト不安は，テスト刺激を学習者が負と評価すると，その対処反応として生じるとされています。しかし，シュッツらのモデルは，必ずしも学業にだけに適用できる類のものではありません。ゆえにこのモデルは一般性が高いのですが，学習に固有の問題や，学習方略のようなものは考慮されていません。

一方，ベッケルツとニーミヴィルタ（Boekaerts, M., & Niemivirta, M.,

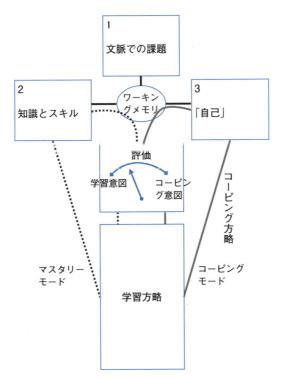

図 10.6　ベッケルツとニーミヴィルタ（2000）のモデル（上淵，2004a）

2000) のコーピングモデルは、より進んでいます（図10.6）。このモデルでは、学習場面を、ストレスがかかる状況とみなします。課題の学習はかなり困難であり、仲間との競争があったり、教師等の評価があったりします。そのために、学習への関わり方は、ストレス・コーピング方略とみることができます。コーピング方略は、大枠でみると、問題焦点型と情動焦点型に分類されます（Lazarus & Folkman, 1984）。問題焦点型コーピングは、ストレスをもたらす事態であるストレッサー自体の解決です。一方、情動焦点型コーピングとは、情動や感情を変化させて、ストレッサーへの評価を肯定的に変えることなどによりストレス反応を低減させます。学習場面では、問題焦点型コーピングは、課題解決をする方略（方法）で、従来の学習方略や自己調整学習方略は、このコーピングとみなせます。情動焦点型コーピングには、失敗不安の低減や、失敗による負情動反応の回避、自尊心低下の回避などがあります。たとえば、回避行動には、挑戦的な課題の回避、援助要請の回避、セルフハンディキャッピングなどがある、とされています（Midgley, 2002）。なお、セルフハンディキ

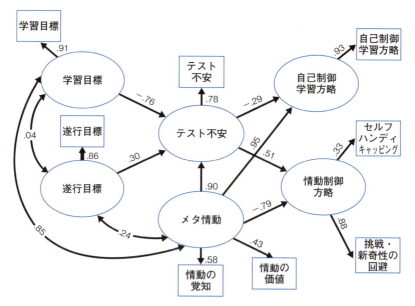

図 10.7　**自己調整学習のコーピングモデルの分析結果**（上淵, 2004b）

ャッピングとは，失敗すると思っているような課題に対して，わざと成功の可能性を低くする方略です。

ベッケルツらのモデルでは，自己調整学習研究が対象としてきた学習や認知の方略と，情動制御が対象としてきた不安低減の回避行動の両者を統合的に説明できます。このモデルを基礎として，感情と自己調整学習に関する実証研究が，ますます増加することが期待されます。たとえば，このモデルに近い研究として，上淵（2004b）をあげることができます（図10.7）。

さらに，ジマーマンら（Zimmerman et al., 2011）は，このモデルを拡張しています。拡張モデルでは，3つのモード（方法）があると仮定されています。1つ目は知識や技能を拡大すること，2つ目は学習活動への関与を妨げないこと，3つ目は自己を脅威から守ることです。この3つのモードが自己調整学習において機能していると彼らは主張しています。

10.6 今後の課題

10.6.1 社会の中の自己調整学習

近年の自己調整学習研究の発展に伴い，それはもしかすると個人のみで成立する学習だと誤解される可能性があるかもしれません。しかし，一方で，ジマーマンたちがよってたつバンデューラの社会的認知理論は，決して個人内のプロセスだけに着目した主張ではありません。

バンデューラ個人の研究の歴史を調べればすぐにわかるように，彼は人が関係の中に生き，他人とやりとりする存在であることを，とても重視しています。したがって，バンデューラの理論に基づいて，自己調整学習の論を展開するのであれば，自分で自分の学習に積極的にかかわるだけではなく，「それを通して」社会と関わることを見逃すわけにはいかないと考えます。

実は，この問題はすでに上淵ら（2009）が指摘しています。さらにそれを踏まえて，自律性が単純に成り立つのではなく，「自律的と思われる学習や行動は，他者や環境との関係が変化した状態と言いかえられる」（上淵，2010）とすら述べていることは，見逃してはならないでしょう。

また近年，ヤルヴェラ（Järvelä, S.）やハドウィン（Hadwin, A. F.）のような自己調整学習研究者たちは，SSRL（Socially Shared Regulation of Learning；社会共有調整学習）を強く主張しています（Hadwin et al., 2011）。これは，自律的な学習者同士が調整を共有し，協同学習を行っていくことをさしています（Panadelo & Järvelä, 2015）。しかし，これらはすでにバンデューラによって先鞭をつけられたものだということを忘れてはならないでしょう。

10.6.2　自己調整学習と自己

パリスらは，社会文化的な構成主義の立場から，自己調整学習における自己やアイデンティティ（同一性。2.2.2 を参照）の重要性を検討しています（Paris et al., 2001）。彼らは，個性化，アイデンティティの形成，自己の確証を目的として，自己調整学習が生じると主張しました。また，自己調整学習を，複数の「なり得る自己」（可能自己）の中からなりたい自己を選びとっていくプロセスとみなしました。

つまり，社会文化的アプローチでは，自己調整学習はアイデンティティ形成や自己像形成のライフコース（Elder, 1985）の道筋の一部とみなされます。ゆえにライフコースの視点に立てば，現在の学習者の在り方について，自分を自分自身の歴史や予測する将来と関係づけて理解できます（Ferrari & Mahalingham, 1997）。したがって，各学習者の個性やその背後に背負った歴史性，文化性をとくに明らかにする必要があります。

生涯発達の一環として自己調整学習をとらえる立場は，従来の自己調整学習研究と比べると利点が 3 つあげられます。第 1 に，従来の自己調整学習研究が短期的な学習効果のみを狙っているのに対して，より長期的，生涯発達的な視点に立った研究が可能になります。第 2 に，メタ認知，動機づけ，行動の主な 3 つの要素の関係を束ね，その機能を意思によって働かせる「自己」の存在をはっきりさせ，自己の発達により，メタ認知，動機づけ，行動への働きかけが生じることを示すことができます。この点があえて「自己」を付加する意味だと考えられます。そうでなければ，自己調整学習の「自己」の意味は霞み，あえて自己を付加する意義は薄れてしまうでしょう。第 3 に，自己形成やアイデ

ンティティ形成の文脈と学習の文脈を統合的に扱う可能性が生じます。

10.6.3 自己調整学習と環境，他者とのかかわり

　学習者が文脈や環境に積極的に働きかけ，環境や文脈を作り上げていくことは，自己調整学習の重要な役割です（Lerner & von Eye, 1998）。したがって，その環境と自己との関係の変化や，自己による環境構築のプロセスを明らかにすることは，自己調整学習を発展させる上で大切ではないでしょうか。教室風土や教室の物理的配置等の教室環境は，子どもの学習に影響するといわれています（古川，1995）。しかし，逆に学習者が教室環境を積極的に改善しようとするプロセスをみる研究や教育実践が，教育改善の意味からも今後必要となってくるでしょう（上淵，2003）。

　さらに，ジマーマン（Zimmerman, 2002）によれば，自己調整学習はその名称から想起されるイメージとは異なり，他者との相互作用の中から獲得され，練り上げられ，他者がかかわることで，生み出されるのです。その意味で，文脈へのかかわりは，自己調整学習にとってますます重要であり，自己調整学習研究を発展させるには欠かせないものと考えられます。

　このような社会的相互作用の観点を徹底すれば，一般的な教師対学習者という学習形態や教師指導型の教育形態を大きく変えることができるかもしれません（Martin, 2004）。実際に教育形態の学習者中心型への大きな変化が，学習効果をあげたという知見もあります（Masui & Corte, 2005）。

　周囲の環境や文脈から学習に役立つ情報を抽出することや，学習のために環境を整えることについての実証研究はあまり多くありません。むしろ，学習者のために学習環境をデザインしたり整えたりするという研究は現在でも盛んであり，学習者自らが学習環境を作っていくという研究はまだ少ないのが現状だと思われます。

コラム 10.1　個性と学び

　本文で幾度も強調したように，学びは社会の中で行われるものです。自己調整学習という名前に惑わされて，そのような本質を見失ってはならないでしょう。しかし，そうだとしても，学習者の個性をないがしろにすることはできません。学習指導の中では，個性について大きく分けて2つの考え方があります。それは，指導の個別化と学習の個性化です。

　まず，指導の個別化とは，学習者の個人差を前提として，それをできるだけ均一にするように教育をしていくことをさします。一方，学習の個性化とは，学習者の個性をできるだけ伸ばしていくような働きかけをさします。どちらの考え方も，重要でしょう。

　では，自己調整学習と上の2つの考え方とは，どのように関係するのでしょうか。最初に，指導の個別化では，学習者の自己調整（メタ認知や自律的動機づけの働き）がうまくいかない場合はそれを伸ばし，自己調整がうまくいっている学習者についてはそれを維持させるようにするといった具合に，一人ひとりの学習者への働きかけを変えることになります。このようにすることで，最終的にはどの学習者も自己調整がうまくできるようになり，結果的に，一人で学べるようになっていくはずです。その一方で，一般の学校教育では，特定の課題や水準の達成が目的とされ，それを目指すために自己調整ができることが重視されることになるでしょう。

　次に，学習の個性化について考えてみましょう。学習者一人ひとりの目標や願いを実現するためには，自己調整ができることが重要な手段になると考えられます。つまり，同じ自己調整学習といっても，指導の個別化では教師等が定めた課題や水準の達成が目的となることが多く，学習の個性化では学習者自身が定めた目標の達成が目的となる，というようにその学習の目標や意義は大きく異なります。

　従来の自己調整学習では，どちらかといえば，指導の個別化が重視されてきた傾向があります。ゆえに，メタ認知や自律的動機づけの機能が高まることは，それ自体よりも，学校の学習ができるための手段となってきたといえましょう。それは決して悪いことではありません。しかし，学習者の個性が多様に開花することを望む場合は，自己調整学習を学習の個性化の中で発達させることも必要でしょう。

　しかし，どちらにしても，自己調整学習は，教師に依存した学習からの脱却を目指しているわけですから，「自己調整学習者」がどこに進むかを，学校教育にとどまらず，生涯学習，キャリア教育（学習）にまで結びつけて考えることが，これからは必要となってくるでしょう。

参 考 図 書

上淵　寿（1998）．自己制御と自己評価の教育　無藤　隆・市川伸一（編著）学校
　　教育の心理学（pp.118-134）　学文社

上淵　寿（編著）（2004）．動機づけ研究の最前線　北大路書房

上淵　寿（2012）．自己制御学習　鹿毛雅治（編）（2012）．モティベーションをま
　　なぶ 12 の理論──ゼロからわかる「やる気の心理学」入門！──　金剛出版

ジマーマン，B. J.・シャンク，D. H.（編著）塚野州一（監訳）（2006）．自己調整
　　学習の理論　北大路書房

上淵　寿（2007）．自己制御学習とメタ認知──志向性，自己，及び環境の視座か
　　ら──　心理学評論，50，227-242.

ジマーマン，B. J.・シャンク，D. H.（編）塚野州一・伊藤崇達（監訳）（2014）．
　　自己調整学習ハンドブック　北大路書房

復 習 問 題

1. 単なる学習と自己調整学習の違いについて簡単に説明してください。

2. 行動的自己調整と環境的自己調整について，各々の特徴がわかるように簡単に説
明してください。

3. ヴィゴツキー派のモデルと社会的認知モデルにおける自己調整学習の発達の違い
について述べてください。

4　自己調整学習で感情が果たす役割について説明してください。

第11章

発達と学習の障害を理解する

近年，少子化は進む一方ですが，特別支援教育の対象となる児童生徒数は増加傾向にあり，特別支援教育の需要はますます高まっています。その一因に発達障害への理解が進んだことがあるでしょう。そこで，そういった子どもたちを含めたすべての人々が，共に生きることのできる共生社会の実現に向けたインクルーシブ教育を推進することにより，障害の有無にかかわらず，当該の子どものニーズに応じて教育を行う視点が重視されています。しかし，教育現場では，明らかな障害のない場合も含め，障害のある子どもへの指導法がわからず苦慮しているのもまた事実です。このような現状を踏まえ，本章では，11.1 において，障害を理解する際の基本となる考え方をとらえます。11.2 では，特別支援学校および通常学校における在籍者の増加が顕著となっている発達障害（神経発達症）の特徴について述べ，11.3 では，障害の理解と教育のあり方についてまとめたいと思います。

11.1 障害を理解する際の基本的な考え方

障害を理解するには，現代では子どもから大人までがかかえているといわれるメンタルヘルスの問題の原因について，まず理解することが必要だといえます。十一（2014）はそのことを，心，脳，体の3つのタイプから考察しています（図 11.1）。

まず「心」に原因があるとはどういうことでしょうか。たとえば，子どもはつらいことがあると，頭痛，腹痛，嘔吐といった体の症状として現れることがあります。原因が即座にわからないこともありますが，周囲への聞きとりや観察で，その症状を生み出している心理社会的要因がわかることもあります。このように，症状が生じる過程は，誰にでも備わっている心身の正常なメカニズ

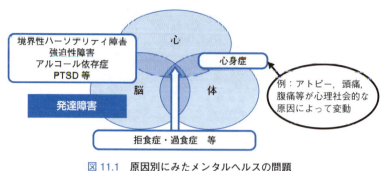

図 11.1　原因別にみたメンタルヘルスの問題
（十一，2014を参考に著者が一部改変）

ムだといえるでしょう。心理社会的要因によって体の症状が現れていることが認められれば，心理療法，精神療法，認知行動療法，家族療法，環境調整などを行うことは有効ですし，薬による治療も大きな役割を果たすでしょう。

次に，「脳」に原因があるとはどういう場合でしょうか。それは，脳機能の障害や損傷，脳組織の発達の特異性によって症状が現れた場合が考えられます。たとえば，後述する知的発達症，自閉スペクトラム症，注意欠如／多動症，学習症といった発達障害（神経発達症）は，「脳」に原因があるとされます。この場合，薬物療法や療育，環境調整を含めた教育的支援が重要な役割を担います。

最後に，「体」に原因があるとはどういう場合でしょうか。たとえば，幼児期から発症する遺伝性の病気の一つにフェニルケトン尿症があります。人体に必要な酵素を生まれつき欠くため，体内でアミノ酸を分解できず，アミノ酸が血中に過剰に蓄積して脳を傷つけることが知られています。放置すると，てんかん発作が起きたり，知能，言語，社会的能力の発達に遅れが生じたりします。この場合，まず体の病気，つまり基礎疾患の治療に焦点を当てることが最優先されます。

他にも，図 11.1 に示したように，「心」と「脳」の領域にまたがるパーソナリティの激しい不安定さを示すパーソナリティ障害，「心」と「体」の領域にまたがる心身症，3つのタイプすべてが複合的に絡んで生じる拒食症・過食症といった摂食障害等も認められます。

11.2　発達障害とは何か

発達障害は20世紀後半に精神疾患の中に位置づけられたジャンルであり，11.1で示したように，その原因は「脳」にあるといえます。幼少期から症状が現れ続け，精神疾患の中に位置づけられています。発達障害は神経発達症（Neurodevelopmental Disorder）ともよばれている通り，生まれつきの脳の神経発達やその働き方の違いによって認知，言語，運動または社会的技能の獲得に歪みが生じる障害といえます。しかし，どのように脳の働き方が違うのか，未だ明確にはわかっていないのが現状です。また，教育の分野では，発達障害を，知的発達症と，自閉スペクトラム症，注意欠如／多動症，学習症に分けて説明しています。医学的には，これらはすべて発達障害（神経発達症）の定義にあてはまります。その概要を表11.1に示しました。これらの特徴については，2013年に改訂されたアメリカ精神医学会の『精神疾患の診断・統計マニュアル』（DSM-5；APA, 2013）および十一（2014）を参考に述べていきます。

11.2.1　知的発達症

知的発達の遅れについては，1947年の学校教育法において精神薄弱として記載され，1999年には精神遅滞あるいは知的障害と改められたものの，その用語が意味する背景が必ずしも適切ではないという理由もあり，DSM-5（APA, 2013）が公刊されて以降，わが国でも知的発達症（Intellectual Disorder）や知的能力障害とよばれるようになっています。その特徴を要約すると，第1に18歳以前の発達期に生じ，第2に標準的な知能検査等で測定された知能指数

表11.1　代表的な神経発達症の主な特徴

知的発達症	平均以下の全般的な知的機能
自閉スペクトラム症	対人相互性の問題，関心と活動の限局を中核とした多領域における発達の質的な歪み
注意欠如／多動症	発達水準に不相応な不注意，多動性−衝動性
学習症	読み書き，計算等の特定領域の到達度の低さ，技能獲得の遅れ（例）読字障害，書字表出障害，算数障害

がおおよそ70以下を基準とした知的機能の発達に遅れを伴うことにより，第3に適応行動の困難性を伴う状態，の3つに集約できます。

第1の特徴に18歳以前に生じるとありますが，早い場合では言語や運動の発達の遅れから2歳より以前に明確になる場合もあります。

第2の知的機能の遅れは，観察等を通じた臨床的な評価，および個別に標準化された知能検査等の客観的な基準によって確かめることが必要です（第8章参照）。標準化された検査を行う目的は，当該の児童生徒の成長を把握して教育に生かすことができるようにしたり，障害年金の制度や人的，物的サービス等の社会資源を活用できるようにすることにあります。活用される検査の代表として，第8章で説明したウェクスラー式知能検査があります。ウェクスラー式知能検査は，言葉，記憶，計算，図の構成などを調べるいくつかの課題（下位課題とよびます）からなり，その成績と年齢をもとに知能指数を算出し，知能指数（IQ）を100（偏差値50）とした場合の当該の児童生徒の相対的位置がわかるようになります。表11.2にはその知能段階を示しました。最近改訂されたウェクスラー式知能検査では，検査課題の組合せから，言語理解，知覚推理，ワーキングメモリ，処理速度の4つの観点の認知機能を取り上げて，それらの平均的能力やどの能力がすぐれているかをみることができるようになっています。

以上のように，知能指数を算出する手法は従来から用いられてきましたが，

表11.2 **知能段階とIQ及び段階に含まれる割合** (十一, 2014)

知能段階	ウェクスラー式知能指数（IQ）	段階の割合（%）
非常に優れている	130 以上	2.2
優れている	120-129	6.7
平均の上	110-119	16.1
平均	90-109	50
平均の下	81- 99	16.1
境界線	70- 80	6.7
知的障害※	69 以下	2.2

従来からIQ＝55-70を軽度知的障害，35-50を中等度知的障害，20-35を重度知的障害と分類してきましたが，IQのみでは障害の程度を測り知ることはできません。

11.2 発達障害とは何か

表 11.3 適応状態の重症度を示す 3 つの領域 (DSM-5 を参考に著者が要約)

概念的（学問的）領域	社会的領域	実用的領域
記憶，言語，読字，書字，数学的思考，実用的な知識の習得，問題解決，新規場面における判断能力	他者の思考，感情，共感，対人的コミュニケーション技能，友人関係を築く能力，社会的な判断	セルフケア，仕事の責任，金銭管理，娯楽，学校と仕事の課題の調整といった実生活での学習及び自己管理能力

知的障害の診断は IQ のみでできるわけではありません。第 3 に，職場，学校，家庭等での適応状態に困難があるかどうかを判断する必要があります。適応状態を示す基準は，**表 11.3** にある通り 3 つの領域から考えます。概念的領域とは主に学業にかかわるもの，社会的領域とは対人関係にかかわるもの，実用的領域とは身辺自立等の生活にかかわるものと大別できるでしょう。知的障害の程度は，これら 3 つの領域それぞれにおいて，軽度，中等度，重度，最重度と段階的に示されます。

11.2.2 自閉スペクトラム症

以前，**自閉スペクトラム症**（Autism Spectrum Disorder）は広汎性発達障害とよばれていました。スペクトラムとは連続体を意味する用語であり，定型発達から自閉症の特徴が顕著な者までが連続しているという意味があります。自閉スペクトラム症の特徴は 2 つの点に集約できます。

第 1 は，周囲の人との自然な相互交流が生まれつき苦手であるという点です。具体的には，乳幼児期ではあまり親を見たり呼びかけに応じたりしないこと，幼児期から児童期以降にかけても，他児との共感性も弱く，周囲に自分を合わせることが苦手です。そのため，対人関係の構築に必要なスキルが身につかないといったことがあります。第 2 章で紹介されているように，対人関係の構築に必要なスキルの土台は生後すぐに作られはじめます。人の顔や目，声に選択的に反応し，視線につられて相手の見ているところを見たり話に耳を傾けたりします。これが，他者が何を見て何を伝えようとしているのかを知ることにつながります。自閉スペクトラム症児は，こういった顔や表情の認知やそれらに

関連する記憶，視線に対する反応が，定型発達児とは明らかに違うことも分かっています。そのため，相手の意図の理解や言語の獲得に困難をかかえることは容易に想像できます。一方で，特定の領域については知識が豊富で言葉づかいが大人びている場合もあり，特定の事象や法則に関する知識に長けていて周囲を驚かせることも少なくありません。

　第2に，物事が一定不変であることへの強いこだわりを示します。いいかえると，変化に適応することが生まれつき苦手であるということです。たとえば，乳幼児期から，座る位置へのこだわり，特定の色の料理でないと食べない，といったようなことがみられます。また，スケジュール，玩具の並べ方，やり方や手順，言葉の使用法や説明の仕方などが一定でないと混乱します。同じ刺激を好み，それと関連して決まったことを際限なく繰り返します。つまり，同じ質問を何度も繰り返したり，回っている扇風機をいつまでも見ていたり，トイレの洗浄ボタンを何度も押したり，気に入った映画のシーンを何十回も見たりといった行動として現れます。また，感覚についても，たとえば，特定の音や臭いをいやがるといった過敏さをみせる一方，寒暖や痛みに関して平気であるという鈍感さをみせるという特徴があります。

　上記の2点に加えて，予期せぬ変更や苦手な場面でパニックに陥りやすいこと，不器用さや運動発達の遅れ，湿度や気圧の影響を受けやすい，便秘や下痢などの自律神経の失調をかかえやすいといった症状もみられます。各発達期においてその特徴が変化すること，また，特徴の目立ちやすさが人によってさまざまであることが，自閉スペクトラム症が見過ごされる原因になっているかもしれません。

11.2.3　注意欠如／多動症

　注意欠如／多動症（AD/HD：Attention Deficit/Hyperactivity Disorder）は，ADとHDとの間にスラッシュ（／）があるように，AD（不注意）とHD（多動―衝動性）に症状を大別できます。「不注意」は，注意の範囲と対象が狭く，持続時間が短いことに関連して生じるものです（図11.2）。たとえば，ある事柄に注意を向けるとそれ以外は視野に入らなかったり，腰をすえて同じ作業に

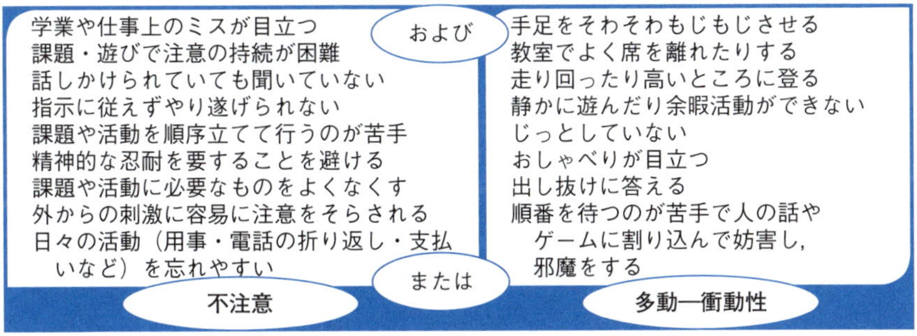

11.2 発達障害とは何か

不注意	および	多動─衝動性
学業や仕事上のミスが目立つ 課題・遊びで注意の持続が困難 話しかけられていても聞いていない 指示に従えずやり遂げられない 課題や活動を順序立てて行うのが苦手 精神的な忍耐を要することを避ける 課題や活動に必要なものをよくなくす 外からの刺激に容易に注意をそらされる 日々の活動（用事・電話の折り返し・支払いなど）を忘れやすい	または	手足をそわそわもじもじさせる 教室でよく席を離れたりする 走り回ったり高いところに登る 静かに遊んだり余暇活動ができない じっとしていない おしゃべりが目立つ 出し抜けに答える 順番を待つのが苦手で人の話やゲームに割り込んで妨害し、邪魔をする

図 11.2　AD/HD の主な症状（DSM-5 より著者が一部改変）
12歳未満から学校、家庭、職場等の2つ以上の状況で不注意、多動─衝動性の項目のうち6つ以上が6カ月持続したことがあり、その程度は発達水準に不相応で社会的および学業的／職業的活動に直接悪影響を及ぼす根拠があり、他の精神疾患ではうまく説明できないことが基準とされます（17歳以上では、上記のそれぞれ5つ以上の症状が必要）。

長く取り組むことができなかったりします。話しかけられても上の空になりやすく、指示が守れずケアレスミスも生じます。また、よく物をなくし、毎日やるべきことのし忘れや物忘れも目立ちます。その原因として、注意や記憶に関与するような、7歳から15歳までのワーキングメモリの発達的増加が小さいことが指摘されています（第5章参照）。

　また、「多動」とはじっとしているのが苦手で、物事に静かに取り組むことができず、席を立ってしようような状態をさします。ずっとしゃべっていたり、あせっているかのように動き回ったり、高いところや不安定な場所に登りたがったりする傾向もあります。また、多動と関連のある「衝動性」とは、相手が言い終わる前にしゃべりだしたり、会話に割り込んだり、順番が待てなかったりといった行動をさします。それは、冷静さを失って感情に走るというわけではなく、一瞬の間合いを長く感じ、待ちきれない状態に近いものと考えられています。

　注意欠如／多動症は、多動─衝動性が目立つ場合（男性に多い）、不注意が中心となる場合（女性に多い）、また両方がある場合（男性に多い）の3つの型があります。ただし、年齢と共に多動─衝動性が軽くなり、不注意が中心の症状へと変化することもあるといわれています。一般には、3歳頃から症状が目立ち始め、小学校中学年頃にピークに達し、その後は小学校高学年頃で少し

落ち着き，成人を迎える前後にさらに落ち着くというパターンがよくみられます。また，見かけ上の症状は改善しても，根底にある AD/HD の気質は大人になっても持続することが多いことも知っておいたほうがよいでしょう。

11.2.4 学 習 症

学習症（Learning Disorder；LD）とは限局性学習症や学力の特異的発達障害ともよばれ，学習のある特定の能力だけが著しく困難な状態をさします（図11.3）。具体的には，学力の基礎となる読み，書き，計算等の技能のうち，いずれかがその人の全般的な学力とは不釣り合いに遅れている状態を意味します。その遅れは，努力不足や興味関心がないことに由来するのではなく，生まれつきみられる苦手さによる場合（生まれつき技能獲得が困難であること）に限定されます。

学習症の一つに読字障害（ディスレクシア）があげられます。読字障害では，知能に遅れがないのに，不釣り合いに文の音読や読解が遅れている状態を認めることができます。音読が遅い上に誤りがみられ，拗音（「きゃ」「きゅ」「きょ」など）や濁音（「が」「ぎ」「ぐ」など）といった特定の表記の発音がうまくできず，たどたどしくなることが特徴です。音読はできても，文の意味が理解できないタイプの読字障害もあります。また，音読とともに，書字にも障害のある発達性ディスレクシアも読字障害の一種とされています。さらに，書字表出障害といい，文字や漢字の形態の誤り，文字の配列や漢字，送り仮名の誤

読字に努力を要する （音読，発音の困難等） 読みによる意味理解の困難 母音や子音の入れ忘れ，置換 書字表出の困難 （文法，句読点の間違い） 数字の概念，計算習得の困難 （大小等の関係理解の困難，年齢不相応な指の利用） 数学的推論の困難	困難を有する学業的技能が暦年齢よりも低いことが個別施行の標準化検査や臨床評価で確認
	その人の限られた能力を超えるまでは完全には明らかにならない場合も含む 例：時間制限のある試験　等
	知的障害，その他の精神疾患，不適切な学習指導や習熟度不足によっては説明できない

図 11.3　LD の主な症状（DSM-5 より著者が一部改変）
学習や学業的技能の使用に困難があり，介入がなされているが 6 カ月以上症状が持続する場合。

りをはじめ，さまざまなレベルでの書字の失敗がみられるタイプもあります。

　学習症の他の例として，数に関する概念や計算の習得に困難をかかえるタイプの算数障害も知られています。数の概念が理解できないか，理解できたとしても，数字を正しく表記できない，計算の流れや手続きがわからない，また単位による混乱もみられます。時計や図形の認知などに関する学習症も存在します。

　このように，学習症の症状は，学校生活の大きな位置を占める学習における遅れが中心となります。そのため，自分は努力してもできないという劣等感から，友人を避けるようになってそれが不登校に発展したり，対人恐怖やうつ症状のような2次障害を生んだりすることもあります。そういった事態に発展しないよう，症状の軽減を図る取組みが必要です。

11.3　障害の理解と教育のあり方

　発達と学習の障害について教育現場でよく生じる誤解について，小学3年生の男児を例に考えてみましょう（図11.4）。

　この例は，行動の背景にある原因が「脳」にあるにも関わらず，「心」が原因だと誤解している典型的なパターンといえます。ストレスや愛情不足のような「心」の原因と，「脳」の原因とを混同したまま子どもにかかわることは，その子どもと保護者を混乱させることにつながります。その結果，必要な時期

クラスメートからからかわれると暴言を吐きます。成績はいつもトップクラスですが，最近では国語の時間になると頻繁に教室を飛び出します。家庭での愛情不足やストレスが原因だと考えた担任は，親に子どもとの時間をもっと作ってほしいと伝えました。また，問題が生じると担任は児童と何度も話をしていきました。
しかしいっこうに問題が解決しないばかりか，児童は，「どうせ自分が悪い，先生にはわからない」とつぶやくのみです。あるとき，担任が養護教諭に相談し，管理職の教師と共に児童精神科医を訪問し助言を求めたところ，自閉スペクトラム症が原因で生じる行動上の問題だといわれました。表面に現れているのはイライラや他人に対する暴言だが，その背景には自閉スペクトラム症からくる対人関係の築きにくさがあり，学習についても本人特有の学習の仕方が授業の進み具合と一致しないことが影響しているということでした。

図11.4　小学3年生男児の一例

に必要な支援を受けられず，予後の適応にも悪い影響が及ぶことを念頭におかなければなりません。障害を理解する枠組みを念頭におき，専門医や多くの職種との連携を図りながら，児童生徒の理解と支援体制を整備することが求められます。

本章で中心に扱った神経発達症は，いずれも知覚，注意，記憶，言語，思考や推理といった認知発達，社会性や情緒面，運動面での発達に特異性のある一群です。これらの基本的な発達の道筋や特徴をふまえ，それぞれの障害の特性を正しく理解すると，おのずと支援の方策がみえてきます。その方策を教育の場でどのようにできるのか，考えなければなりません（コラム11.1）。

たとえば，子どもの注意をひくようにゆっくりとした速度で話したり，板書の文字や数字の表示の仕方を工夫し，ワーキングメモリを過度に使わせないような授業展開に改めたりといったことも有効かもしれません。また，黒板に授業の進行具合を示し，児童生徒に授業の見通しをもたせることも必要かもしれません。さらに，知識のみならず，どのように学べば内容が定着するのかといった学習方略（第5章）を，子ども自身に体験させる活動も必要になります。

このように，子どもの実態に応じて，教師個人のレベルから学校全体のレベルまでで取り組む必要のある活動があります。重要なことは，こういった活動を通じて子どもに自信をもたせることです。そのためには形成的な評価と段階的で意図的な指導が必要になってくるといえます。この流れをくむように，2018年より段階的に実施が予定されている新学習指導要領においては，教科ごとに配慮を要する子どもの指導について明記されるようになりました（文部科学省，2017）。また，特別支援学校学習指導要領においても，各教科の目安となる発達の段階ごとの目標が，より詳しく明記されるようになりました。さらに，子ども一人ひとりに対する個別の教育支援計画を策定し，日々の指導において，障害の克服や自立を目指す自立活動を重点化する必要性も，特別支援学校のみならず通常学校の教育においてさらに強調されることになりました。

近年では，通常学校において行われるユニバーサルデザインの考え方も導入されています。ここでいうユニバーサルデザインとは，「学力の優劣や発達障害の有無にかかわらず，すべての子どもが楽しく『わかる・できる』を目指し

11.3 障害の理解と教育のあり方　　　213

て工夫・配慮する通所学級における授業のデザイン」（桂と廣瀬，2011）であり，真の意味でのインクルーシブ教育が進められつつあります。

　本章の冒頭で示したように，発達障害への理解が進んだこともあり，特別支援教育の対象となる子どもの数が増加の一途をたどっています。2013年に障害のある子どもの就学手続きの一部が変更となったこともあり，一般の子どもたちと一緒に生活しながら学ばせたいという保護者の意向を尊重した上で，当該児童生徒の就学先が決定されることが増えていくことでしょう。その結果，実際は小学2年生であっても，発達年齢は3歳や4歳という子どもが通常の学級にも在籍することが増えるかもしれません。障害のある子どもの支援については，児童期以降のみならず乳幼児期からの発達に関する知識の習得が教師に求められることはいうまでもありません。

コラム 11.1　神経発達症のある子どもへの学習支援

　湯澤と湯澤（2017）は，神経発達症のある子どもへの学習支援をワーキングメモリ理論の考え方に基づいて4つの点から整理しています（表11.4）。

　1つ目は情報の整理です。これは個々の情報の関連がわかりやすくなるように情報を構造化することを意味します。たとえば，授業の冒頭に結論を板書し，授業の目標を明確にすることなどがあたります。また，多重符号化によって同じ情報を視覚，聴覚，あるいは動作とともに学ぶように学習形態や学習環境を設定することも情報を取り込みやすくする方法といえます。

　2つ目は情報の最適化です。課題を細分化し指示を短くして，一度に取り組む課題の情報量を少なくするスモールステップを活用します。話を聞く時間と書く時間を明確に分けるといった時間のコントロールも重要です。細かいステップで実行した後に，節目で情報を統合し，今何をしているのか目的を意識できることも重要といえます。

　3つ目は記憶サポートです。多重符号化において反復することが長期記憶への定着の基本となりますが，これらの有効性について子ども自身が自ら気づいて自発的に使用できるように促したり，体験できるようになるといった活動が必要となります。さらに，子どもの長期記憶にすでに蓄えられている情報を意図的に利用することも重要です。また，覚えるべき内容を資料にまとめたり板書したりして目に見える補助教材にし，外部記憶を活用することも有効だといえます。

　4つ目は，子どもがどこに注意を向ければいいか，選択的注意を促したり，自己の理解度をチェックさせたりといった自己制御を重視した注意のコントロールです。これらは発達の進み具合によって教師が主導的立場で行うのか，子ども自らが活動するのかが変わってきます。授業を考える上で，授業の構成，どういった学習形態や環境，学習のルールを用いているのか，指示の出し方や発問，説明の仕方，教材教具は子どもの発達にあっているのか，板書は工夫されていてノートを書くタイミングや書き方について明確に指導されているか，子どもの発表や振り返りは適切か，などの基本事項をおさえながら工夫がなされていく必要があります。

表 11.4　学習支援の4つのポイント

情報の整理	情報の最適化	記憶のサポート	注意のコントロール
情報の構造化	スモールステップ	記憶方略の活用	選択的注意
多重符号化	情報の統合	長期記憶の活用	自己制御
	時間のコントロール	補助教材の活用	

参 考 図 書

十一元三（2014）．子供と大人のメンタルヘルスがわかる本——精神と行動の異変を理解するためのポイント40——　講談社

Nussbaum, A. M.　髙橋三郎（訳）染矢俊幸・北村秀明（訳）（2015）．DSM-5 診断面接ポケットマニュアル　医学書院

宮本信也・田中康雄（編）（2008）．発達障害とその周辺の問題　中山書店

湯澤正通・湯澤美紀（2017）．ワーキングメモリを生かす効果的な学習支援——学習困難な子どもの指導方法がわかる！——　学研プラス

アロウェイ，T. P.　湯澤美紀・湯澤正通（訳）（2011）．ワーキングメモリと発達障害——教師のための実践ガイド2——　北大路書房

復 習 問 題

1. 障害を理解する上で基本となる考え方を3つあげてください。

2. 発達障害（神経発達症）とは何か，またそれぞれに含まれる知的発達症，自閉スペクトラム症，注意欠如／多動症，学習症についてその特徴を簡単にまとめてください。

第12章

測定と評価を理解する

学習や教育を適切に理解し，新たな学習や教育に活かしていくには，その評価が欠かせません。また，評価をするにあたっては，正しい測定をしていくことが大切です。そのため，測定の方法を十分考慮する必要があります。また，数値ではうまく測ることが難しい活動も，積極的に評価する時代となりました。そのために，ポートフォリオ評価やパフォーマンス評価といった方法も，用いられています。

12.1 測定と評価

評価とは，価値を判断することです。一方，測定とは，一定の規則に基づいて数値を当てはめることをさします。

私たちは，何となく測定をそのまま評価とみなすことが多いのですが，上記のように両者は異なるものです。しかし，何らかの対象に対して測定を行い，これによって得られた数値を手がかりに，つまり情報として扱い，価値判断としての評価をすることが，今日では一般的です。

また，評価においては5段階評定や10段階評定という言葉が，しばしば用いられます。評定とは，評価を数値によって表したものをさします。評定では，数値を使っていますが，評定値は測定値そのものではありません。

12.2 評　価

12.2.1 教育評価と学習評価

教育評価とは，教育にかかわる物事の価値を判断することです。それには学

習者にかかわる事柄や教師にかかわる事柄，学校にかかわる事柄等が含まれます。その中でも学習者の学習について評価することを，とくに学習評価といいます（北尾，2006）。以前から教育界で学習評価という言葉は使われてきました。それが21世紀に入って，以前よりも頻繁に使われるようになり，教育評価にとって代わる気配すらあります（たとえば，中央教育審議会，2010）。

12.2.2　評価の目的は何でしょうか

評価の目的について，ここでは，学習指導の改善，学習活動の促進，教育の説明責任，教育の運営・管理について説明します。

1. 学習指導の改善とは，学習指導の方法やその成果（つまり，学習者の学習結果）を検討することによって，よりよい学習を促すための情報を得て，それを今後の学習指導に活かすことをさします。

2. 学習活動の促進とは，学習のプロセスや学習の成果を学習者にわかりやすく示すことで，学力の高さについて自信をもたせたり，学習者に自分の学習行動の問題点を明らかにしたりすることで，問題点の克服を具体的に考えられるように，情報提供をすることを意味します。

3. 教育の説明責任とは，教師や学校が学習者や保護者や地域に対して，学校で適切な学習指導を行っていることを明らかにしたり，もし学習に問題があるとすれば，それについて教師や学校がどのような対策を立てる必要があるのかを，示したりすることをいいます。

4. 教育の運営・管理は，評価によって得られた情報により，教育委員会等が，学校教育の質を管理し，学校運営を適切にするための材料を得ることができることや，評価によって学校への入学希望者の選抜をすることをさします（図12.1）。

12.3　評価の種類

評価には，さまざまな種類があり，複数の観点から分けることができます。以下，評価の基準，評価の学習指導プロセスでの位置，評価の主体，の視点か

図 12.1　入学試験後の合格者発表

ら，評価の種類について述べます。

12.3.1　評価の基準

1. 絶対評価と相対評価

教師が学習者の学習について評価するとき，他の何かと比べることを一切せず，学習者の学習について評価することを，一般に**絶対評価**とよびます。それに対して，他の何かと比べて順位をつけて評価することを，**相対評価**とよびます。

通常，教育での絶対評価とは，明示的な目標規準（準拠目標，到達目標）に照らして，どの程度学習が進展し，到達目標にどのくらい近づいたかを判断する目標規準評価（目標規準準拠評価，到達度評価）と，教師が他人からみて明らかではない規準から考慮して，「できている」「わかっている」等の判断をする認定評価の 2 種類に分かれます。

認定評価としての絶対評価は，その規準がわかりにくく，評価の対象となる子どもにとって納得できないこともあるでしょう。そのために現在では，教師は目標規準準拠評価をすることが，主に求められているのが現状です。

2. 相 対 評 価

相対評価とは，実施された試験や検査の得点等を学習者間で比較して，学習者集団内での相対的な位置によって評価することをさします。したがって，目標規準準拠評価に対して集団基準準拠評価とよぶことがあります。

実際には，正規分布曲線に基づいて，評定値を定めることが広く行われています。つまり，学習者の特性（学力，学習成果，パーソナリティ特性等）が，集団（主に学級や学校や試験の受験者全体など）で正規分布曲線を描くように散らばると仮定します。

ここで，評価をしたい特性の分布の代表値として，平均値と標準偏差を算出します。平均値は，各値の合計を人数で割ったものです。標準偏差は，分布の散らばりの大きさを表します。標準偏差は，平均値から各値を引いたもの（「偏差」とよぶ）を2乗したものの総和を（人数−1）で割ったものの，さらに平方根に当たります。

また，相対評価では，*z*得点が利用されます。*z*得点とは，集団内の順位を表す数値です。*z*得点は，$\dfrac{各値 - 平均}{標準偏差}$ によって求められます。

図12.2のように，5段階評定の場合は，*z*得点が−1.5以下は1（全体の7％），−1.5〜−0.5は2（全体の24％），−0.5〜0.5は3（全体の38％），0.5〜1.5は4（全体の24％），1.5以上は5（全体の7％）となります。

また，偏差値も相対的な位置づけを表すのによく使われます。偏差値は，*z*得点を一見してわかりやすいように変換したものです。*z*得点に10を掛けて

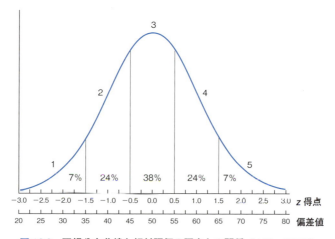

図12.2 正規分布曲線と相対評価の評定との関係（山田，2006）

50 を足したものが偏差値に相当します。

　しかし，実際には 1 つの学級集団や学校での測定値を学習者の人数分並べても，正規分布曲線を描かないことがよくあります。たとえば，成績の高い群と低い群の 2 つの山になったり，あるいは学力テストの問題がやさしすぎた場合は，得点の高いほうに頂点を築くようにしてすそ野が広がるグラフになったり（天井効果），逆にテストの問題が難しすぎた場合は，得点の低いほうに頂点を築くようにしてすそ野が広がるグラフになったり（床効果）します。

　ゆえに，実際の測定値について図を描く等による検討が必要です。図を見ずに，無前提に正規分布曲線を当てはめることは問題があります。

3. 個人内評価

　個人内評価は，学習者個人が以前よりも発達したかどうかを自分自身と比較したり，あるいは個人の中で教科の領域ごとの学力等の比較を行ったりすることをさします。これによって，学習者の進歩を認めることで動機づけを高めることが可能になります。また，教科間の比較を行うことで，何が得意で何が不得意かを把握することができます。これは，どの教科では進歩的な教育を行い，どの教科では補償的な教育を行う必要があるかについて，重要な情報をもたらします。

12.3.2 規準と基準

　これまで規準と基準の 2 つの用語を使ってきましたが，その意味を示してきませんでした。規準（criterion）とは評価の観点と質的判断の根拠（どれができたか）を表し，基準（standard）は，その観点を特定の尺度（数値の配列）からみた，量的評価の程度の根拠（どのくらいできたか）を表します。両者は関係がありますが，異なる意味をもつものです（図 12.3）。

　とくに基準は，根拠とすることが到達目標（準拠目標）なのか，集団内の位置なのか，個人内での比較なのかによって異なります。基準が到達目標の場合の評価は到達度評価に該当し，集団基準の場合の評価は相対評価に対応し，個人内の比較を基準とするのは個人内評価に相当します。

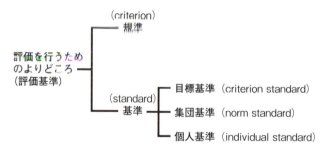

図 12.3　評価の「規準」と「基準」の関係 (小野瀬, 2017)

12.3.3　評価の学習指導プロセスでの位置

評価は学習指導プロセス内の位置によって，その機能も異なってきます。

1. 診断的評価

学習の前に，学習者がこれから学習する内容についてどの程度既有知識をもっているか，また学習に必要なスキルを利用できるのか，を調べるのが**診断的評価**とよばれるものです。この評価によって，新しい学習内容の指導をどのように行う必要があるのか，計画を立てることができます。

2. 形成的評価

続いて，学習の最中に，どの程度指導の効果が現れたのか，あるいは指導がうまくいっているかどうかを調べるのが**形成的評価**です。この評価によって，学習者に学習内容がどの程度定着しているか，また学習指導が目導に沿って効果的になされているかどうかを検討することができます。そして，学習の定着度が低かったり，学習指導が目標に沿っていなかったりすると評価された場合は，学習指導のやり方を変えることになります。

3. 総括的評価

最後に，学習指導を終えた後に行われるのが**総括的評価**です。これによって，学習指導が最終的にどの程度学習に効果があったのかを総合的に評価します。総括的評価は，学習者や保護者等に対する説明責任の役割を担うものですので，客観性がより求められます。

4. 指導と評価の一体化

学習指導プロセスの中での評価の位置と機能を**図 12.4** に表しました。この

① ── 形成的評価の結果にもとづき指導内容などを見直す。
② ── 形成的評価の結果にもとづいて次の授業目標・内容などを確認・修正する。
③ ══ 総括的評価の結果にもとづき単元の指導計画，診断的評価などの適否を判断する。

図 12.4　到達目標，評価，指導のプロセス（大津，2012）

図からわかるように，診断的評価，形成的評価，総括的評価は学習や学習指導のプロセスに明確に位置づけられるものです。ゆえに，これは「**指導と評価の一体化**」を具体的に表したものとみなせるでしょう。

12.3.4　評価の主体
1. 他者評価

　教育における評価の主体は，主に教師です。教師が評価する場合，学習者という他人を評価することから，**他者評価**ということになります。

　教師は学校での学習指導や生徒指導等に責任をもちます。そこで，他者評価が学校教育で中心になるのは自然なことでしょう。しかし，教師も人間ですから，教師自身の興味や好みなどから，評価が大きく偏ってしまうこともあるか

もしれません。そのために，教師自身が自分の学習指導や評価について自己評価をする，あるいは他者評価を積極的に受け入れることも重要でしょう。

2. 相互評価

　学習者同士が互いを評価し合うことを**相互評価**といいます。相互評価の利点は，互いの長所・短所をみとることができるところにあります。自分のことは自分では意外にわかっていないものです。自分の長所や短所は，他人という鏡を通じてはじめてわかる部分も大きいのです。

　一方で，相互評価は互いに比較をするために，競争意識を生み，それによって競争に敗れた学習者に劣等感を植えつける可能性もあります。また，互いの揚げ足取り競争になる可能性も指摘されています（辰野，2010）。ゆえに，相互評価には，評価者同士の信頼関係が重要であるといえます。

3. 自己評価

　自己評価は学習者自身が自己の学びや特性を評価することです。これにはさらに2つの種類があります。一つは縦断的自己評価であり，過去の自己の特徴と現在の自己の特徴を比較して評価することを指します。もう一つは横断的自己評価です。これは，一人の学習者がもつさまざまな特性（たとえば教科ごとの学力）を比べて評価することを意味します。

　縦断的自己評価によって，学習者は自己の成長や発達を理解することができますし，十分成長していない部分についてそれをさらに促すように自分に働きかけることができます。また，横断的自己評価によって，学習者は自己の特性の長所や短所を見きわめることができます。そのため，たとえば英語はよくできるが数学は苦手といったように，教科ごとの違いを理解して，これからの各教科の学習をどのように進めればよいか計画を立てることができます。

　しかし，自分自身を評価する際には，どうしても自己をよく評価したいという気持ちが働いたり，あるいは逆に自己を極端に劣ったものとして考える場合もあったりします。とくに，思春期以降の生徒にこのような傾向は著しいものです。そのために，自己評価は他の評価と組み合わせて使うのが適当でしょう。

12.4 教育目標

どんな教育も学習も，何らかの目標に基づいて行われるものです。ゆえに，目標準拠評価のような評価をするにあたって，教育目標にどのようなものがあるのかを整理し，理解する必要があります。

12.4.1 教育目標の分類学（タキソノミー）

このような教育目標の体系的分類の試みとして有名なのが，ブルームらが主に提唱した分類学（タキソノミー）です（Bloom, B. S. et al., 1971）。ブルームは，教育活動を大きく認知領域，情意領域，精神運動領域の3つに分けて，それぞれをさらに下位の領域に分けるという形で分類を行っています。ただし，精神運動領域については，分類がうまくいかなかったようで，現在に至るまで具体的な分類は提唱されていません。

ここでは，表 12.1 にブルームのタキソノミーの詳細をあげます。ただし，精神運動領域については，上記の通りブルーム自身が分類を示さなかったので，ここではデイブ（Dave, R. H., 1970）の分類を掲載しました。

12.4.2 観点別評価

ブルームのタキソノミーの考え方は，現在の日本では観点別評価に活かされています。観点別評価とは，各教科で同じ学習成果について「関心・意欲・態度」「知識・理解」「技能」「思考力・判断力・表現力」等の観点ごとに評価をすることをさします。ブルーム以来，教科の内容と観点との2次元からマトリックスを構成して，評価を記載することが習わしとなっています。一例として，社会科についての通知簿の記載をみてみましょう（表 12.2）。

12.5 測定の信頼性と妥当性

評価の材料を集める際にもっとも重視されてきたのがテストによる測定です。テストによる測定にもいくつかの種類がありますが，その前に測定の性質につ

第12章 測定と評価を理解する

表12.1 ブルームのタキソノミーの内容 (石井, 2015)

認知領域 (cognitive domain)	情意領域 (affective domain)	精神運動領域 (psychomotor domain)
1. 知識（knowledge）以前に学習したことを記憶していて，心のなかに適切な素材を思い浮かべる（想起する）ことができること。想起すべき「知識」には，個別的な特定の事実から，複雑で一般的な原理や理論まで含まれ，方法やプロセスも含まれる。 2. 理解（comprehension）伝えられた素材や観念の意味がわかること。ある内容をもとの形式から別の形式に翻訳したり，説明・要約したり，伝えられた内容から予測できる結果を把握したりできること。 3. 適用（application）学習した内容を，新しい具体的な状況で活用できること。 4. 分析（analysis）1つのコミュニケーションを構成要素あるいは部分に分解し，構成要素間の関係を明らかにするとともに，コミュニケーション全体を統一性のあるものにしている，明示的・暗示的な階層的構造や組織原理を明らかにすること。 5. 総合（synthesis）要素や部分を結合して1つの新しい全体を形づくること。独自の論文，スピーチ，芸術作品の作成，実験計画や企画書の作成，新たな枠組みや分類法の提案などが含まれる。 6. 評価（evaluation）与えられた目的や明確な規準に照らして，素材や方法の価値を判断できること。規準については，内的規準と外的規準があり，生徒が自分で設定する場合もあれば他から与えられる場合もある。	1. 受け入れ（注意すること）（receiving [attending]）特定の現象や刺激に対して，学習者が感受性をもつこと。それらを意識し，受け入れようとしたり，選択的に注意を払ったりすること。 2. 反応（responding）現象に対して留意するだけでなく，それに対して学習者が何らかの反応を示し，受動的・能動的に関与すること。 3. 価値づけ（valuing）ある物，現象，行動が価値をもっていると学習者が自覚していること。ある価値が内面化され，学習者自身の価値規準として用いられ，それに基づく一貫した行動がみられる。 4. 組織化（organization）1つではなく複数の価値が適切であるような場面に出合うなかで，諸価値を組織化し体系づけたり，価値の間の矛盾関係を明らかにしたり，内的一貫性をもった価値体系を確立したりすること。 5. 価値あるいは価値複合体による個性化（characterization by a value or value complex）個々の価値が，個人の内的に一貫した価値体系のなかに位置づけられており，内面化された価値に従って一貫した行動をとること。その個人を特徴づけるほどに一般化された構えとなっており，個人の哲学や世界観を構成していること。	1. 模倣（imitation）他者の動作を観察し，まねること。 2. 操作（manipulation）指示に従って練習し，ある動作ができるようになること。 3. 精確（precision）ある動作を誤りなく正確に遂行できるようになること。 4. 分節化（articulation）異なった動作の間に内的一貫性や調和を生み出すこと。 5. 自然化（naturalization）技能や動作が自動化されて高いレベルのパフォーマンスを実現すること。

表 12.2　社会科の学習指導要領の内容と指導要録の観点のマトリックス (石井，2015)

	社会的事象への関心・意欲・態度	社会的な思考・判断・表現	資料活用の技能	社会的事象についての知識・理解
戦国の動乱				
江戸幕府の成立				
⋮				

「江戸幕府の成立と大名統制，鎖国政策，身分制度の確立（中略）について多面的・多角的に考察し，公正に判断して，その過程や結果を適切に表現している。」

いて考えておきましょう。とくに，テストの信頼性と妥当性について知っておく必要があります。

12.5.1　信頼性

　信頼性とは，テストによって測定される値が安定していることを表すものです。信頼性が高いほど，テストによって測定される値は安定していて，いつ誰が測定しても同じような値が得られることを意味します。ゆえに，テストの信頼性が高いほうが，測定値に基づいて評価をすることの意義が増すことになります。信頼性の推定の仕方はさまざまですが，大きく分けると，表12.3のようになります。

12.5.2　妥当性

　一方，妥当性とは，テストが測りたいものを正しく測っていることを表します。妥当性が高いほど，真に測りたいものをテストが測っていることになり，信頼性と同様に，測定値に基づいて評価をすることの意義が増すことになります。ただし，一口に妥当性といっても複数の考え方があり，考え方の違いによって複数の妥当性が提唱されています。表12.4に，そのような妥当性の種類をまとめています。

表 12.3　信頼性の推定方法 (山田，2006)

再検査法	同じテストを，一定期間おいて同じ被験者に2度実施し，得られた得点間の相関係数を信頼性係数の推定値（これを再検査信頼性という）とする。時間を超えた一貫性を見るもの。
代理検査法	当該のテストと代理テスト（得点の平均と分散が等しく，他のテスト等の得点との相関も等しいもう1つのテスト）の相関係数を信頼性係数の推定値（これを代理検査信頼性という）とする。
折半法	1つのテストを分割して2つのテストとみなし，それらの得点間の相関係数を求める。この相関係数は半分に縮小されたテスト間の相関係数なので，本来の大きさのテストの信頼性係数の推定値とするため，スピアマン・ブラウンの公式を用いて修正する。この方法で求められたものを折半法信頼性という。
内的整合法	テストに含まれる全ての項目に対する被験者の反応の一貫性を見るもの。一貫性の程度を示す指標の値をもって信頼性係数の推定値とする。指標には，はい・いいえ形式の項目に利用できる KR-20 式，多肢選択型の項目に利用できる α 係数などがある。

表 12.4　妥当性の種類 (山田，2006)

種　類	意　味	妥当性の方法
内容妥当性	テスト項目を主に専門家の目で見て，内容が適当かどうかを主観的に判断するもの。	表面的妥当性（回答者にとって尺度が妥当に見えるか。判断するのは専門家でなくてもよい）や標本妥当性（項目がその領域を十分に代表しているか。主に専門家が判断）による。
基準連関妥当性	当該のテストと基準となるテスト（この基準となるテストの得点を基準値とよぶ）との相関が高いかどうかを見るもの。	たとえば，職業適性検査が，職業に就いてからの満足度を測定しようとするものだとしたら，実際に職業に就いてからの満足度を測定し，それらの相関を求めればよい。基準値がテスト得点と同時期に得られる併存的妥当性と，基準値がテスト得点の後に得られる予測的妥当性がある。
構成概念妥当性	テストが測ろうとしている構成概念を，そのテストに含まれる項目がどれだけよく表しているかを見るもの。	構成概念とは，学力，知能，性格など，実際に目でみることのできない潜在的な変数のことをいう。この妥当性の確認は，収束的妥当性（同じ構成概念を測定する他のテストと高い相関をもつ）や弁別的妥当性（異なる構成概念を測定するテストとの相関が低い）による。

12.6 評価材料の収集法

12.6.1 規準による違い

　絶対評価や相対評価の節（12.3）で述べたように，設定された教育目標への到達度によって評価するのか，あるいは集団内での位置によって評価するのかによって，評価の内容は大きく異なります。評価におおむね対応して，テストも規準のあり方で分けることができます。あらかじめ設定された目標にどの程度到達したかを測定するのは，**目標規準準拠テスト**（criterion-referenced test；**CRT**）とよばれます。それに対して，集団内での順序を産出するテストは，**集団規準準拠テスト**（norm-referenced test；**NRT**）とよばれます。

　ただし，上記のテストと目標準拠評価，相対評価は，必ずしも一対一対応ではありません（辰野，2010）。目標規準準拠テストの得点を，集団内での個人間で比較することもできます。つまり，目標規準準拠テストを使って相対評価をすることもあるのです。

12.6.2 方法による大きな区別

　前項ではテストの規準による違いについて述べました。テストは評価をするための材料収集に欠かせない方法ですが，より具体的にはどのように材料を集めるのでしょうか。そのおよその方法をまとめたのが，**表 12.5** です。

　一般には，とくに客観テストと観察法，とくに客観テストがよく用いられます。ただし，客観テストは，知識の量や理解を測定するには適していますが，創造性等を測るのには工夫が必要です。

12.6.3 客観テストの種類

　客観テストと一口にいっても，学校現場では，標準テストと教師自作テストの両方を意味することがあります。

1. 標準テスト

　これは，問題作成から解答方法，採点，結果のまとめ方までが一貫して標準化されたテストです。後者は，集団規準準拠テストの場合，異なる学習集団に

第 12 章　測定と評価を理解する

表 12.5　評価のための材料収集技法 (小野瀬, 2017)

評価技法	内　　容
観察法	日常の学習・生活場面で子どもの具体的な行動を観察し，評価する方法
評定法	観察に基づいて設定した結果を何らかの形で数値化して表現する方法
評定尺度法	評定法の種類。点数・図式・文章表現等で 2〜7 段階尺度に表現する
客観テスト	だれがいつ採点しても同じ結果が得られるように工夫されたテスト
論文体テスト	「○○について論ぜよ」形式で文章記述によって解答させるテスト
問題場面テスト	教科書にないような問題解決場面を与えて解答させるテスト
質問紙法	調査目的に合わせて構成した質問項目に素直な回答を求める方法
チェックリスト	観察項目を定めて名簿等に観察結果を素早くチェックで記入する表
ゲス・フー・テスト	集団の成員の行動特性などを「元気な子はだれ」のように問うテスト

いる子どもたちを比較することができます。また，目標規準準拠テストの場合は，たとえば教科や単元ごとの到達度を把握することができます。

2. 教師自作テスト

　これは文字通り，教師の手作りのテストですがそれも重要な意味をもちます。なぜならば，こうしたテストは，教師がふだん接している子どもたちの実際の様子を想定して作られているからです。そのために，より大きな集団に対する測定によって作られた標準テストよりも，教師の目の前の子どもたちの様子を把握するのに適している場合もあると考えられます。

12.6.4　内容による収集方法の分類

　ここでは学力テストに焦点を絞って話を進めます。学力テストは，大きく客観テストと論文体テストに分けられます（図 12.5）。

1. 客観テスト

　客観テストの種類については 12.6.2 や表 12.5 で説明しました。さらに，形式からいえば，客観テストは再認テストと再生テストに分けることができます。

　再認テストは，与えられた単語，文，文章等から正解を見出す方法です。さ

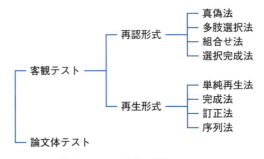

図 12.5　学力テストの形式の分類（小野瀬，2017）

らに，正解の見出し方から，真偽法（○×式），多肢選択法（選択肢法），組合せ法（正しい選択肢の組合せを答える），選択完成法（正しい選択肢を選んで正しい空欄に補充する）が，考えられます。

他方，**再生テスト**は教示にしたがって，学習者が記憶や理解に基づいて自分で解答を生成するものです。これには，単純再生法（覚えた事柄をそのまま記述する），完成法（空欄に記述する），訂正法（単語や文の誤りを訂正する），序列法（正しい順序で単語や文を並び変える）があります。

一般に，再生法のほうが再認法よりも，確実な知識や記憶を必要とすると考えられます。

2. 論文体テスト

客観テストとは異なり，長い文章を学習者に書かせることによって，学習者の理解や表現力，思考，判断などを測定することができます。日本では，古くから作文教育が盛んであり，こうした伝統的教育を評価の上でも活かすことが可能だと考えられます。

しかし，問題を学習者の発達に合わせるのはもちろんのこと，あまり多くの問題に解答させるのも難しいことです。また，**論文体テスト**では，採点者の主観性が採点に大きな影響を及ぼします。

12.7　評価に影響を及ぼす要因

評価を行うのは人ですから，評価には心理的な影響がよくみられます。以下

図 12.6　ハロー効果の例

のような効果，傾向を念頭において，偏らない評価を心がけたいものです。

12.7.1　ハロー効果（光背効果）

学習者のもつ目立った特徴に引きずられて，その特徴だけでなく他のことまで同じように評価してしまうことをさします（図 12.6）。たとえば，陸上競技が得意な学習者を評価する際，他の体育の種目についても，陸上競技が得意だから運動全般ができるという思い込みが先走って，高い評価をつけることがあります。

12.7.2　中央化傾向

評価，とくに評定をつける際，5 段階評定のように中央値が存在する場合に極端な数値をつけるのを避けるために，どの学習者に対しても 3 をつけてしまうことがあります。このような場合，その観点について，学習者の特性が高いとも低いとも判断せずに「どちらともいえない」という評価を下すことになります。すなわち，評価者が自分の評価に自信がない場合に，このような評価をしやすくなります。

12.7.3 寛大化傾向

評価が全体に甘めになる傾向をさします。これは，評価者が評価対象者によく思われたいと思う場合や，評価内容について十分精通していない場合に生じやすい現象です。この傾向の問題点は，たとえば形式上は5段階評定なのに，4や5がとても多くなることで，学習者の違いを十分見極めることができないことなどが考えられます。

12.7.4 厳格化傾向

寛大化傾向と反対に，評価が全体として厳しくなる傾向をさします。この場合，評価者が評価内容をよく知っているために，初心者である学習者に対する評価が厳しくなることが多くなります。この傾向の問題点は，寛大化傾向と同様に，評価が偏りがちになる点にあります。

12.7.5 ステレオタイプ

一般的な固定観念（ステレオタイプ）に人の特徴をあてはめて，人物の特徴をとらえてしまうことで，学習者自身の本来もつ特徴を見失う可能性があります。

12.7.6 対 比 誤 差

他の人との対比で，ある特徴を必要以上に強調して見てしまうことがあります。たとえば，クラスにとても明るく社交的な生徒がいれば，その生徒と比べておとなしい生徒を極端に内向的ととらえてしまうことなどがあげられます。

12.7.7 個人的好悪

評価者が，自分自身の好みや価値観に依存して，人物評価をしてしまうこともあります。たとえば，評価者の趣味と学習者の趣味が一致するときは高い評価をして，評価者が好まないことを学習者が趣味として活動していれば低い評価をすることがあります。

12.8 最近の評価の発展

12.8.1 学習の多様化

　実社会に出て活動する能力は，教科の学習内容の指導だけでは十分発達しない可能性があります。そのため，総合学習のように社会の中で問題を解決したり，自分たちの願いをかなえることを目標に，学習者たちが自ら課題を設定し，さまざまな知識やスキルを活用して問題を解決したり目標を達成する，といった形態の学習活動も盛んになってきました。

　このような学習は，従来の評価の方法では十分理解できないこともあり得るでしょう。

12.8.2 観点の拡張

　現在，社会はグローバル化や知識基盤社会へと，世界規模で変化が大きく進んでいます。そのため，学校教育で，このような問題に対処するために，「21世紀型スキル」や「キー・コンピテンシー」といった能力の開発を進めるべく，研究や実践，政策が進行しています。これら21世紀型スキルやキー・コンピテンシーとは，どのようなものなのでしょうか。それは簡単にいえば，激しく変動する社会に適応するため，現代社会で求められている資質・能力を指します。両者の違いは，あえていえば，21世紀型スキルが，やや ICT（情報通信技術）に重きをおいていることにありますが，極端な違いはないでしょう。他の違いとしては，21世紀型スキルはアメリカ合衆国発で，キー・コンピテンシーは EU 発という違いがありますが，どちらも発祥の地を越えて，国際的な影響力をもっています（上淵，2015）。

　たとえば，21世紀型スキルには表 12.6 のような特徴があります。ここから読みとれるのは，21世紀型スキルは，従来の教科の枠にとらわれず，新しい社会の問題に挑戦し，問題を解決し，未来の社会を作り上げると同時に，その社会の中で一人ひとりの人生を積極的に構築していく，といった明確な目的をもった，問題解決型，創造型のスキルだということです。

　このような特徴を活かして，学習者の特性を評価していくには，より多様な

12.8 最近の評価の発展

表 12.6　21 世紀型スキルの概要 (松尾, 2015)

思考の方法	1. 創造性とイノベーション
	2. 批判的思考，問題解決，意思決定
	3. 学び方の学び，メタ認知
働く方法	4. コミュニケーション
	5. コラボレーション（チームワーク）
働くためのツール	6. 情報リテラシー（ソース，証拠，バイアスに関する研究を含む）
	7. ICT リテラシー
世界の中で生きる	8. 地域とグローバルでよい市民であること（シチズンシップ）
	9. 人生とキャリア発達
	10. 個人の責任と社会的責任（異文化理解と異文化的能力を含む）

測定や評価のあり方が望まれます。

12.8.3　評価のあり方の特徴

　以上のような問題を克服しようとして，最近の評価のあり方は変わりつつあります。その動向として，次に 3 つの評価を示します。それはポートフォリオ評価，パフォーマンス評価，ルーブリックです。

1. ポートフォリオ評価

　子どもの学習をみていく際に，「知識・理解」や「技能」は，たとえば学力テスト等で測定し，評価をすることが比較的簡単です。しかし，「関心・意欲・態度」や「思考力・判断力・表現力」といった，非知的機能や学習のプロセスにかかわる能力は，客観テスト等では評価しにくい，という面があります（図 12.7）。

　そのための評価方法の一つとして，**ポートフォリオ評価**があります。ポートフォリオとは，「紙ばさみ」や「書類入れ」を意味します。つまり，折々に書きためたり，集めたりした物を入れる物です。ゆえに，ポートフォリオ評価とは，一定の間に，学習の成果や学習に際して作った物などを集めた入れ物やその中身（ポートフォリオ）を，学習が終わった後に系統的に分類して，評価する行為をさします。

　ポートフォリオに入れる収集物は，作文や作品，テストの答案，観察のメモ，

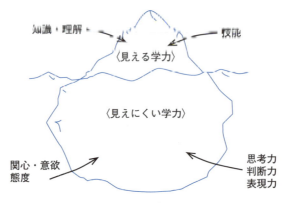

図 12.7　学力の氷山モデル（梶田，1994）

図 12.8　学習成果につけられた付箋紙（岡山県教育センター，2002）

レポートや，教師や仲間からのフィードバック等のさまざまな物があります。これらすべてを評価する必要はなく，目的や学習指導内容に即して取捨選択をすればよいのです。収集物をたとえば時系列的に並べることで，学習の変化やプロセス，その時々の学習に対する関わりや態度等を理解し，それに基づいて評価することができます。また，系統的に収集物を分類する際には，図 12.8のような付箋紙を収集物にあらかじめつけておけば，後で分類しやすくなるでしょう。さらに，学習者自身が自分の学習を振り返って自己評価することも可能です。そのため，ポートフォリオを使った自己評価を支援するための道具も

12.8 最近の評価の発展　　　237

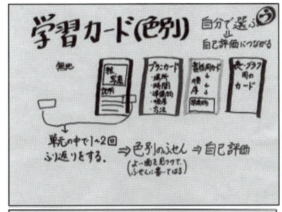

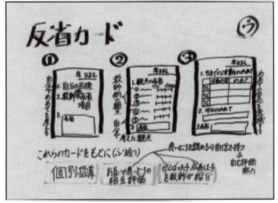

図 12.9　自己評価を促すための学習カードと反省カード（岡山県教育センター，2002）

開発されています（図 12.9）。

2. パフォーマンス評価

　先述のように,「関心・意欲・態度」や「思考力・判断力・表現力」は，客観テスト等では評価するのが難しいものです。そのために，近年，よく用いられる方法として，パフォーマンス評価があります。

　パフォーマンス評価とは，生きた現実の中における学習者の活動や作品を評価する行為をさします。もともと，パフォーマンス評価は，「真正な学習」（authentic learning；現実の本質を直接経験して学ぶ活動）を評価するために始められました（Wiggins, 1998）。そもそもテストや検査を受けるといったこ

と自体が，ふだんの学習者の現実とは異なる事柄を経験させてしまうことから，学習者の現実とはかけ離れたところを評価しているのではないか，という問題点をかかえています。そのため，現在ではいつもの生活で学習したことを活用する場面で学習者を評価する試みとしてパフォーマンス評価が用いられています。

　この評価では，教科等で学んだことを現実や現実に近い設定の場面で，いかに活用するかをみることが主眼となります。こうした活動を評価する際には，数値で測定することはかなり難しくなります。そのために，次にあげるルーブリックがよく用いられます。

3．ルーブリック

　ルーブリックとは，パフォーマンス評価のように，数値化しにくい対象や活動を評価する際に用いられる，段階的な評価の基準表です。ルーブリックは段階から成りますので，数字を使わないわけではありません。しかし，その場合，1，2，3といった段階がそれぞれ何を意味するのかについての評価を表す評語

地域の紹介をしよう

| 表現する力 | | | | 3年　名前（　　　　）
ルーブリック進化度　No.1 |

点	1	2	3	4	わたしの得点 今日は（　　）点
説明しよう	先生や友だちにきかれたら自分の考えを発表する	自分の考えを進んで発表する	自分の考えに理由をつけながら説明する	聞き手に分かりやすいように資料を示しながら説明する	〈がんばったこと〉

| かかわる力 | | | | |

点	1	2	3	4	わたしの得点 今日は（　　）点
かかわろう	友だちの意見について，分からないところを質問する	もっとくわしく知りたいところを質問する	友だちのよかったところを言う	友だちの意見について，賛成，反対や付け足しの発言をする	〈がんばったこと〉

図 12.10　小学校3年生の総合的な学習の時間のルーブリックの例
（山梨県総合教育センター，2003）

と，それを詳しく記述した文章から構成されます（図 12.10）。

　なお，評価の内容は同じ活動をみて観点が同じでも，評価者が異なれば異なる内容になり，またルーブリックの記述内容が同一でも，評価者によって評価が異なる可能性があります。ゆえに，評価者同士が互いの評価を持ち寄って話し合い，すり合わせをすることで，よりルーブリックの内容が深まり，評価者が熟達することが期待されます。このような活動をモデレーション（moderation）とよびます。

コラム 12.1　高校教育改革と大学入試改革

　文部科学省は，中央教育審議会答申（平成 20（2014）年 12 月），高大接続シス

テム改革会議「最終報告」(平成 28（2016）年 3 月）を前提として，平成 29（2017）

年 7 月に，「高大接続改革の実施方針等の策定について」を発表しました。これは，

高校の教育改革と同時に大学入試改革を推し進めるものと考えられています。

　まず，高校の教育改革です。これは，アクティブラーニングを中核にすえると同

時に，多種多様な面からの学力の評価を目指しています。

　本文ではふれませんでしたが，最近では，多様な面からの総合的な判断を，評価

ではなく，アセスメントという言葉で説明することが多くなっています。高校での

評価は，このアセスメントを実現することに他なりません。

　次に，大学入試改革です。いわゆる「センター試験」に代わるものとして「大学

入学共通テスト」を，2020 年から実施します。国語と数学では，従来の選択式問

題に代えて記述式問題を課し，英語では読む・聞く・話す・書くの 4 つの技能を評

価するために，民間の資格試験を積極的に利用することがうたわれています。

　こうした入試改革が，本文 12.8 でふれたような社会の大きな変化を背景として

いることは見逃せません。そのために，国語と数学では，12.6 で紹介した論文体テ

ストに対応する記述式問題を導入することで，学習者の理解や表現力，思考，判断

などを測定しようとしています。

　以上のような試みは，理念としては理解できますが，本文でふれたように，実施

や評価の仕方にさまざまな困難を伴うことが考えられます。したがって，私たちは

その動向を注意深く見守っていく必要があるでしょう。

参 考 図 書

堤　宇一（編著）青山征彦・久保田　享（著）(2007)．はじめての教育効果測定──教育研修の質を高めるために──　日科技連出版社

橋本重治・応用教育研究所（2003）．教育評価法概説　図書文化社

梶田叡一（2010）．教育評価　第2版補訂2版　有斐閣

日本テスト学会（編）(2003)．テスト・スタンダード──日本のテストの将来に向けて──　金子書房

西岡加名恵・石井英真・田中耕治（編）(2015)．新しい教育評価入門──人を育てる評価のために──　有斐閣

辰野千壽（2010）．三訂版　学習評価基本ハンドブック──指導と評価の一体化を目指して──　図書文化社

西岡加名恵（2003）．教科と総合に活かすポートフォリオ評価法──新たな評価基準の創出に向けて──　図書文化社

ハート，D.　田中耕治（監訳）(2012)．パフォーマンス評価入門──「真正の評価」論からの提案──　ミネルヴァ書房

復 習 問 題

1. 評定と評価，測定の違いを簡単に説明してください。
2. 絶対評価，相対評価，個人内評価について，各々の特徴がわかるように簡単に説明してください。
3. 測定の信頼性と妥当性とは何でしょうか。簡単に説明してください。
4. ポートフォリオ評価とは何でしょうか。簡単に説明してください。

復習問題解答例

第1章

1. p.1～3を参照のこと。

2. 縦断的方法と横断的方法の説明については p.4 を参照のこと。

縦断的方法の長所……①個人差の安定，②個人の変化のパターンの理解。

縦断的方法の短所……①参加者の脱落，②時間がかかる。

横断的方法の長所……①年齢間の差異がすぐにわかる，②時間がかからない。

横断的方法の短所……①個人差が安定しているか明確でない，②個人の変化のパターンが理解できない。

第2章

1. p.9～10を参照のこと。

2. 本文中，フロイトの潜伏期，エリクソンの勤勉性の獲得，ピアジェの具体的操作期，ヴィゴツキーの外言から内言への過程，についての説明を参照のこと。

第3章

1. 類似点……刺激と反応の連合による条件づけ。消去などがみられる。

相違点……古典的条件づけは受動的，刺激と刺激の間の関係による学習。オペラント条件づけは能動的・自発的，刺激と反応と反応した結果の関係による学習。

2. 類似点……スキーマの形成をめざす学習理論。

相違点……発見学習は学習者が主体，グループによる学習が多い。有意味受容学習は学習者と教師が主体，一斉授業が多い。

3. 3.4を参照のこと。

4. 先行学習が後続の学習に何らかの影響を与えること。たとえば前の学年で習った分数の学習をしっかりとやっておけば，後の学年で容易に学習できること。また，学校で学習した内容を社会で活用できること。

第4章

1. コミュニケーションのツール（道具）としての役割と，思考・行動・感情の調整機能としての役割の両面から説明すること。

2. 生後1年間の前言語期の特徴であるクーイングや喃語を説明し，幼児期以降の言語獲得期には，一語文や二語文の出現から基本的な会話が可能となる。児童期以降では幼児期での言語機能を基盤とし，学校での具体的な経験から言語が学習や思考の道具の役割を担い始めるようになることを説明する。

第5章

1. 乳児に顔図形を提示すると，顔図形の複雑なほうや顔らしい特徴をもつ図形を好む。その後，徐々に目，鼻，口などが正しく配置された顔を正しく選択するようになる。

2. 児童期の記憶の発達を，①基本的な情報処理過程の発達（たとえば，処理のスピードやワーキングメモリ），②知識の表現の仕方の発達，③記憶方略の発達，および④メタ記憶の発達，などの観点から説明する。

3. ピアジェの前操作期の子どもでみられる自己中心的な転導推理や混合的推理から，徐々に推移律による推論，演繹推論，あるいは帰納推論が可能となる。ただし，成人でも抽象的な課題からなる推論は，エラーがみられる。なお，転導推理，演繹推論，帰納推論の意味を理解しておくこと。

第6章

1. 直観的理解のしやすさ，科学的・統計的な研究との相性の良さ，中間型も無視せずに考慮できるかどうかといった点についてまとめる。

2. 質問紙法には16 PF，NEO-PI-R，エゴグラム，YG性格検査などが，投影法にはロールシャッハ・テスト，バウム・テストなどが，作業検査法には内田クレペリン検査などがある。

3. テスト・バッテリー。1つの検査でとらえられるパーソナリティは限定的で，各検査法には限界があるため，これらを補完する目的で行われる。なお，実際の臨床場面では，質問紙法と投影法を組み合わせることが一般的。多くの情報を得たいからといってやみくもに検査を行うとクライエントの負担が過度に重くなるため，必要な検査を吟味することも重要となる。

4. データ収集の容易さ，同一集団を追跡することで実際の発達的変化を明確にできるかどうかなどを中心に説明すること。

5. おおまかにいって，パーソナリティへの遺伝的影響は半分程度，知能に関しては，

復習問題解答例　　　245

言語性知能への遺伝的影響はあまりなく，空間性知能や論理的推論能力（数学や物理学に深く関わる）への遺伝的影響は大きいと考えられている。

第7章

1. 記憶の貯蔵庫としての感覚記憶，STM，LTM について簡単に，情報の処理過程として，注意過程，符号化過程，検索過程の特徴についてまとめる。

2. 7.3 を参照のこと。宣言的知識からなるエピソード記憶と意味記憶の特徴，ならびに手続き的知識からなる手続き記憶の特徴を，それぞれ簡単に述べる。

3. 問題文に対して自分で説明すること。自己説明をすることで問題文の意味内容が統合でき，結果として問題解決を促進する。

4. 7.5 を参照のこと。学習方略とは，学習を促進するために使用するさまざまな学習の仕方・方法のこと。自己テストは，学習課題を何度か学習した後に，繰り返して自分でテストすること。長期の記憶にすぐれている。

第8章

1. 知能は，一般因子（g 因子）と特殊因子（s 因子）の 2 因子で構成されるという考え方。

2. ウェクスラーが開発した子ども用知能検査。個別検査で，言語性と動作性の 2 つの下位検査で構成されている。

3. 学習者の適性（成功を収める能力や技能）にあった処遇（学習指導法）を実施することにより，最大の学習効果を生み出すこと。

4. 8.4.2 を参照のこと。小集団による学習方法の一つ。

第9章

1. 動機づけとは，行動が始まり，持続するプロセスをさす。動機は，動機づけプロセスを始める要因の総称である。

2. 9.2 を参照のこと。

3. 熟達目標とは，努力して能力を伸ばすことが内容の目標であり，遂行目標とは能力が高いと判断されることが内容の目標をさす。

4. 9.2 を参照のこと。

第10章

1. 学習を対象として，制御や調整を積極的に行うことを自己調整学習という。

2. 10.3 を参照のこと。

3. 他者との相互作用や，その取り入れを重視する点で，両者は似ているが，ヴィゴツキー派が言語を重視するのに対して，社会的認知モデルは，言語をそれほど重視しない。

4. 10.5 を参照のこと。

第11章

1. 「心」「脳」「体」。

2. 11.2 を参照のこと。

第12章

1. 評定は，評価の結果を数値で表したものであり，評価は価値判断をすること。それに対して，測定は一定の規則に基づいて数値を当てはめることをさす。

2. 12.3 を参照のこと。

3. 信頼性とは，測定値が安定していることをさす。妥当性とは，測定したいことを正しく測定していることをさす。

4. 12.8 を参照のこと。

引 用 文 献

第1章

藤永　保（監修）（2013）．最新　心理学事典　平凡社

Moreno, R.（2010）. *Educational psychology*. Hoboken, NJ：Wiley.

日本教育心理学会（編）（2003）．教育心理学ハンドブック　有斐閣

VandenBos, G. R.（Ed.）（2007）. *APA dictionary of psychology*. Washington, D. C.：American Psychological Association.

　　（ファンデンボス，G. R.（監修）繁桝算男・四本裕子（監訳）（2013）．APA心理学大辞典　培風館）

第2章

Bronfenbrenner, U.（1979）. *The ecology of human development*. Harvard University Press.

　　（ブロンフェンブレンナー，U.　磯貝芳郎・福富　護（訳）（1996）．人間発達の生態学——発達心理学への挑戦——　川島書店）

Cole, M., & Cole, S. R.（1993）. *The development of children*（2nd ed.）. New York：W. H. Freeman.

藤田　豊（2009）．子どもの思考・知能の理解　多鹿秀継・南　憲治（編）児童心理学の最先端——子どものそだちを科学する——（pp.64-77）　あいり出版

Havighurst, R. J.（1953）. *Human development and education*. New York：Longmans, Green.

　　（ハヴィガースト，R. J.　荘司雅子（監訳）（1995）．人間の発達課題と教育　玉川大学出版部）

Huttenlocher, P. R., & Dabholkar, A. S.（1997）. Regional differences in synaptogenesis in human cerebral cortex. *Journal of Comparative Neurology*, **387**, 167-78.

ピアジェ，J.　大伴　茂（訳）（1954）．臨床児童心理学Ⅰ——児童の自己中心性——　同文書院

Raven, J. C.（1956）. *Coloured progressive matrices*. NCS Pearson.

Siegler, R. S.（1996）. *Emerging minds：The process of change in children's thinking*. New York：Oxford University Press.

Siegler, R. S., Deloache, J., Eisenberg, N., & Saffran, J.（2014）. *How children develop*（4 th ed.）. New York：Worth Publishers.

多鹿秀継（2010）．教育心理学　第2版——より充実した学びのために——　サイエンス社

ヴィゴツキー，L. S.　柴田義松（訳）（1962）．思考と言語　明治図書

Vygotsky, L. S.（1987）. *The collected works of L. S. Vygotsky*. Vol. 1. *Problems of general psychology*. New York：Plenum Press.

ヴィゴツキー，L. S.　土井捷三・神谷栄司（訳）（2003）．「発達の最近接領域」の理論——教授・学習過程における子どもの発達——　三学出版

第3章

Ausubel, D. P.（1968）. *Educational psychology：A cognitive view*. New York：Holt.

Bloom, B. S.（1976）. *Human characteristics and school learning*. McGraw-Hill.

　　（ブルーム，B. S.　梶田叡一・松田彌生（訳）（1980）．個人特性と学校学習——新しい基礎理論——　第一法規）

Bower, G. H., & Hilgard, E. R.（1981）. *Theories of learning*（5th ed.）. Englewood Cliffs,

NJ : Prentice-Hall.

（バワァー，T. H.・ヒルガート，E. R. 梅本堯夫（監訳）（1988）．学習の理論（上）（下）　培風館）

Bruner, J. S. (1964). The course of cognitive growth. *American Psychologist*, **19**, 1-15.

Crowder, N. A., & Martin, G. (1961). *Trigonometry*. Garden City, NY : Doubleday.

Klein, S. B. (2015). *Learning : Principles and applications* (7th ed.). Los Angeles, CA : Sage.

Köhler, W. (1927). *Intelligenzprüfungen an Menschenaffen*. Berlin : Springer.

（ケーラー，W. 宮 孝一（訳）（1962）．類人猿の知恵試験　岩波書店）

パブロフ，I. P. 川村浩（訳）（1927/1975）．大脳半球の働きについて――条件反射学――（上）（下）　岩波書店

Schwartz, D. L., & Martin, T. (2004). Inventing to prepare for future learning : The hidden efficacy of encouraging original student production in statistics instruction. *Cognition and Instruction*, **22**, 129-184.

Skinner, B. F. (1968). *The technology of teaching*. Englewood Cliffs, NJ : Prentice-Hall.

多鹿秀継・川上昭吾（1988）．理科教授における先行オーガナイザの効果　第2報――小学校第5学年，花のつくりの学習において――　日本理科教育学会研究紀要，**29**, 29-37.

Wertheimer, M. (1945). *Productive thinking*. New York : Harper and Brothers.

（ウェルトハイマー，M. 矢田部達郎（訳）（1952）．生産的思考　岩波書店）

第4章

磯村陸子（2010）．学校とことば　発達，**31**, 74-81.

岩田純一（1992）．ことばの獲得と発達　岩田純一・吉田直子・山上雅子・岡本夏木　発達心理学（pp.67-114）　有斐閣

Mehrabian, A. (1972). *Nonverbal communication*. Chicago, IL : Aldine-Atherton.

Mehrabian, A. (1981). *Silent messages : Implicit communication of emotions and attitudes* (2nd ed.). Belmont, CA : Wadsworth.

Mischel, W. (2014). *The Marshmallow Test : Mastering self-control*. New York : Little, Brown and Company.

（ミシェル，W. 柴田裕之（訳）（2015）．マシュマロ・テスト――成功する子・しない子――　早川書房）

森下一期（1988）．児童の工作技能・生活技能の発達に関する実証的研究　昭和61年度～62年度科学研究成果報告書

岡本夏木（1985）．ことばと発達　岩波書店

Portmann, A. (1951). *Biologische Fragmente zu einer Lehre vom Menschen* (2. Aufl.). Schwabe.

（ポルトマン，A. 高木正孝（訳）（1961）．人間はどこまで動物か――新しい人間像のために――　岩波書店）

若井邦夫（1973）．認知の発達　三宅和夫・宮本 実（編著）改訂　児童心理学（pp.61-103）　川島書店

脇中起余子（2009）．聴覚障害教育　これまでとこれから――コミュニケーション論争・9歳の壁・障害認識を中心に――　北大路書房

第5章

Brown, A. L. et al. (1983). Learning, remembering, and understanding. In P. H. Mussen (Series Ed.), J. H. Flavell, & E. M. Markman (Vol. Eds.), *Handbook of child psy-*

chology. Vol. 3. *Cognitive development* (4th ed., pp.77-166). New York : Wiley.

Bruner, J. S., Olver, R. O., Greenfield, P. M., & Hornsby, J. R. (1966). *Studies in cognitive growth : A collaboration at the center for cognitive studies.* New York : John Wiley.
（ブルーナー，J. S.・オリバー，R. O.・グリーンフィールド，P. M.・ホーンズビー，J. R. 岡本夏木他（訳）(1968). 認識能力の成長（上）——認識研究センターの協同研究—— 明治図書）

Chi, M. T. H. (1976). Short-term memory limitations in children : Capacity or processing deficits? *Memory and Cognition*, **4**, 559-572.

Cox, B. D., Ornstein, P. A., Naus, M. J., Maxfield, D., & Zimler, J. (1989). Children's concurrent use of rehearsal and organizational strategies. *Child Development*, **70**, 1082-1097.

Diamond, A. (2013). Executive functions. *Annual Review of Psychology*, **64**, 135-168.

Flavell, J. H.(1970). Developmenmtal studies of mediated memory. In H. W. Reese, & L. P. Lipsitt (Eds.), *Advances in child development and behavior.* Vol. 5 (pp.181-211). New York : Academic Press.

Griggs, R. A., & Cox, J. R. (1982). The elusive thematic-materials effects in Wason's selection task. *British Journal of Psychology*, **73**, 407-420.

Kail, R. (1990). *The development of memory in children* (3rd ed.). New York : W. H. Freeman.
（ケイル，R. 高橋雅延・清水寛之（訳）(1993). 子どもの記憶——おばえること・わすれること—— サイエンス社）

Kobasigawa, A. (1974). Utilization of retrieval cues by children in recall. *Child Development*, **45**, 127-134.

Miller, P. H., & Seier, W. L. (1994). Strategy utilization deficiencies in children : When, where, and why. In H. W. Reese (Ed.), *Advances in child development and behavior.* Vol. 25 (pp.107-156). New York : Academic Press.

Muller, U., & Kerns, K. (2015). The development of executive function. In R. M. Lerner (Series Ed.), L. S. Liben,& U. Muller (Vol. Eds.), *Handbook of child psychology and developmental science.* Vol. 2. *Cognitive processes* (7th ed., pp.571-623). Hoboken, NJ : Wiley.

中島　実（1994）. 演繹推理　多鹿秀継（編）認知と思考——思考心理学の最前線——（pp.56-77）サイエンス社

Ornstein, P. A., Naus, M. J., & Liberty, L. (1975). Rehearsal and organizational processes in children's memory. *Child Development*, **46**, 818-830.

Perner, J. (1991). *Understanding the representational mind.* Cambridge, MA : The MIT Press.
（パーナー，J. 小島康次・佐藤　淳・松田真幸（訳）(2006). 発達する〈心の理論〉——4歳：人の心を理解するターニングポイント—— ブレーン出版）

Reese, H. W. (1962). Verbal mediation as a function of age level. *Psychological Bulletin*, **59**, 502-509.

Rosch, E. (1975). Cognitive representation of semantic categories. *Journal of Experimental Psychology : General*, **104**, 192-233.

Schneider, W. (1986). The role of conceptual knowledge and metamemory in the development of organizational processes in memory. *Journal of Experimental Child Psychology*, **42**, 218-236.

Schneider, W., & Pressley, M. (1998). *Memory development between 2 and 20.* Hillsdale,

NJ : Erlbaum.

Shaffer, D. R. (1993). *Social and personality development* (3rd ed.). Pacific Grove, CA. Brooks/Cole.

Siegler, R. S. (1978). The origins of scientific reasoning. In R. S. Siegler (Ed.). *Children thinking : What develops?* (pp.109-149). Hillsdale, NJ : Erlbaum.

Vurpillot, E. (1968). The development of scanning strategies and their relation to visual differentiation. *Journal of Experimental Child Psychology*, **6**, 632-650.

Wason, P. C. (1966). Reasoning. In B. M. Foss (Ed.), *New horizons in psychology I* (pp.106-137). Harmondsworth, England : Penguin.

第6章

Allport, G. W. (1937). *Personality : A psychological interpretation*. Henry Holt.
(オールポート，G. W. 詫摩武俊・青木孝悦・近藤由紀子・堀 正 (訳) (1982). パーソナリティ――心理学的解釈―― 新曜社

安藤寿康 (2012). 遺伝子の不都合な真実――すべての能力は遺伝である―― 筑摩書房

Cloninger, C. R., Svrakic, D. M., & Przybeck, T. R. (1993). A psychobiological model of temperament and character. *Archives of General Psychiatry*, **50**, 975-990.

Costa, P. T., & McCrae, R. R. (1992). *Revised NEO Personality Inventory (NEO-PI-R) and NEO Five-Factor Inventory (NEO-FFI) professional manual*. Odessa : Psychological Assessment Resources.

Deyoung, C. G., & Gray, J. R. (2009). Personality neuroscience : Explaining individual differences in affect, behavior, and cognition. In P. J. Corr, & G. Matthews (Eds.), *The Cambridge handbook of personality psychology* (pp.323-346). New York : Cambridge University Press.

Goldberg, L. (1990). An alternative "Description of Personality" : The big-five factor structure. *Journal of Personality and Social Psychology*, **59**, 1216-1229.

Ikeda, A., Iso, H., Kawachi, I., Inoue, M., & Tsugane, S. (2008). Type A behaviour and risk of coronary heart disease : The JPHC Study. *International Journal of Epidemiology*, **37**, 1395-1405.

川本哲也・小塩真司・阿部晋吾・坪田祐基・平島太郎・伊藤大幸・谷 伊織 (2015). ビッグ・ファイブ・パーソナリティ特性の年齢差と性差――大規模横断調査による検討―― 発達心理学研究, **26**, 107-122.

Lilienfeld, S. O., Wood, J. M., & Garb, H. N. (2000). The scientific status of projective techniques. *Psychological Science in the Public Interest*, **1**, 27-66.

McCrae, R. R., & Costa, P. T. Jr. (1987). Validation of the five-factor model of personality across instruments and observers. *Journal of Personality and Social Psychology*, **52**, 81-90.

村上宣寛 (2003). 日本語におけるビッグ・ファイブとその心理測定的条件 性格心理学研究, **11**, 70-85.

日本・精神技術研究所 (編) (1970). 内田クレペリン精神検査 曲線型図例集 日本精神技術研究所

Norman, W. T. (1963). Toward an adequate taxonomy of personality attributes : Replicated factor structure in peer nomination personality ratings. *Journal of Abnormal and Social Psychology*, **66**, 574-583.

大竹恵子・島井哲志・池見 陽・宇津木成介 (2005). 日本版生き方の原則調査票 (VIA-IS : Values in Action Inventory of Strengths) 作成の試み 心理学研究, **76**, 461-467.

小塩真司・中間玲子（2007）．あなたとわたしはどう違う？——パーソナリティ心理学入門講義—— ナカニシヤ出版

Peterson, C., & Seligman, M. E. (2004). *Character strengths and virtues : A handbook and classification*. Oxford University Press.

Rosenman, R., Brand, R., Sholtz, R., & Friedman, M. (1976). Multivariate prediction of coronary heart disease during 8.5 year follow-up in the Western Collaborative Group Study. *American Journal of Cardiology*, **37**, 903-910.

多田幸司（2010）．非定型うつ病とパーソナリティ　精神神経学雑誌, **112**, 1091-1096.

詫摩武俊・瀧本孝雄・鈴木乙史・松井　豊（2003）．性格心理学への招待　改訂版——自分を知り他者を理解するために—— サイエンス社

Tupes, E. C., & Christal, R. E. (1961). *Recurrent personality factors based on trait ratings* (Technical Report No. ASD-TR-61-97). Lackland Air Force Base, TX : U. S. Air Force.

第7章

Baddeley, A. D. (2007). *Working memory, thought, and action*. New York : Oxford University Press.

（バドリー，A．井関龍太・齊藤　智・川﨑惠里子（訳）（2012）．ワーキングメモリ——思考と行為の心理学的基盤—— 誠信書房）

Chi, M. T. H., Bassok, M., Lewis, M. W., Reimann, P., Glaser, R. (1989). Self-explanations : How students study and use examples in learning to solve problems. *Cognitive Science*, **13**, 145-182.

Collins, A. M., & Loftus, E. F. (1975). A spreading activation theory of semantic processing. *Psychological Review*, **82**, 407-428.

Fiorella, L., & Mayer, R. E. (2015). *Learning as a generative activity : Eight learning strategies that promote understanding*. New York : Cambridge University Press.

Flavell, J. H. (1970). Developmental studies of mediated memory. In H. W. Reese, & L. P. Lipsitt (Eds.), *Advances in child development and behavior*. Vol. 5. (pp.181-211). New York : Academic Press.

（フラベル，J. H.　木下芳子（訳）（1981）．メタ認知と認知的モニタリング　波多野誼余夫（監訳）現代児童心理学3　子どもの知的発達（pp.43-59）　金子書房）

Nelson, T. O., & Narens, L. (1990). Metamemory : A theoretical framework and new findings. In G. H. Bower (Ed.), *The psychology of learning and motivation*. Vol. 26 (pp.125-173). San Diego, CA : Academic Press.

Palincsar, A. S., & Brown, A. L. (1984). Reciprocal teaching of comprehension-fostering and comprehension-monitoring activities. *Cognition and Instruction*, **1**, 117-175.

Roediger, H. L., & Karpicke, J. D. (2006). Test enhanced learning : Taking memory tests improves long-term retention. *Psychological Science*, **17**, 249-255.

新村　出（編）（2018）．広辞苑　第7版　岩波書店

多鹿秀継（2010）．教育心理学　第2版——より充実した学びのために—— サイエンス社

Tajika, H., Nakatsu, N., Neumann, E., Nozaki, H., Kato, H., Fujitani, T., & Hotta, C. (2012). Mathematical word problem solving in children engaged in computer-based metacognitive support : A longitudinal study. *Educational Technology Research*, **35**, 11-19.

Tajika, H., Nakatsu, N., Nozaki, H., Neumann, E., & Maruno, S. (2007). Effects of self-explanation as a metacognitive strategy for solving mathematical word problems. *Japanese Psychological Research*, **49**, 1-9.

252　　　　　　　　　　　引 用 文 献

辰野千壽（2010）．学習方略の心理学　第2版　図書文化

Van Meter, P., Aleksic, M., Schwartz, A., & Garner, J. (2006). Learner-generated drawing as a strategy for learning from content area text. *Contemporary Educational Psychology*, **31**, 142-166.

VandenBos, G. R. (Ed.) (2007). *APA dictionary of psychology*. Washington, D. C. : American Psychological Association.

　（ファンデンボス，G. R.（監修）繁桝算男・四本裕子（監訳）（2013）．APA心理学大辞典　培風館）

Weinstein, C. E., & Mayer, R. E. (1986). The teaching of learning strategies. In M. C. Wittrock (Ed.), *Handbook of research on teaching* (3rd ed., pp.315-327). New York : Mcmillan.

第8章

Ames, C. (1992). Classrooms : Goals, structures, and student motivation. *Journal of Educational Psychology*, **84**, 261-271.

Aronson, E., Blaney, N., Stephin, C., Sikes, J., & Snapp, M. (1978). The Jigsaw Classroom. Beverly Hills, CA : Sage Publishing.

　（アロンソン，E.・ブラニー，N.・ステファン，C.・サイクス，J.・スナップ，M. 松山安雄（訳）（1986）．ジグソー学級――生徒と教師の心を開く協同学習法の教え方と学び方――　原書房）

Cattell, R. B. (1963). Theory of fluid and crystallized intelligence : A critical experiment. *Journal of Educational Psychology*, **54**, 1-22.

Cronbach, L. J., & Snow, R. E. (1977). *Aptitudes and instructional methods : A handbook for research on interactions*. New York : Irvington.

Ferretti, R. P., MacArthur, C. A., & Dowdy, N. S. (2000). The effects of an elaborated goal on the persuasive writing of students with learning disabilities and their normally achieving peers. *Journal Educational Psychology*, **92**, 694-702.

Gardner, H. (1999). *Intelligence reframed : Multiple intelligences for the 21st century*. New York : Basic Books.

　（ガードナー，H. 松村暢隆（訳）（2001）．MI――個性を生かす多重知能の理論――新曜社）

Guilford, J. P. (1967). *The nature of human intelligence*. New York, NY : McGraw-Hill.

肥田野直（編）（1970）．講座心理学9　知能　東京大学出版会

Hogan, T. P. (2007). *Psychological testing : A practical introduction* (2nd ed.). Wiley.

　（ホーガン，T. P. 繁桝算男・椎名久美子・石垣琢麿（訳）（2010）．心理テスト――理論と実践の架け橋――　培風館）

細谷俊夫・河野重男・奥田真丈・今野喜清（編）（1990）．新教育学大事典　第一法規

伊藤康児（1999）．授業形態の理解　多鹿秀継（編著）認知心理学からみた授業過程の理解（pp.121-146）　北大路書房

Kagan, J., Rosman, B. L., Day, D. A. J., & Phillips, W. (1964). Information processing in the child : Significance of analytic and reflective attitudes. *Psychological Monographs*, **78**(1).

Mayer, R. E. (1981). *The promise of cognitive psychology*. W. H. Freeman.

　（メイヤー，R. E. 多鹿秀継（訳）（1983）．認知心理学のすすめ　サイエンス社）

Mayer, R. E. (2010). Learning with technology. In H. Dumont, D. Istance, & F. Benavides (Eds.), *Nature of learning : Using research to inspire practice*. OECD Publishing.

（メイヤー，R. E. 福本 徹（訳）（2013）. テクノロジーを活用した学習 OECD 教育研究革新センター（編著）立田慶裕・平沢安政（監訳）学習の本質──研究の活用から実践へ──（pp.211-232） 明石書店）

並木 博（1997）. 個性と教育環境の交互作用──教育心理学の課題── 培風館

Palincsar, A. S., & Brown, A. L. (1984). Reciprocal teaching of comprehension-fostering and comprehension-monitoring activities. *Cognition and Instruction*, **1**, 117-175.

Spearman, C. (1904). "General intelligence", objectively determined and measured. *American Journal of Psychology*, **15**, 201-293.

Sternberg, R. J. (1997). *Successful intelligence : How practical and creative intelligence determine success in life*. New York : Plume.

（スタンバーグ，R. J. 小此木啓吾・遠藤公美恵（訳）（1998）. 知脳革命──ストレスを超え実りのある人生へ── 潮出版社）

多鹿秀継（2010）. 教育心理学 第 2 版──より充実した学びのために── サイエンス社

辰野千寿・福沢周亮・沢田瑞也・上岡国夫・小林幸子・高木和子・伊瀬康子（1973）. 認知型に関する教育心理学的研究 教育心理学年報，**12**，63-107.

Thurstone, L. L. (1938). *Primary mental abilities*. Chicago, IL : University of Chicago Press.

Willis, J. O., Dumont, R., & Kaufman, A. S. (2011). Factor-analytic models of intelligence. In R. S. Strenberg, & S. B. Kaufman (Eds.), *The Cambridge handbook of intelligence* (pp.39-57). Cambridge, NY : Cambridge University Press.

Witkin, H. A., Goodenough, D. R., & Karp, S. A. (1967). Stability of cognitive style from childhood to young adulthood. *Journal of Personality and Social Psychology*, **7**, 291-300.

第 9 章

Ainley, M., Hidi, S., & Berndorff, D. (2002). Interest, learning and the psychological processes that mediate their relationship. *Journal of Educational Psychology*, **94**, 545-561.

Ames, C. (1992). Classrooms : Goals, structures, and student motivation. *Journal of Educational Psychology*, **84**, 261-271.

Baard, P. P., Deci, E. L., & Ryan, R. M. (2004). Intrinsic need satisfaction : A motivational basis of performance and well-being in two work settings. *Journal of Applied Social Psychology*, **34**, 2045-2068.

Bandura, A. (1977). Self-efficacy : Toward a unifying theory of behavioral change. *Psychological Review*, **84**, 191-215.

Connell, J. P., & Wellborn, J. G. (1991). Competence, autonomy and relatedness : A motivational analysis of self-system processes. In M. R. Gunnar, & L. A. Sroufe (Eds.), *Minnesota Symposium on Child Psychology*. Vol. 23. *Self processes and development* (pp.43-77). Chicago, IL : University of Chicago Press.

Darnon, C., Harackiewicz, J. M., Butera, F., Mugny, G., & Quiamzade, A. (2007). Performance-approach and performance-avoidance goals : When uncertainty makes a difference. *Personality and Social Psychology Bulletin*, **33**, 813-827.

Deci, E. L., Eghrari, H., Patrick, B. C., & Leone, D. R. (1994). Facilitating internalization : The self-determination theory perspective. *Journal of Personality*, **62**, 119-142.

Deci, E. L., & Ryan, R. M. (1985). *Intrinsic motivation and self-determination in human behavior.* New York : Plenum.

Dweck, C. S. (1986). Motivational processes affecting learning. *American Psychologist*, **41**, 1040–1048.

Eccles, J. S., Adler,T. F., Futterman, R., Goff, S. B., Kaczala, B. M., Meece, J. L., & Midgley, C. (1983). Expectancies, values, and academic behaviors. In J. T. Spence (Ed.), *Achievement and achievement motivation* (pp.75–146). San Francisco, CA : W. H. Freeman.

Eccles, J. S., Barber, B. I., Updegraff, K., & O'Brien, K. M. (1998). An expectancy-value model of achievement choices : The role of ability self-concepts, perceived task utility and interest in predicting activity choice and course enrollment. In L. Hoffman, A. Krapp, & K. A. Renninger (Eds.), *Interest and learning : Proceedings of the Seeon Conference on interest and gender.* Kiel, Germany : Institute for Science Education, University of Kiel.

Elliot, A. J. (1999). Approach and avoidance motivation and achievement goals. *Educational Psychologist*, **34**, 169–189.

Elliot, A. J., & Church, M. A. (1997). A hierarchical model of approach and avoidance achievement motivation. *Journal of Personality and Social Psychology*, **72**, 218–232.

Harlow, H. F., Harlow, M. K., & Meyer, D. R. (1950). Learning motivated by a manipulation drive. *Journal of Experimental Psychology*, **40**, 228–234.

Hidi, S., & Renninger, K. A. (2006). The four-phase model of interest development. *Educational Psychologist*, **41**, 111–127.

鹿毛雅治（2004）．「動機づけ研究」へのいざない　上淵　寿（編著）動機づけ研究の最前線（pp.1-28）　北大路書房

Kasser, V., & Ryan, R. M. (1999). The relation of psychological needs for autonomy and relatedness to needs for autonomy and relatedness to vitality, well-being, and mortality in a nursing home. *Journal of Applied Social Psychology*, **29**, 935–954.

Nicholls, J. G. (1984). Achievement motivation : Conceptions of ability, subjective experience, task choice, and performance. *Psychology Review*, **91**, 328–346.

岡田　涼・中谷素之（2006）．動機づけスタイルが課題への興味に及ぼす影響——自己決定理論の枠組みから——　教育心理学研究，**54**，1-11.

Pekrun, R. (2006). The control-value theory of achievement emotions : Assumptions,corollaries, and implications for educational research and practice. *Educational Psychology Review*, **18**, 315–341.

Pekrun, R., & Perry, R. P. (2014). Control value theory of achievement emotions. In R. Pekrun, & L. Linnenbrink-Garcia (Eds.), *International handbook of emotions in education* (pp.120–141). New York : Routledge.

Pintrich, P. R. (2000). Multiple goals, multiple pathways : The role of goal orientation in learning and achievement. *Journal of Educational Psychology*, **92**, 544–555.

ランダムハウス第2版編集委員会（編）（1993）．ランダムハウス英和大辞典　第2版　小学館

Reeve, J. (2014). *Understanding motivation and emotion* (6th ed.). Hoboken, NJ : Wiley.

Renninger, K. A. (2009). Interest and identity development in instruction : An inductive model. *Educational Psychologist*, **44**, 105–118.

Ryan, R. M., & Deci, E. L. (2000). Self-determination theory and the facilitation of intrinsic motivation, social development, and well-being. *American Psychologist*, **55**, 68–78.

引用文献　　255

Schunk, D. H. (1981). Modeling and attributional effects on children's achievement : A self-efficacy analysis. *Journal of Educational Psychology*, **73**, 93-105.

Sheldon, K. M., Ryan, R. M., & Reis, H. T. (1996). What makes for a good day? Competence and autonomy in the day and in the person. *Personality and Social Psychology Bulletin*, **22**, 1270-1279.

Skinner, E. A., & Belmont, M. J. (1993). Motivation in the classroom : Reciprocal effects of teacher behavior and student engagement across the school year. *Journal of Educational Psychology*, **85**, 571-581.

Wigfield, A., & Eccles, J. (1992). The development of achievement task values : A theoretical analysis. *Developmental Review*, **12**, 265-310.

Wigfield, A., & Eccles, J. S. (2000). Expectancy-value theory of motivation. *Contemporary Educational Psychology*, **25**, 68-81.

Wigfield, A., & Tonks, S. (2002). Adolescents' expectancies for success and achievement task values during the middle and high school years. In F. Pajares, & T. Urdan (Eds.), *Academic motivation of adolescents* (pp.53-82). Greenwich, CT : Information Age Publishing.

第 10 章

馬場久志（1998）．メタ認知の成立と援助　無藤　隆・市川伸一（編著）学校教育の心理学（pp.101-117）　学文社

Bandura, A. (1986). *Social foundations of thought and action : A social cognitive theory*. Englewood Cliffs, NJ : Prentice-Hall.

Beaudoin, L. P., & Winne, P. H. (2009). *nStudy : An internet tool to support learning, collaboration and researching learning strategies*. Paper presented at the 2009 Canadian e-Learning Conference held in Vancouver, Canada.

Boekaerts, M., & Niemivirda, M. (2000). Self-regulated learning : Finding a balance between learning goals and ego-protective goals. In M. Boekaerts, P. R. Pintrich, & M. Zeidner (Eds.), *Handbook of self-regulation* (pp.417-450). New York : Academic Press.

Boekaerts, M., Pintrich, P. R., & Zeidner, M. (2000). Self-regulation : An introductory overview. In M. Boekaerts, P. R. Pintrich, & M. Zeidner (Eds.), *Handbook of self-regulation* (pp.1-9). New York : Academic Press.

Bouffard-Bouchard, T., Parent, S., & Larivee, S. (1991). Influences of self-efficacy on self-regulation and performance among junior and senior high-school age students. *International Journal of Behavioral Development*, **14**, 153-164.

Brown, A. L. (1978). Knowing, when, where, and how to remember : A problem of metacognition. In R. Glaser (Ed.), *Advances in Instructional Psychology*. Vol. 1 (pp.77-165). Hillsdale, NJ : Lawrence Erlbaum Associates.

Butler, R., & Neuman, O. (1995). Effects of task and ego achievement goals on help-seeking behaviors and attitudes. *Journal of Educational Psychology*, **87**, 261-271.

Chapman, J. W., & Tunmer, W. E. (1995). Development of young children's reading self-concepts : An examination of emerging subcomponents and their relationship with reading achievement. *Journal of Educational Psychology*, **87**, 154-167.

Cleary, T., & Zimmerman, B. J. (2000). Self-regulation differences during athletic practice by experts, non-experts, and novices. *Journal of Applied Sport Psychology*, **13**, 61-82.

Collins, A., Brown, J. S., & Newman, S. E. (1989). Cognitive apprenticeship : Teaching the crafts of reading, writing, and mathematics. In L. B. Resnick (Ed.), *Knowing, learning, and instruction. Essays in honor of Robert Glaser* (pp.453-494). Hillsdale, NJ : Erlbaum.

Efklides, A. (2006). Metacognitive experiences : The missing link in the self-regulated learning process. *Educational Psychology Review*, **18**, 287-291.

Eisenberg, N. (2002). Emotion-related regulation and its relation to quality of social functioning. In W. Hartup, & R. A. Weinberg (Eds), *The Minnesota Symposia on Child Psychology*. Vol. 32. *Child psychology in retrospect and prospect : In celebration of the 75th anniversary of the Institute of Child Development* (pp.133-171). Mahwah, NJ : Lawrence Erlbaum Associates.

Elder, G. H. Jr. (1985). Perspectives on the life course. In G. H. Elder, Jr. (Ed.), *Life course dynamics : Trajectories and transitions. 1968-1980* (pp.23-49). Ithaca, NY : Cornell University Press.

Ferrari, M., & Mahalingham, R. (1997). Personal cognitive development and its implications for teaching and learning. *Educational Psychologist*, **33**, 35-44.

藤江康彦・上淵　寿（2007）．子どもの自己学習力の発達と支援　酒井　朗・青木紀久代・菅原ますみ（編著）子どもの発達危機の理解と支援──漂流する子ども──（pp.121-142）　金子書房

古川雅文（1995）．学校環境への移行　内田伸子・南　博文（編）子ども時代を生きる──幼児から児童へ──（pp.27-59）　金子書房

Hacker, D. J. (1998). Definitions and empirical foundations. In D. J. Hacker, J. Dunlosky, & A. C. Graesser (Eds.), *Metacognition in educational theory and practice* (pp.1-23). Hillsdale, NJ : Erlbaum.

Hadwin, A. F., Järvelä, S., & Miller, M. (2011). Self-regulated, co-regulated, and socially shared regulation of learning. In B. J. Zimmerman, & D. H. Schunk (Eds.), *Handbook of self-regulation of learning and performance* (pp. 65-84). New York : Routledge.

林　厚子・高山佳子（1996）．知的遅れを併せもつ運動障害児のセルフモニタリングを育てる指導──数量（保存）概念の獲得をめざして──　横浜国立大学教育紀要，**36**，249-260.

Hogan, K., & Pressley, M. (1997). Scaffolded scientific competencies within classroom communities of inquiry. In K. Hogan, & M. Pressley (Eds.), *Scaffolding student learning : Instructional approaches and issues. Advances in teaching and learning series* (pp.74-107). Cambridge, MA : Brookline Books.

市川伸一（2002）．学力低下論争　筑摩書房

Jacobs, J. E., & Paris, S. G. (1987). Children's metacognition about reading : Issues in definition, measurement, and instruction. *Educational Psychologist*, **22**, 255-278.

Lazarus, R. S., & Folkman, S. (1984). *Stress, appraisal, and coping*. Berlin, Germany : Springer-Verlag.

Lerner, R., & von Eye, A. (1998). Integrating youth- and context-focused research and outreach : A developmental contextual model. In D. Gorlitz, H. J. Harloff, G. Mey, & J. Valsiner (Eds.), *Children, cities, and psychological theories : Developing relationships* (pp.573-597). Berlin, Germany : Walter de Gruyter.

Maki, R. H., & McGuire, M. J. (2002). Metacognition for text : Findings and implications for education. In T. J. Perfect, & B. L. Schwartz (Eds.), *Applied metacognition* (pp.39-46). Cambridge, UK : Cambridge University Press.

Markus, H., & Nurius, P. (1986). Possible selves. *American Psychologist*, **41**, 954-969.

引用文献　　257

Martin, J. (2004). Self-regulated learning, social cognitive theory, and agency. *Educational Psychologist*, **39**, 135-145.

Masui, C., & De Corte, E. (2005). Learning to reflect and to attribute constructively as basic components of self-regulated learning. *British Journal of Educational Psychology*, **75**, 351-372.

Midgley, C. (Ed.) (2002). *Goals, goal structures, and patterns of adaptive learning.* Hillsdale, NJ : Erlbaum.

Miller, G. A., Galanter, E., & Pribram, K. (1960). *Plans and the structure of behavior.* New York : Holt, Rinehart, and Winston.

Nelson-Le Gall, S. (1985). Help-seeking behavior in learning. In E. W. Gordon (Ed.), *Review of research in education.* Vol. 12 (pp.55-90). Washington, D. C. : American Educational Research Association.

Newman, R. S. (1994). Academic help seeking : A strategy of self-regulated learning. In D. H. Schunk, & B. J. Zimmerman (Eds.), *Self-regulation of learning and performance : Issues and educational applications* (pp. 283-301). Mahwah, NJ : Erlbaum.

Newman, R. S. (2002). What do I need do to succeed... When I don't understand what I'm doing ! ? : Developmental influences on students' adaptive help seeking. In Wigfield, A., & Eccles, J. S. (Eds.), *The development of achievement motivation* (pp.285-306). San Diego, CA : Academic Press.

Newman, R. S., & Schwager, M. T. (1993). Student perceptions of the teacher and classmates in relation to reported help seeking in math class. *Elementary School Journal*, **94**, 3-17.

Panadero, E., & Järvelä, S. (2015). Socially shared regulation of learning : A review. *European Psychologist*, **20**, 190-203.

Paris, S. G., Byrnes, J. P., & Paris, A. H. (2001). Constructing theories, identities, and actions for self-regulated learners. In B. J. Zimmerman, & D. H. Schunk (Eds.), *Self-regulated learning and academic achievement : Theoretical perspectives* (2nd ed., pp.253-287). Mahwah, NJ : Erlbaum.

Pintrich, P. R. (2000). The role of motivation in self-regulated learning. In M. Bockaerts, P. R. Pintrich, & M. Zeidner (Eds.), *Handbook of self-regulation* (pp.451-502). New York : Academic Press.

Pintrich, P. R., Smith, D. A., Garcia, T., & McKeachie, W. J. (1991). *A manual for the use of the Motivated Strategies for Learning Questionnaire (MSLQ).* National Center for Research to Improve Postsecondary Teaching and Learning. Ann Arbor, MI : University of Michigan. Material published.

Reeve, J., Ryan, R., Deci, E. L., & Jang, H. (2008). Understanding and promoting autonomous self-regulation : A self-determination theory perspective. In D. H. Schunk, & B. J. Zimmerman (Eds.), *Motivation and self-regulated learning : Theory, research, and applications* (pp.223-244). Mahwah, NJ : Erlbaum.

Rogoff, B. (1990). *Apprenticeship in thinking : Cognitive development in social context.* New York : Oxford University Press.

佐藤容子 (1987). 精神遅滞児におけるメタ認知スキルの転移　特殊教育学研究, **25**, 1-8.

Sawyer, R. K. (Ed.) (2007). *The Cambridge handbook of the learning sciences.* NY : Cambridge University Press.

Schunk, D. H. (1996). Goal and self-evaluative influences during children's cognitive skill learning. *American Educational Research Journal*, **33**, 359-382.

Schutz, P. A. (Ed.) (2007). *Emotions in education*. New York: Academic Press.

Schutz, P. A., & Davis, H. A. (2000). Emotions and self-regulation during test taking. *Educational Psychologist*, **35**, 243-256.

Sperling, R. A., Howard, B. C., Staley, R., & DuBois, N. (2004). Metacognition and self-regulated learning constructs. *Educational Research and Evaluation*, **10**, 117-139.

上淵　寿 (1998). 自己制御と自己評価の教育　無藤　隆・市川伸一（編著）学校教育の心理学 (pp.118-134)　学文社

上淵　寿 (2003). 動機づけ・愛着・生態系　大芦　治・上淵　寿・大家まゆみ・伊藤忠弘・長沼君主・鎌原雅彦・鹿毛雅治　自主シンポジウム　動機づけと関係性　日本教育心理学会第45回総会発表論文集，41.

上淵　寿 (2004a). 自己制御学習　上淵　寿（編著）動機づけ研究の最前線 (pp.108-125)　北大路書房

上淵　寿 (2004b). 自己制御学習におけるコーピングモデルの提唱　心理学研究，**75**，359-364.

上淵　寿 (2007). 自己制御学習とメタ認知――志向性，自己，及び環境の視座から――　心理学評論，**50**，227-242.

上淵　寿 (2010). 自己制御学習の「循環論」から「外部への参加」へ――社会文化的アプローチから――　日本教育心理学会第52回総会　発表資料

上淵　寿・伊藤忠弘・大芦　治・大家まゆみ・藤江康彦・青山征彦・古屋恵太・三宮真智子・鹿毛雅治 (2009). 自己学習再考――その基底への省察――　教育心理学年報，**48**，29-31.

上淵　寿・沓澤　糸・無藤　隆 (2004). 達成目標が援助要請と情報探索に及ぼす影響の発達――多母集団の同時分析を用いて――　発達心理学研究，**15**，324-334.

Vansteenkiste, M., Simons, J., Lens, W., Sheldon, K. M., & Deci, E. L. (2004). Motivating learning, performance, and persistence: The synergistic effects of intrinsic goal contents and autonomy-supportive contexts. *Journal of Personality and Social Psychology*, **87**, 246-260.

Vygotsky, L. S. (1962). *Thought and language*. Cambridge, MA: The M. I. T. Press.

Winne, P. H. (2001). Self-regulated learning viewed from models of information processing. In B. J. Zimmerman, & D. H. Schunk (Eds.), *Self-regulated learning and academic achievement: Theoretical perspectives* (2nd ed., pp.153-189). Mahwah, NJ: Erlbaum.

Winne, P. H. (2004). Students' calibration of knowledge and learning processes: Implications for designing powerful software learning environments. *International Journal of Educational Research*, **41**, 466-488.

Winne, P. H., Hadwin, A. F., Nesbit, J. C., Kumar, V., & Beaudoin, L. (2006). *gStudy: A toolkit for developing computer-supported tutorials and researching learning strategies and instruction (version 2.4.1) computer program*. Burnaby, British Columbia: Simon Fraser University.

Zimmerman, B. J. (1986). Becoming a self-regulated learner: Which are the key subprocesses? *Contemporary Educational Psychology*, **11**, 307-313.

Zimmerman, B. J. (1989). A social cognitive view of self-regulated academic learning. *Journal of Educational Psychology*, **81**, 329-339.

Zimmerman, B. J. (1994). Dimensions of academic self-regulation: A conceptual framework for education. In D. H. Schunk, & B. J. Zimmerman (Eds.), *Self-regulation of learning and performance: Issues and educational applications* (pp.3-21). Hillsdale,

引用文献 259

NJ : Erlbaum.

Zimmerman, B. J. (2001). Theories of self-regulated learning and academic achievement. In B. J. Zimmerman, & D. H. Schunk (Eds.), *Self-regulated learning and academic achievement : Theoretical perspectives* (2nd ed., pp.1-37). Mahwah, NJ : Erlbaum.

Zimmerman, B. J. (2002). Becoming a self-regulated learner : An overview. *Theory Into Practice*, **41**, 64-72.

Zimmerman, B. J., Greenberg, D., & Weinstein, C. E. (1994). Self-regulating academic study time : A strategy approach. In D. H. Schunk, & B. J. Zimmerman (Eds.), *Self-regulation of learning and performance : Issues and educational applications* (pp.155-179). Hillsdale, NJ : Erlbaum.

Zimmerman, B. J., & Martinez-Pons, M. (1988). Construct validation of a strategy model of student self-regulated learning. *Journal of Educational Psychology*, **80**, 284-290.

Zimmerman, B. J., Schunk, D. H., & Boekaerts, M. (2011). Emotions, emotion regulation, and self-regulation learning. In B. J. Zimmerman, & D. H. Schunk (Eds.), *Handbook of self-regulation of learning and performance* (pp.408-425). New York : Routledge.

Zimmerman, B. J., & Tsikalas, K. E. (2005). Can computer-based learning environments (CBLEs) be used as self-regulatory tools to enhance learning? *Educational Psychologist*, **40**, 267-271.

第11章

American Psychiatric Association (2013). *Diagnostic and statistical manual of mental disorders* (5th ed.). Washington, D. C. : American Psychiatric Association.

桂　聖・廣瀬由美子 (2011). 授業のユニバーサルデザイン Vol.3 「全員参加」の国語・算数の授業づくり　東洋館出版社

文部科学省 (2016). 幼稚園，小学校，中学校，高等学校及び特別支援学校の学習指導要領等の改善及び必要な方策等について

〈http://www.mext.go.jp/b_menu/shingi/chukyo/chukyo 0/toushin/_icsFiles/afieldfile/2017/01/10/1380902_0.pdf〉

十一元三 (2014). 子供と大人のメンタルヘルスがわかる本――精神と行動の異変を理解するためのポイント 40――　講談社

湯澤正通・湯澤美紀 (2017). ワーキングメモリを生かす効果的な学習支援――学習困難な子どもの指導方法がわかる！――　学研プラス

第12章

Bloom, B. S., Hastings, J. T., & Madaus, G. F. (1971). *Handbook on formative and summative evaluation of student learning*. New York : MacGraw-Hill.

（ブルーム，B. S.　渋谷憲一・藤田恵璽・梶田叡一 (訳) (1974). 学習評価ハンドブック　第一法規出版）

中央教育審議会初等中等教育分会教育課程部会 (2010). 児童生徒の学習評価の在り方について (報告)

〈http://www.mext.go.jp/b_menu/shingi/chukyo/chukyo 3/004/gaiyou/attach/1292216.htm〉

Dave, R. H. (1970). Psychomotor levels. In R. J. Armstrong (Ed.), *Developing and writing behavioral objectives*. Tucson, AZ : Educational Innovators Press.

石井英真 (2015). 教育目標と評価　西岡加名恵・石井英真・田中耕治 (編) 新しい教育評

価入門——人を育てる評価のために—— 有斐閣

梶田叡一（1994）．教育における評価の理論 I 学力観・評価観の転換 金子書房

北尾倫彦（2006）．学びを引き出す学習評価 図書文化社

松尾知明（2015）．21世紀型スキルとは何か——コンピテンシーに基づく教育改革の国際比較—— 明石書店

岡山県教育センター（2002）．ポートフォリオ評価に関する研究

小野瀬雅人（2017）．教育評価を指導に生かす 櫻井茂男（編）たのしく学べる最新教育心理学——教職にかかわるすべての人に——（pp.97-120） 図書文化社

大津悦夫（2012）．教育評価 心理科学研究会（編）中学・高校教師になるための教育心理学 第3版（pp.151-199） 有斐閣

辰野千壽（2010）．学習評価基本ハンドブック——指導と評価の一体化を目指して—— 3訂版 図書文化社

上淵 寿（2016）．カリキュラム再考緒言 I 21世紀型スキル・キー・コンピテンシーについて——領域固有性から—— 東京学芸大学紀要 総合教育科学系, **67**, 103-106.

碓井真史（監修）（2011）．史上最強図解 よくわかる人間関係の心理学 ナツメ社

Wiggins, G. P.（1998）. *Educative assessment: Designing assessments to inform and improve student performance*. San Francisco, CA: Jossey-Bass Publishers.

山田剛史（2006）．教育活動を評価する 河野義章（編著）教育心理学・新版——教職を目指す人への入門書——（pp.223-244） 川島書店

山梨県総合教育センター（2003）．ルーブリックを生かした形成的評価とその活用に関する研究 山梨県総合教育センター平成15年度研究紀要, 1-9.

人名索引

ア　行

アリストテレス（Aristotelēs）　31

池田　愛　107
磯村陸子　63

ウィグフィールド（Wigfield, A.）　159,
　160
ヴィゴツキー（Vygotsky, L. S.）　22, 23,
　27, 54, 188
ウィン（Winne, P. H.）　192
ウェクスラー（Wechsler, D.）　139
上淵　寿　197
ウェルトハイマー（Wertheimer, M.）　50
ヴュルピョ（Vurpillot, E.）　67

エインレー（Ainley, M.）　172
エックレス（Eccles, J.）　159, 160
エリオット（Elliot, A. J.）　163
エリクソン（Erikson, E. H.）　14

オーズベル（Ausubel, D. P.）　33, 41, 45,
　50, 148
大竹恵了　107
オールポート（Allport, G. W.）　87, 91
オーンスタイン（Ornstein, P. A.）　73

カ　行

ガードナー（Gardner, H.）　137
ガレノス（Galēnos）　88
川本哲也　101, 102
カント（Kant, I.）　32

キャッテル（Cattell, R. B.）　91
ギルフォード（Guilford, J. P.）　94, 135

グリッグス（Griggs, R. A.）　79

クレッチマー（Kretschmer, E.）　89
クロニンジャー（Cloninger, C. R.）　95

ケーラー（Köhler, W.）　39

ゴールドバーグ（Goldberg, L. R.）　91
コスタ（Costa, P. T. Jr.）　92
小橋川　慧　74
コリンズ（Collins, A.）　189

サ　行

サーストン（Thurstone, L. L.）　134
佐藤容了　190

シーグラー（Siegler, R. S.）　21, 27, 83
ジェイコブズ（Jacobs, J. E.）　189
ジマーマン（Zimmerman, B. J.）　180,
　185, 191, 193, 197, 199
シモン（Simon, T.）　138
シャンク（Schunk, D. H.）　162
シュッツ（Schutz, P. A.）　194
シュナイダー（Schneider, W.）　74, 76

スキナー（Skinner, B. F.）　33, 36
スキナー（Skinner, E. A.）　170
スタンバーグ（Sternberg, R. J.）　137,
　138
スピアマン（Spearman, C.）　134

セリグマン（Seligman, M. E.）　107

ソーンダイク（Thorndike, E. L.）　33, 36,
　37

タ　行

ターマン（Terman, L. M.）　138
ダイアモンド（Diamond, A.）　84

人 名 索 引

多鹿秀継　129
辰野千寿　125

ナー（Chi, M. T. H.）　129

デイブ（Dave, R. H.）　225
デシ（Deci, E. L.）　166, 167, 169, 182
デュセイ（Dusay, J.）　94
テレンバッハ（Tellenbach, H.）　106

十一元三　205
トールマン（Tolman, E. C.）　39

ハ　行
ハーロウ（Harlow, H. F.）　165
バーン（Berne, E.）　94
ハヴィガースト（Havighurst, R. J.）　12
ハドウィン（Hadwin, A. F.）　198
パブロフ（Pavlov, I. P.）　33〜35
林　厚子　190
パリス（Paris, S. G.）　198
パリンサー（Palincsar, A. S.）　124, 125,
　150
バンデューラ（Bandura, A.）　161, 184,
　189, 197

ピアジェ（Piaget, J.）　15, 20, 23, 27, 32,
　76, 78, 79
ピーターソン（Peterson, C.）　107
ビネー（Binet, A.）　138
ヒポクラテス（Hippokratēs）　88

フィオレラ（Fiorella, L.）　130
フェレッチ（Ferretti, R. P.）　145
藤江康彦　190
ブラウン（Brown, A. L.）　189
フラベル（Flavell, J. H.）　123
フリードマン（Friedman, M.）　106

ブルーナー（Bruner, J. S.）　33, 41, 44
ブルーム（Bloom, B. S.）　41, 43, 225
フロイト（Freud, S.）　13
ブロンフェンブレンナー（Bronfenbrenner,
　U.）　11

ペクルン（Pekrun, R.）　173
ベッケルツ（Boekaerts, M.）　195, 197

ホーガン（Hogan, K.）　190

マ　行
ミシェル（Mischel, W.）　54

森下一期　59
モレノ（Moreno, R.）　6

ヤ　行
矢田部達郎　94
ヤルヴェラ（Järvelä, S.）　198

湯澤正通　214
ユング（Jung, C. G.）　89

ラ　行
ライアン（Ryan, R. M.）　166〜168, 182
ラザルス（Lazarus, R. S.）　195

レニンガー（Renninger, K. A.）　171

ローゼンマン（Rosenman, R. H.）　106
ローレンツ（Lorenz, K. Z.）　12
ロゴフ（Rogoff, B.）　189
ロック（Locke, J.）　31

ワ　行
ワインスタイン（Weinstein, C. E.）　127

事 項 索 引

ア　行

アイデンティティ　14
アニミズム　17
アンダーマイニング効果　166

一次的ことば　60
1次的循環反応の段階　16
一斉授業　147
遺伝　103
遺伝的要因　10
意味記憶　70，117
因子分析　91
インプリンティング　12

ヴィゴツキー派のモデル　188
内田クレペリン検査　98

エゴグラム　94
エピソード記憶　70，117
演繹推理　78
エンハンシング効果　166

横断的研究　100
横断的方法　4
オープン・エデュケーション　151
オペラント条件づけ　36
音声模倣　56

カ　行

外言　22
外向型　89
外向性　92
概念　77
学習症　210
学習性無気力　109
学習性無力感　109
学習の転移　48

学習の方法　47
学習評価　218
学習方略　125
課題価値モデル　159
感覚運動期　16
感覚記憶　68，113
環境的要因　10
観察による方法　3
観察法　25
感情　173
完全習得学習　42
観点別評価　225

記憶方略　71
規準　221
基準　221
期待×価値理論　158
帰納推理　78
基本的欲求理論　169
客観テスト　229，230
教育心理学　1
教育評価　217
教育目標　225
強化　35，36
強化のスケジュール　37
教職科目　6
共通特性　90
共同注意　56
興味　170
共有環境　103
均衡化　15

クーイング　56
具体的操作期　18
クレッチマーの類型論　89

経験への開放性　92

形式的操作期　20
形成的評価　000
形式陶冶　49
結晶性知能　137
検索　69
検索過程　115
検索方略　72，126

行動主義心理学　31
交流分析理論　94
刻印づけ　12
国際疾病分類　107
心の理論　83
個人内評価　221
誤信念課題　83
古典的条件づけ　33
個別授業　150
根源特性　91

サ　行

再生テスト　231
再認テスト　230
サイン学習　39
作業記憶　70，114
作業検査法　98
三項関係　56
三項モデル　185
3次的循環反応の段階　16

シェーピング　37，41
シェマ　16
ジグソー学習　150
思考　76
自己決定　182
自己決定理論　167
自己効力　161，182
自己説明方略　128
自己中心性　17
自己中心的言語　23
自己調整学習　180

自己調整のプロセス　185
自己テスト方略　127
自己評価　224
実験による方法　4
実行機能　85
実質陶冶　49
質問紙法　25，96
児童期　58
指導と評価の一体化　223
自発的回復　35
自閉スペクトラム症　207
社会的認知理論　184
社会文化的アプローチ　22
集団規準準拠テスト　229
集団式知能検査　139
縦断的研究　100
縦断的方法　4
集中練習　48
16 PF　91
授業形態　147
消去　35
条件づけ　33
小集団授業　149
衝動型―熟慮型　141
情報処理アプローチ　21
情報処理研究によるモデル　187
事例研究　26
神経症傾向　92
神経発達症　205
新生児模倣　66
診断的評価　222
心的構造　32
信頼性　227

随伴性　37
推理　78
スキーマ　32
ステレオタイプ　233
スモール・ステップの原理　42

事項索引

成功するための知能理論　137
誠実性　92
精神疾患の診断・統計マニュアル　105
精神年齢　138
精緻化方略　73
生得的反射の段階　16
正の転移　48
積極的反応の原理　42
絶対評価　219
前概念的思考段階　17
前言語期　56
宣言的知識　116
潜在学習　40
全習法　47
前操作期　18

総括的評価　222
相関による方法　3
相互評価　224
相対評価　219
即時確認の原理　42
測定　217

タ　行
対象の永続性　16
体制化方略　127
タイプA　106
タイプA行動パターン　106
タイプB　106
タイプB行動パターン　106
多因子説　134
タキソノミー　225
他者評価　223
多重知能理論　137
達成目標理論　162
多動症　208
妥当性　227
短期記憶　68，113

知覚　65

知識　69
知性の構造モデル　135
知的発達症　205
知能　133
知能検査　138
知能指数　139
注意　65
注意過程　115
注意欠如　208
長期記憶　69，71，114
調査法　25
重畳波モデル　22
調節　15
調和性　92
直線型プログラム　42
直観的思考段階　17

ディスレクシア　210
適性処遇交互作用　142
テスト・バッテリー　96
手続き記憶　71，121
手続き的知識　120

同一要素説　49
投影法　97
同化　15
動機　157
動機づけ　155，182
道具的条件づけ　36
統制価値モデル　173
読字障害　210
独自特性　90
特性論　90

ナ　行
内言　23
内向型　89
内発的動機づけ　165
喃語　56

事項索引

2因子説　134
二次的ことば　60
2次的循環反応の段階　16
2次的反応協調の段階　16
認知心理学　32
認知スタイル　140
認知説　32, 38
認知地図　41
認知的徒弟制　189
認知的評価理論　166
認知方略　127

ハ　行
パーソナリティ　87
パーソナリティ障害　105
場依存型―場独立型　142
バウム・テスト　97
バズ学習　149
発見学習　44
発達　9
発達障害　205
発達の機能的連続　15
発達の構造的非連続　16
発達の最近接領域　23
パフォーマンス評価　237

非共有環境　103
ビッグ・ファイブ　91
ビネー式知能検査　138
評価　217
評価の目的　218
表面特性　91

符号化過程　115
符号化方略　69, 72, 126
負の転移　48
プログラム学習　41
分岐型プログラム　42
分散練習　48
分習法　48

文脈　183
分類学　225

ポートフォリオ評価　235
ポジティブ心理学　107
保存　17

マ　行
3つ山問題　17
見通し学習　39

メタ記憶　75
メタ認知　122, 181
メタ認知方略　127
メランコリー親和型性格　106
面接法　24

目標規準準拠テスト　229
モデリング　185

ヤ　行
有意味受容学習　45
有機的統合理論　167

幼児期　57
4気質説　88
4体液説　88

ラ　行
ライフサイクル　14

リハーサル　114
リハーサル方略　73
リビドー　14
流動性知能　137
臨界期　11

類型論　88
ルーブリック　238

連合説　31, 33

ロールシャッハ・テスト　97
論文体テスト　231

ワ　行
ワーキングメモリ　70, 114

英　字
AD　208
ATI　142
CRT　229
DSM　105

DSM-5　105
HD　208
ICD　107
IQ　139
LTM　114
MSLQ　190
NEO-PI-R　92
NRT　229
STM　113
WAIS　139
WISC　139
YG 性格検査　94
z 得点　220

著者紹介

多鹿秀継 （たじか　ひでつぐ）　　　　　　　　（第 1，3，5，7，8 章）

1972 年　神戸大学教育学部（教育心理学専攻）卒業

1976 年　京都大学大学院教育学研究科博士課程（教育心理学専攻）中退
　　　　　愛知教育大学教育学部教授を経て

現　在　神戸親和女子大学発達教育学部教授　教育学博士

主要編著書

『学習心理学の最先端――学びのしくみを科学する』（編著）（あいり出版，2008）

『算数問題解決と転移を促す知識構成の研究』（共著）（風間書房，2009）

『教育心理学　第 2 版――より充実した学びのために』（サイエンス社，2010）

上淵　寿 （うえぶち　ひさし）　　　　　　　　　（第 9，10，12 章）

1989 年　早稲田大学教育学部（教育心理学専修）卒業

1997 年　東京大学大学院教育学研究科博士後期課程（教育心理学コース）
　　　　　退学
　　　　　東京学芸大学教育学部教授を経て

現　在　早稲田大学教育・総合科学学術院教授　博士（教育学）

主要編著書

『動機づけ研究の最前線』（編著）（北大路書房，2004）

『感情と動機づけの発達心理学』（編著）（ナカニシヤ出版，2008）

『フィールド心理学の実践――インターフィールドの冒険』（共編）
（新曜社，2013）

著者紹介

堀田千絵（ほった　ちえ）　　　　　　　　　　　（第2，4，5，11章）

2003 年　愛知教育大学教育学部卒業

2009 年　名古屋大学大学院環境学研究科（社会環境学専攻）
　　　　　博士後期課程修了　愛知学泉大学家政学部専任講師を経て

現　　在　関西福祉科学大学教育学部准教授　博士（心理学）

主 要 著 書

『児童心理学の最先端──子どものそだちを科学する』（分担執筆）

（あいり出版，2010）

『心理学の最先端──「こころ」のしくみを解き明かす』（分担執筆）

（あいり出版，2013）

『認知心理学ハンドブック』（分担執筆）（有斐閣，2013）

津田恭充（つだ　ひさみつ）　　　　　　　　　　　　（第6章）

2003 年　名古屋大学情報文化学部社会システム情報学科卒業

2011 年　名古屋大学大学院環境学研究科（社会環境学専攻）
　　　　　博士後期課程修了　愛知学泉大学家政学部専任講師を経て

現　　在　関西福祉科学大学心理科学部専任講師　博士（心理学）

主 要 論 文

「被害的な関係妄想的認知の生起メカニズムの検討」

（カウンセリング研究，42，2009）

「視点別意識尺度の作成とその信頼性・妥当性の検討」

（カウンセリング研究，43，2010）

「曖昧さへの態度とパラノイア」（対人社会心理学研究，15，2015）

ライブラリ 読んでわかる心理学＝5

読んでわかる教育心理学

2018 年 7 月 10 日 ⓒ　　　　　　初 版 発 行

著　者　多鹿秀継　　　発行者　森平敏孝
　　　　上淵　寿　　　印刷者　加藤純男
　　　　堀田千絵　　　製本者　小高祥弘
　　　　津田恭充

発行所　　**株式会社　サイエンス社**

〒151-0051　　東京都渋谷区千駄ヶ谷 1 丁目 3 番 25 号
営業 ☎(03)5474-8500(代)　　　振替 00170-7-2387
編集 ☎(03)5474-8700(代)
FAX ☎(03)5474-8900

印刷　加藤文明社　　　製本　小高製本工業(株)
《検印省略》

本書の内容を無断で複写複製することは，著作者および出
版者の権利を侵害することがありますので，その場合には
あらかじめ小社あて許諾をお求め下さい。

サイエンス社のホームページのご案内
http://www.saiensu.co.jp
ご意見・ご要望は
jinbun@saiensu.co.jp　まで.

ISBN978-4-7819-1424-4

PRINTED IN JAPAN

ライブラリ
読んでわかる心理学
〈監修〉多鹿秀継

- ●初めて学ぶ方が主体的に自学自習することによって，心理学がわかるようになることを目指す。
- ●心理学の多岐にわたるテーマをライブラリ各巻で網羅し，その内容を効果的に理解できる。
- ●各章の冒頭にその概要をまとめ，本文は読みやすい日本語で記述。
- ●学習成果を深められるよう，章末では文献を紹介し，学習内容を確認するための復習問題を掲載。
- ●大学や短大で学ぶ方，自宅で学ぶ通信教育部の方，公認心理師，認定心理士，臨床心理士，心理学検定といったさまざまな資格・試験を目指す方に最適。

サイエンス社